EVALUATION ON
THE STUDENTS' FINANCIAL AID POLICY IN
SECONDARY VOCATIONAL EDUCATION FROM
MULTIPLE PERSPECTIVES

多元视角下
中职学生资助政策评价研究

王喜雪　著

北京理工大学出版社
BEIJING INSTITUTE OF TECHNOLOGY PRESS

图书在版编目（CIP）数据

多元视角下中职学生资助政策评价研究 / 王喜雪著. —北京：北京理工大学出版社，2019.8
ISBN 978-7-5682-7315-2

Ⅰ. ①多…　Ⅱ. ①王…　Ⅲ. ①中等专业学校-助学金-教育政策-研究-中国　Ⅳ. ①G718.3

中国版本图书馆 CIP 数据核字（2019）第 153060 号

出版发行 / 北京理工大学出版社有限责任公司
社　　址 / 北京市海淀区中关村南大街 5 号
邮　　编 / 100081
电　　话 /（010）68914775（总编室）
（010）82562903（教材售后服务热线）
（010）68948351（其他图书服务热线）
网　　址 / http://www.bitpress.com.cn
经　　销 / 全国各地新华书店
印　　刷 / 北京九州迅驰传媒文化有限公司
开　　本 / 710 毫米×1000 毫米　1/16
印　　张 / 17
字　　数 / 220 千字
版　　次 / 2019 年 8 月第 1 版　2019 年 8 月第 1 次印刷
定　　价 / 68.00 元

责任编辑 / 王俊洁
文案编辑 / 王俊洁
责任校对 / 周瑞红
责任印制 / 李志强

序

本书聚焦中等职业教育学生资助政策，通过搜集政策在实施过程中的相关资料，对中职学生资助政策进行多元视角的审视和评价。我之所以选择中职学生资助政策进行研究，是基于如下考虑：

中职教育目前已经成为国家职业教育政策的关注焦点之一，中职教育发展已经成为促进教育公平、促进经济发展的重要因素。关于中职学生资助政策的研究也同时进入研究者视野，学者们从各自的视角运用不同的方法对其进行探讨，但是整体来说关于中职学生资助政策的实证研究不多，尤其是对中职学生资助政策的综合评价分析更是凤毛麟角。我选择中职学生资助政策作为研究对象，并从不同视角运用不同方法对其进行综合评价分析，期望能够为政策实施提供一点实践经验。

选择了这样一个实践性题目，无疑对我的研究工作提出了更高的要求，从理论基础到实践分析，我经历了一次知识与技能的自我考验。对具体政策进行评价分析，首先要梳理该政策的历史变迁。中职学生资助政策自 1949 年实施以来经历了诸多变化，为了找到具体政策文本，我扎根于北师大图书馆，整理资料，甄别、归类、提炼并升华，最终完成了本书第一、二章内容。其次要获取该政策的实践资料。为了获取各类数据，我辗转东中西部进行实地调研，发放问卷、进行访谈，终于获得一手数据，最终完成了本书第三、四、五章内容。历经三年，本书终于成稿，个人辛酸终于化作纸上的墨香，内心甚是喜悦。

这是我人生的第一本专著，必然存在很多缺陷和不足，在此衷心希望同行们给予批评与指正。对教育政策的评价方式有多种，我只是选择了自己认为最优的方式，即本人可以掌控的方式，当然，必然存在更好的教育政策评价方式，这也是我未来的努力目标。由于本人学术水平和能力有限，本书可能存在一些有待商榷的地方，敬请读者给予批评指正。

本书的出版，离不开朋友和家人的支持和帮助。首先，感谢恩师俞启定教授，恩师在选题、调研及撰写等各个方面都给予了我最大的帮助，可以说，没有俞老师的支持和帮助，就不会有本书的问世。其次，感谢我的同门和学友，是你们不断地给予我鼓励和支持，在研究思路上、在实地调研及撰写阶段给予我建议和意见。最后感谢我的家人，感谢我家两位杨先生对我的全力支持，感谢父母对我的宽大包容，感谢小妹分担我的责任，使得我能够完成本书的写作。

感谢所有帮助过我的人！

作　者

2019 年 7 月

摘要

自2006年始，我国在中等职业教育领域开始重构学生资助政策体系，至今已经形成以助学金政策和免学费政策为主体的政策体系。中职学生资助政策兼具促进教育公平、增加职业教育吸引力以及优化教育结构的政策目的，那么，如何保证政策目的顺利实现，是必须探讨的关键问题。因此，对现有中等职业教育学生资助政策的实施效果进行评价，剖析存在的问题、探讨解决方案，为中职学生资助政策实施提供理论解释和事实依据，就成为中等职业教育研究的一项重要内容。

基于上述研究背景，笔者在本研究中对中等职业教育学生资助政策体系的构建和实施进行了政策评价，主要基于宏观和微观两个层面，从政府、学校、学生、教师等利益相关者视角对中职学生资助政策进行解读和分析。

本书基于戴维森三角关系的认识论和实用主义的方法论构建了分析框架，对中职免学费政策进行多元视角的审视和评价。首先对该政策进行历史梳理和政策分析，然后对该政策进行了三个方面的评价：结果评价（对政策实施效果的评价）、依赖性评价（对政策的合法性和可行性进行评价）和价值评价（对政策蕴含的内在价值进行剖析和评价），最后基于以上评价结果对该政策进行了规范性分析。

关键词：中等职业教育；学生资助政策；免学费政策；助学金政策

目 录

1 绪 论

1.1 选题背景

1.1.1 问题陈述

1.1.1.1 职业教育发展的重要性及其面临的困境

人力资本理论是近现代最为重要的经济学理论之一，该理论由舒尔茨于 1960 年首次提出，逐渐引起了学界的关注，并得到了快速发展。人力资本理论的核心理论为：提高人口质量，对教育进行投资是人力资本投资的主要部分。受其影响，自 20 世纪 60—70 年代以来，人力资本逐渐受到西方发达国家的重视，各国不断加大教育投入，以保证人力资本与经济社会发展相适应。

自 20 世纪末，人力资本理论引起了我国政府的重视，我国政府逐渐开始将人力资源建设工作提上日程[①]。2007 年，党的十七大会议明确提出一个重要发展目标：优先发展教育，建设人力资源强国。至此，如何快速实现从人口大国向人力资源强国的转变，就成为我国发展的一项

---

① 人力资源是指具备劳动能力的总人口；而人力资本是指通过对人力资源投资，体现在劳动者身上的体力、智力和技能。可以说，人力资源是人力资本的有形形态。

重要任务。[①]

人力资本的重要衡量标准是劳动力的受教育水平，可以说，劳动力的受教育水平对经济发展起到越来越重要的作用。教育对于发展劳动力潜力的作用是不容忽视的，尤其在提高劳动力质量方面的作用是不可替代的。教育作为连接人力资本和经济发展的重要力量，肩负着人才培养的重任，是我国实现从人口大国向人力资源强国转变的核心力量，是社会进步和经济增长的动力之源。

职业教育作为现代教育体系的一个重要组成部分，尤其是作为与市场经济联系最为密切的教育类型，它在我国改革和发展中扮演着非常重要的角色。从国际劳工组织的调研来看，经济全球化、技术进步和工作组织方式变化等成为推动熟练劳动力和高技能人才需求持续增长的主要因素，在发达国家，1970—1994 年的制造业就业人数逐渐减少的原因就在于非技能性就业岗位的萎缩（约为 20%），而在新加坡、韩国、中国香港和中国台湾等国家和地区，在它们高速发展的阶段，由于其技能性就业岗位总量保持稳定，就业比例呈上升趋势。[②]1980—1995 年，就高技能制造业就业比例来看，新加坡从 62.8%上升到 77.6%，韩国从 33.5%上升到 52.3%，我国台湾地区从 39.1%上升到 49.6%，我国香港地区从 36.8%上升到 38.6%。反观我国大陆，自 1980—1995 年，制造业中熟练劳动力比例呈现下降趋势，究其原因，与我国在 20 世纪 90 年代忽视职业教育的发展有很大关系。（详见表 1－1）

表 1－1　制造业中熟练劳动力比例　　%

国家/地区	1980 年	1995 年（或相近年份）	国家/地区	1980 年	1995 年（或相近年份）
新加坡	62.8	77.6	马来西亚	36.2	51.2
韩国	33.5	52.3	菲律宾	23.7	26.4

① 胡锦涛在中国共产党第十七次全国代表大会上的报告［EB/OL］. http：//cpc. people. com. cn/GB/104019/104099/6429414. html，2007－10－25.

② 2009 年中国人口与劳动问题报告［EB/OL］. http：//www. china. com. cn/news/zhuanti/09rkld/2009－12/21/content_19106378. htm，2009－12－21.

续表

国家/地区	1980 年	1995 年（或相近年份）	国家/地区	1980 年	1995 年（或相近年份）
中国香港	36.8	38.6（1993）	墨西哥	—	41.9
中国台湾	39.1	49.6	印度	30.0	34.6（1993）
印度尼西亚	20.3	16.6	中国	51.9	44.4（1994）

在经济全球化和贸易自由化背景下，各个国家或地区的产业结构调整步伐加快，就业结构和职业分布也随着产业结构的变化而发生相应的改变，这对劳动者的技能和素质提出了新的要求。“伴随着经济增长和收入水平的提高，发达国家无一例外地把发展职业教育作为满足劳动力市场需求变化和提升国家综合竞争力的重要手段，经过 30 年改革、开放与发展，中国经济已经从以农业就业为主的传统农业社会转向以非农业就业为主的工业化社会，中国融入全球经济以来的产业结构和就业结构的调整速度加快，对职业教育提出了新的更高的要求。”[①]

进入 21 世纪以来，我国职业教育发展再次迎来了发展的新高潮。在国家大力推动下，职业教育已经成为我国现代教育体系的重要一环，职业教育发展在各个方面均取得了一定成绩。随着我国社会转型，经济产业结构的升级换代已成为必然，各行业对于技能型人才的需求总量大大增加，而与之相矛盾的是，我国技能型人才数量远远不能满足市场需求，尤其是高技能人才更是少之又少。这种人才需求与人才供给之间的矛盾反映了我国职业教育发展水平落后，职业教育成为我国教育系统中的相对薄弱环节。在现实中，我国职业教育的发展已经不能简单地看作是人才培养质量的问题，更重要的是“入口”问题，各职业院校尤其是中等职业学校，为了招生工作，耗尽心力，倾巢而出，由此引发的招生大战屡禁不止。一方面，政府大力推进职业教育；另一方面，社会大众

① 蔡昉. 2009 年中国人口与劳动问题报告：提升人力资本的教育改革［EB/OL］. http：//wenku. baidu. com/view/227e46240722192e4536f668. html，2011－07－14/2011－12－15.

极度漠视职业教育，职业教育面临可持续发展的困境。追究其因，职业教育的吸引力不足在当下已经成为影响其发展的主要因素之一。但吸引力不足的问题并非个别因素导致，也非一日促就，而是在经济社会发展中各种因素综合作用的结果。如何提高职业教育的吸引力，如何使职业教育获得社会大众的广泛认同，是当下职业教育必须认真面对和努力解决的关键问题。

1.1.1.2 构建中等职业教育学生资助政策体系成为增强职业教育吸引力的路径之一

自 1949 年以来，历经 70 年的发展，我国中等职业教育逐渐形成了以助学金制度、免学费政策为主，以奖学金、勤工助学、工学结合等为辅的学生资助政策体系。1952 年，国务院出台《关于调整高等学校和中等职业学校国家助学金标准的通知》，中职学校从公费制转到人民助学金制度。20 世纪 80 年代改革开放之后，中等职业学校实施双轨制学费、助学金、奖学金等资助政策。1991 年，国家物价局、国家教育委员会、财政部、劳动部联合发布教财 66 号文《中等职业技术学校收取学费的暂行规定》，中职学校正式取消免费政策。

中等职业教育在 20 世纪 90 年代到 21 世纪初，逐渐由“精英教育”变成了“平民教育”。随着经济发展和社会变迁，中等职业学校的教育对象发生了很大变化，绝大多数的中等职业学校学生来自农村和城市低收入家庭。

自 20 世纪 90 年代以来，受到教育成本分担理论及市场经济相关理论的影响，政府决定对非义务教育阶段的学生收取学费，除九年义务教育之外，其他阶段的教育均收取一定学费，由学生及家长承担部分教育成本。1991 年 7 月，国家教委、国家物价局、财政部、劳动部联合发布教财〔1991〕66 号文件《中等职业技术学校收取学费的暂行规定》，文件明确规定：“中等职业技术教育属非义务教育，自 1991 年起，对中等专业学校（不含中师）、技工学校和职业高中新入学的学生适当收取学费。”[①]从此，中等职业教育开始进入收取学费的阶段，学生学费成为我国职业教育经费中的重要组成部分。中等职业教育学费的逐年增长，日渐成为家庭尤其是农村家庭的经济负担。

自 1995—2004 年，我国中职学生人均学费由 693 元提高到 1 594 元，增长了 2.3 倍，我国城市居民家庭人均可支配收入由 4 282 元增长到 9 422 元，增长了 2.2 倍，我国农村家庭人均纯收入由 1 578 元提高到 2 936 元，仅增长了 1.86 倍，中职学费占农村家庭人均纯收入的比例由 43.91%上升至 54.30%，而这是按照一家一个孩子进行的计算，如果是两个孩子，则负担更重。[②]（详见图 1－1）

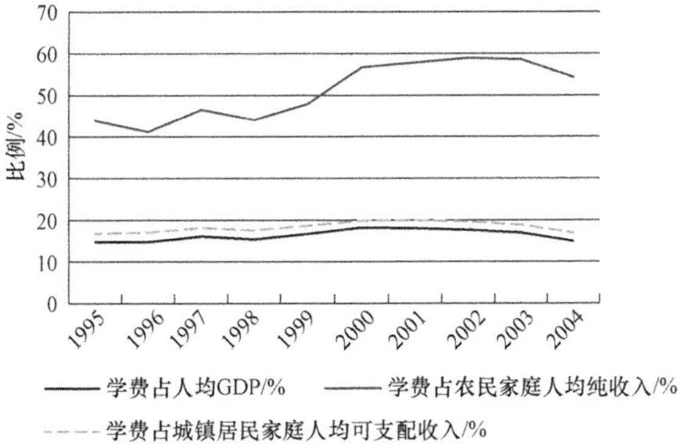

图 1－1　中职生人均学费占居民收入比例变化

为了进一步提高职业教育的吸引力，我国政府相继颁布了一系列相关政策，涉及职业教育发展的各个方面，同时，对职业教育的投入也逐步增加。2006 年，财政部、教育部出台政策，推进中等职业教育家庭经济困难学生助学制度建设。

2007 年 5 月，国务院发布《关于建立健全普通本科高校、高等职业学校和中等职业学校家庭经济困难学生资助政策体系的意见》，对建立

---

① 关于颁发《中等职业技术学校收取学费的暂行规定》的通知［EB/OL］. http：//sdzb. lss. gov. cn/zcfg/ShowArticle. asp?ArticleID=1118，2008－09－25.

② 胡秀锦，沈百福. 我国中等职业教育学费分析与展望［J］. 职业技术教育，2007（19）：5－10.

和完善中等职业教育贫困家庭学生资助政策体系、国家助学金评审程序、助学金的管理与监督等内容都作出了明确规定，把中等职业教育学生资助政策纳入国家整个家庭经济困难学生资助政策体系，大幅扩大中等职业学校受助学生比例。职业教育贫困生资助制度全面启动。

2009 年 12 月，财政部、国家发展改革委、教育部、人力资源社会保障部联合发布财教〔2009〕442 号文件《关于中等职业学校农村家庭经济困难学生和涉农专业学生免学费工作的意见》，文件规定："为逐步实行中等职业教育免费制度，从 2009 年秋季学期起，先对中等职业学校农村家庭经济困难学生和涉农专业学生免学费。" 2010 年 7 月，国务院发布了《国家中长期教育改革和发展规划纲要（2010—2020 年）》（以下简称《纲要》），《纲要》明确提出："逐步实行中等职业教育免费制度，完善家庭经济困难学生资助政策。" 上述政策文件的颁布，意味着中等职业教育免学费教育进程进入具体实施阶段。至 2012 年 10 月 10 日，国务院召开常务会议，决定扩大中等职业教育免学费范围、完善国家助学金制度。[①]会议决定，自 2012 年秋季学期起，将中等职业教育免学费范围由涉农专业学生和家庭经济困难学生，扩大到所有农村（含县镇）学生、城市涉农专业学生和家庭经济困难学生。至此，我国中等职业教育学生资助政策体系基本形成。

中等职业教育学生资助政策（以下简称中职学生资助政策或资助政策）的颁布表明政府发展职业教育的决心，其主要目的在于：一方面是为了增加职业教育的吸引力；另一方面是为了促进教育公平。

1.1.1.3 问题的提出

自 2012 年中等职业教育学生资助政策体系初步形成以来，至今已数年。随着资助政策的实施，国家及地方政府对于中职学生资助政策的落实及实施情况进行了检查和监督，但是主要检查项目为资金落实情况，可以说，除去资金落实情况之外，并没有政策实施效果的详细报告。

① 国务院常务会议决定扩大中等职业教育免学费范围、完善国家助学金制度［EB/OL］. http: //news. xinhuanet. com/politics/2012 - 10/10/c_113328446. htm，2012 - 10 - 10.

中职学生资助政策自推行以来，不断出台新的政策，其政策目的和政策目标是什么？中等职业教育资助政策实施以来，究竟在多大程度上实现了预期的政策目标？是否对受惠群体带来影响？是正面影响还是负面影响？是否增加了职业教育的吸引力？是否增强了教育公平？这些均无相关研究予以说明。甚至有学者对政策本身提出疑问，“农村中等职业教育免学费政策的实施目标是促进教育公平，还是大力发展涉农专业？”[①]政策目的和政策目标是两个概念，虽然上面的质疑有混同政策目的与政策目标之嫌，但是也反映出了政策设计本身在政策目的和政策目标方面的缺陷。

目前，中职学校在执行不同学生资助政策的时候，是否出现互相冲突的现象？这些政策是如何同时贯彻实施的？各相关利益群体又是如何看待中职学生资助政策体系的呢？目前的资助政策是否符合学生的需求？这些也没有相关研究予以说明。

既然中等职业教育学生资助政策体系已经形成，促进教育公平是我国明确提出的教育发展目标，那么，如何保证政策目标的顺利实现，就是必须探讨的关键问题。因此，对现有中等职业教育各类资助政策的实施效果进行评价，剖析存在的问题、探讨解决方案，为实施中职学生资助政策提供理论解释和事实依据，就成为中等职业教育研究的一项重要内容。

基于上述研究背景，笔者在本研究中对中等职业教育学生资助政策体系的构建和实施进行了政策评价，主要基于宏观和微观两个层面，从不同的视角对中职学生资助政策进行解读和分析。本研究的核心问题是：中等职业教育学生资助政策（主要包括助学金政策和免学费政策）的实施效果如何？产生了哪些影响？为了深入研究，笔者将上述问题进一步细化如下：

（1）中等职业教育学生资助政策的历史变迁是怎样的？中职学生资助政策体系的形成过程是怎样的？中职学生资助政策体系试图解决的政策问题是什么？其政策目的和政策目标分别是什么？

---

① 李晓. 中职免学费政策实施中的问题及对农村职业教育的影响［J］. 职教论坛，2011（22）：33－35.

（2）中职学生资助政策的实施效果如何？是否实现了政策目的和政策目标？政府、学生以及学校的成本和效益分别是怎样的？

（3）中职学生资助政策是否获得利益相关者（包括学生、教师、学校管理者等）的认可和支持？政策执行过程如何？

（4）在中等职业教育学生资助政策体系中隐藏着什么价值？这些价值是否存在冲突？是基于哪些价值观？

（5）中等职业教育学生资助政策在实施中是否存在不足？如何才能消解这些不足？

以上细化的研究问题将有助于构建本研究的研究框架，利于深入研究，以回答前面提出的核心问题：中等职业教育学生资助政策的实施效果如何？产生了哪些影响？

1.1.2 研究目的和研究意义

1.1.2.1 研究目的

考察政策实施过程及实施效果，对政策进行评价分析是政策过程的重要环节之一。对政策进行评价的目的是希望提供关于政策实施的信息，以帮助政策的修正，进而有助于政策问题的重新构建，从而促进新政策的制定和出台。在本研究中，笔者主要围绕国家助学金和免学费政策考察其实施效果，并基于相应文本资料和实践数据，从政府、学校、教师、学生等利益相关者视角出发对中等职业教育学生资助政策进行多方位评价，为完善中等职业教育学生资助政策体系、实现政策目的提供信息基础和理论依据。

1.1.2.2 研究意义

1. 理论意义

1）丰富职业教育政策系统的知识

公共政策研究的目的是：“更好地理解政策的起因、发展过程和它给社会带来的影响，这反过来会增加人们对社会及政治系统的知识。”[①]教育政策属于公共政策范畴，研究教育政策是为了更好地理解教育政策从制定到实施的过程，同时反过来会丰富人们对教育政策系统的认识。

职业教育政策归属于教育政策范畴，当下，我国学者对职业教育政策的研究呈逐渐上升趋势，主要研究内容集中在以下两个方面：

（1）国际职业教育政策研究。研究焦点主要集中在德国、新加坡、韩国、澳大利亚等职业教育较为发达的国家，学者们基于社会学、经济学等学科对各国的职业教育政策进行描述和分析，以期对我国职业教育政策的发展提供借鉴。

（2）职业教育政策分析。学者们侧重于将职业教育政策作为一个整体进行分析，例如职业教育政策的内在价值分析、职业教育政策执行和效果分析等。

这些研究为我国的职业教育政策研究提供了宝贵的经验和借鉴。同时，不可避免地要提到，在我国的职业教育研究中，存在的缺点如下：

① 我国职业教育政策研究缺乏实证研究。职业教育政策解决的是现实问题，单纯基于理论的想当然的政策分析必然无法为政策研究提供现实依据，基于想当然的现实依据提炼出的理论也肯定是想当然的理论，并不能为政策研究提供基础。美国国家研究理事会认为：“对于研究而言，实证证据高于一切。实证证据是对研究结果的不同解释进行正确排除的基础，也是得出合理推论从而积累新知识的基础。”[②]

② 在已有不多的实证研究中缺乏科学的实证分析。例如，有学者在实地调研的基础之上对于职业教育政策实施的情况进行了分析，[③]这个研究的问题在于，职业教育政策是一个总体，是由不同的政策个体组合而成的，各个政策的实施目标、实施主体、实施内容、实施要求以及

① 陈振明. 公共政策学：政策分析的理论、方法和技术［M］. 北京：中国人民大学出版社，2004：39.

② 欧阳河. 加强基于实证的职业教育政策研究［J］. 中国职业技术教育，2011（12）：9－10.

③ 赵艳立，徐玲. 职业教育政策实施情况分析——以东北三省四城市为例［J］. 中国职业技术教育，2009（337）：59－61.

实施效果等均不一样，那么这个测量的效度和信度有多少呢？有学者对我国的职业教育政策进行效度分析，[①]但是文章并不是通过实证方法探究职业教育政策的效度问题，而是通过经验思辨来论证职业教育政策效度不高的研究假设，并在此基础上提出了效度不高的原因。这个研究的问题在于，政策效度不高的研究假设是否仅靠经验就可以进行合理论证？像这类的文章还有不少，看题目都是实证研究，但实际上均是用思辨方法进行推理，缺乏实际证据，没有说服力。

本研究是对中等职业教育学生资助政策及其实施情况的评价，是建立在笔者构建的分析框架之上的实证研究。笔者期望能够通过本次研究为以后的职业教育政策研究的工作者们提供一个新的研究思路，并能为职业教育政策评价工作提供一个综合价值判断和事实判断的评价体系，以丰富职业教育政策系统的知识。

2）弥补职业教育政策实证研究的不足

职业教育政策实证研究是职业教育政策实施、调整、变更和终结的重要依据，建立科学合理的职业教育实证研究分析框架，是推动职业教育政策有效发展的前提。审视我国学者近年来的相关研究，笔者发现，学术领域关于职业教育政策实证分析的理论和应用研究在职业教育政策研究中相对薄弱，仅见少数几篇。例如，有学者针对职业教育政策实施的评估指标进行了设计与实施分析的研究，构建了一个基础的实施状况评价标准体系，为政府和相关研究者进行职业教育政策评价提供了参考。

关于职业教育政策的实证研究主要集中在职业教育政策评价研究中，有学者从不同视角对我国现行的职业教育政策作出了基本评价。例如，有研究者提出“职业教育政策目标和手段相背离”[②]“职业教育政策自身存在价值冲突”[③]“职业教育萧条和相关政策文本繁荣的背后隐

① 张社字. 我国职业教育政策的效度分析［J］. 教育与职业，2006（32）：5－6.

② 雷世平. 我国现行职业教育政策目标和手段的背离及矫正［J］. 河南职技师院学报，2002（1）：4.

③ 和震. 我国职业教育政策三十年回顾［J］. 教育发展研究，2009（3）：36.

含着政策的失效”[①]“职业教育政策工具性不足”[②]，等等。

本研究是对职业教育领域中的具体政策实施状况进行的实证研究，在已有的理论之上构建自己的分析框架，并运用相关理论解释事实，对政策进行价值判断和事实判断，可以说，本研究拟进行的政策评价研究是一次全面应用政策评价相关理论和评价方法的应用性研究，期望能够弥补对职业教育政策评价研究相对不足的境况，并为纠正职业教育政策研究脱离实际的现状贡献微薄的力量。

2. 实践意义

1）为政策制定者进一步完善中等职业教育学生资助政策体系提供政策依据

我国职业教育的发展在很大程度上依赖于职业教育政策的发展。本研究期望通过对中等职业教育学生资助政策体系的实证研究，对于正在实施的中职学生资助政策的效果做一个客观的、系统的、经验型的分析。研究结果将为政府进一步推动中等职业教育学生资助政策提供理论依据和事实依据，为完善中等职业教育学生资助政策体系提供建议和参考。

2）为政策实施者合理配置资源提供信息及相关建议

政府的资源是有限的，如何合理高效地配置资源是在落实每一项政策时必须考虑的问题。本研究将围绕各利益相关者展开，以获取各方关于中职学生资助政策体系的相关信息，这些信息将为政策实施者在推进中等职业教育学生资助政策时如何合理高效地配置相关资源提供依据。

1.2 核心概念界定

对核心概念进行清晰地界定是研究的基础和起点。依据本研究的内在要求，对中等职业教育、资助政策和政策评价三个核心概念进行定义。

---

① 张欣. 我国职业教育政策失效原因分析及建议——有感于职业教育的萧条和相关政策文本的繁荣［J］. 职业技术教育（教科版），2005，26（431）：28－31.

② 和震. 我国职业教育政策三十年回顾［J］. 教育发展研究，2009（3）：36.

1.2.1 中等职业教育

《教育大辞典》指出："中等教育包括普通高中教育和中等职业技术教育，我国实施中等职业技术教育的机构有中等职业学校、技工学校和中等专业学校，中等职业学校包括职业中学、农业中学和其他职业学校。"①

在本研究中，中等职业教育是指在高中阶段实施中等学历教育的职业学校教育，实施主体是经政府职业教育行政管理部门根据国家有关规定批准设立并备案的各类职业学校，包括职业高中（含职业中专）、技工学校、普通中专，不包括成人中等专业学校。

1.2.2 资助政策

1.2.2.1 关于政策的定义

"政策"是国家和社会中使用频率非常高的词汇，关于政策的概念界定，在学术界并没有一个统一的定义。政策科学主要的倡导者和创立者哈罗德·拉斯韦尔（Harold D. Lasswell）和亚伯拉罕·卡普兰（A. Kplan）认为，"政策是一种含有目标、价值与策略的大型计划。"②

"公共政策"（public policy）是与政策密切相关的词汇，公共政策像政策一样，也没有一个标准的定义。托马斯·R·戴伊（Thomas R. Dye）认为，"凡是政府决定做的或决定不做的事情就是公共政策。"③这个定义较为宽泛，不足以赋予公共政策概念的内涵，但是这个定义说明了两点：一是公共政策的制定主体是政府；二是公共政策是在做与不做之间的选择性决策。

戴维·伊斯顿（David Easten）认为，"公共政策是对全社会价值做权威性分配，该定义是基于传统政治学的角度理解公共政策的含义，其

① 顾明远. 教育大辞典［Z］. 上海：上海教育出版社，1998：2050.
② 肖俊峰. 1978 年以来我国中小学德育政策的历史考察和分析［D］. 苏州：苏州大学，2005.
③［美］托马斯·R·戴伊. 理解公共政策［M］. 彭勃，等，译. 北京：华夏出版社，2004：2.

隐含的基本假设即为利益及利益关系是人类社会活动的基础，而公共政策是政府进行利益分配的主要形式。”①

那么政策和公共政策的定义是否存在区别呢？詹姆斯·E·安德森认为，“政策是一个或一组行动者为解决一个问题或相关事务所采取的相对稳定的、有目的的一系列行动。公共政策是在政府机关和政府官员中产生的。”②他主要从制定主体方面对政策和公共政策的概念进行了划分，即政策的制定主体更为宽泛，不仅仅限于政府机关；而公共政策的制定主体则为政府机关或政府官员。

我国学者张金马认为，“从更广义的角度来理解，政策是政策机构和它周围环境之间的关系，政策体现了这种关系，又为处理这些关系提供了手段，一般说来，公共政策是由政府机构和政府官员制定的，公共政策体现了他们在政治系统和特定环境下的活动方式和活动过程，表达了他们的行为和目的，反映了他们实际所做的事情和效果。”③

基于以上分析，笔者认为，从广义上来讲，政策是人们采取的行动计划，其目的是实现既定目的或目标，而当政策选择的主体被限定为政府、公共权力机构时，该政策就成为公共政策，由此可以明确，公共政策包含于政策的范畴之内。从狭义上来讲，政策与公共政策同义，均为政府机构或政府官员为实现特定时期的特定目标而制定的行为准则，它是国家法令、措施、办法、条例等的总称。本研究采用政策的狭义理解，即将政策和公共政策视作同义。

1.2.2.2 关于资助政策体系的定义

对中职学生进行资助，一直以来都是我国政府关注的事宜。中职学生资助政策自中华人民共和国成立以来已经发生了巨大的变化，政策变化反映了政府资助理念乃至社会发展理念的变化。

---

① 谢明. 公共政策导论［M］. 北京：中国人民大学出版社，2009：5.

②［美］詹姆斯·E·安德森. 公共政策制定［M］. 谢明，等，译. 北京：中国人民大学出版社，2009：3.

③ 张金马. 公共政策：学科定位和概念分析［J］. 北京行政学院学报，2000（1）：7－9.

本书所研究的中职学生资助政策即政府采取的向学生提供资助的系列计划、规划或采取的行动；政策体系就是将所有中职学生资助政策视为一个整体，每个资助政策在体系中占据一定地位，发挥一定作用。我国中职学生资助政策体系以国家助学金政策和免学费政策为主体，包括校内奖学金、工学结合、顶岗实习等资助制度。总体说来，中职学生资助政策主要是政府主导的行动。

由于政策体系过于庞杂，本研究主要聚焦于免学费政策和助学金政策，考察自 2007 年实施国家助学金、2009 年实施免学费政策以来的政策实施效果，并基于政府、学校、教师、学生等利益相关者的视角对中职学生资助政策进行多方位的政策评价。

1.2.3 政策评价

1.2.3.1 政策评价的定义

政策评价是政策分析的必备环节，在政策分析过程中有着重要意义。“政策评价”一词是从英文 policy evaluation 翻译而来的，我国学者中有人将之译为政策评估，有人将之译为政策评价。纵观我国的政策学论著，多数学者将政策评价和政策评估视作同义词。因此，本书也采用这一观点，政策评估与政策评价是同义的，它们均包含“使用某种价值观念来分析政策运行结果”[①]的意思。

关于政策评价的定义有多种，学术界并无统一的认识。其中有一种定义侧重于政策评价的发生时间，而侧重于政策评价的发生时间进行的定义，学术界大致有四种观点：“第一种看法认为，政策评价是针对政策方案进行的评价，评价的焦点集中在政策的预期结果，即前评价；第二种观点认为，政策评价是针对政策环节的评价，主要侧重于政策内容的阶段性分析，即阶段评价；第三种观点认为，政策评价是对政策全过程的评价，是贯穿于整个政策过程的功能性活动，即过程评价；第四种

① ［美］威廉・N・邓恩. 公共政策分析导论［M］. 谢明，等，译. 北京：中国人民大学出版社，2010：333.

观点认为，政策评价是针对政策实际效果进行的评价，是发生在政策执行过程中的活动，即后评价。”[①]

还有一种是按照政策评价的主体、客体及结果应用进行的定义。例如，迈克尔·豪利特、M·拉米什认为，“政策评价指的是由国家和社会行动主体对政策结果进行监控的过程，评价结果将是政策问题与解决方案的再概念化。”[②]

弗兰克·费希尔在其《公共政策评估》一书中将政策评价定义为一种社会科学，主要是政策分析或政策科学的应用活动：他认为，“关于政策分析、政策科学和政策评价等术语之间在语义上存在诸多混淆之处，因此辨析其用法十分重要，至于这个学科或领域的人们所从事的工作或活动，我们统称为政策评价[③]。政策评价这个术语在此被赋予了整个学科评价任务的广泛意义。

在本研究中，笔者将遵循费希尔的定义，将政策评价看作是政策科学领域的一种应用活动。

1.2.3.2 政策评价的内容

关于政策评价的内容，各个学者均有自己的见解。弗朗西斯·C·福勒认为，“政策评价是一种应用研究，在特定的情境中运用规范的研究方法和严格的研究标准以实现实用性的研究目的：确定政策达到目标的程度。”[④]威廉·N·邓恩认为，“政策评价的中心内容是对政策或计划的有用性或价值作出判定，主要目的是确定一项政策和计划的价值或社会功效，但是评价不是简单地收集关于政策运行（预期的或非预期的）结

---

① 谢明. 政策透视：政策分析的理论与实践［M］. 北京：中国人民大学出版社，2004：324.

② ［加拿大］迈克尔·豪利特，M·拉米什. 公共政策研究：政策循环与政策子系统［M］. 庞诗，等，译. 北京：生活·读书·新知三联书店，2006：17－18.

③ ［美］弗兰克·费希尔. 公共政策评估［M］. 吴爱明，等，译. 北京：中国人民大学出版社，2003：2－3.

④ ［美］弗朗西斯·C·福勒. 教育政策学导论［M］. 许庆豫，译. 南京：江苏教育出版社，2007：279.

果方面的信息，因此，评价还需包括对目的和目标本身进行评价。”①

福勒的定义代表了一部分学者的思想，他们主张应用实证技术方法测定政策目标与政策效果之间的对应关系，侧重于效率、效能、效益的考量，更多地依赖于量化分析的方法，而忽视了对政策本身价值的评判和伦理的考量，他们认为事实客观存在的，并不隐含价值，这是明显的实证主义原则。

邓恩的定义则反映了另一部分学者的思想，他们认为，先有价值判断，才有事实判断，如果在政策评价中不搞清楚合理性、公正性、正当性、社会性等关键问题，而只是从量化角度进行分析，无异于本末倒置。

本研究主要采用邓恩的定义，即对政策实施进行价值判断和事实判断；本研究的政策评价属于政策的形成性评价。

综上所述，本研究中的政策评价，就是按照一定的标准，运用一定的研究方法，收集相应信息，并通过分析信息，对政策实施一段时间后产生的结果进行价值判断和事实判断，目的在于为政策的未来走向提供决策依据。

1.3 文献综述

1.3.1 国内关于中职学生资助政策的研究

中等职业教育学生资助政策是国家为了帮助中等职业学校经济困难的学生完成学业而采取的一系列政策措施和制度安排。2007 年，国务院颁布《关于建立健全普通本科高校、高等职业学校和中等职业学校家庭经济困难学生资助政策体系的意见》；2009 年，财政部、国家发展改革委、教育部、人力资源社会保障部联合发布《关于中等职业学校农村

① [美] 威廉・N・邓恩. 公共政策分析导论 [M]. 谢明，等，译. 北京：中国人民大学出版社，2010：333.

家庭经济困难学生和涉农专业学生免学费工作的意见》；2010年7月，国务院发布了《国家中长期教育改革和发展规划纲要（2010—2020年）》，《纲要》中明确提出："逐步实行中等职业教育免费制度，完善家庭经济困难学生资助政策"；2012年10月，国务院召开常务会议，决定扩大中等职业教育免学费范围、完善国家助学金制度。至此，我国中等职业教育逐步确立了政府主导的以免学费和助学金为主体的学生资助政策体系。

中职学生资助政策的建立和完善，不仅是促进教育公平的体现，也是促进职业教育发展的一大举措。作为公共政策，中职学生资助政策是含有目标、价值与策略的大型计划，它是为解决职业教育中的实际问题而产生的，因此，对中职学生资助政策的实施进行实证性、经验性分析，判定政策实施的社会效果，分析政策利弊和成败，对于中职学生资助政策的进一步完善和实施有着重要的现实意义。一般说来，政策分析不仅强调对政策组成要素进行分解式的单体研究，而且要求对各要素之间的关系结构、作用力以及由此产生的特质进行整体性分析。中职学生资助政策的建构自2007年至今已经历经六年有余，关于该政策的研究主要集中于作为中职学生资助政策主体的免学费政策和助学金制度两个主题的单体研究，而关于中职学生资助政策的整体性分析较为贫乏。

1.3.1.1 关于中职学生免学费政策的单体研究

中职学生免学费政策自2009年实施以来，引起学者们的广泛关注。学者们从不同的视角，运用不同的研究方法对中职学生免学费政策进行了研究。

1. 中等职业教育学费的国际比较研究

关于职业教育学费的研究，不可避免地要进行国际比较。从国际范围来看，发达国家一般实施高中阶段免费教育，例如，美国和加拿大在高中阶段实施免费制度，学生参与学校设置的职业教育项目不需要交纳费用，如果学生选择加入地区职业教育中心，还会享受部分生活津贴；[①]欧盟大部分国家实行低重心、以高中阶段职业教育为主的教育发展战略，在欧盟所有的成员国中，有 22 个国家实行免费中等职业教育，不收取学杂费，[②]其中，在职业教育发达的德国，其各州规定：年满 15 周岁不进入高级中学接受教育的青年，要进行三年的免费职业教育；[③]日本也已经出台了高中学费免费化法案，其免费范围包括部分接收中学毕业生的职业高中。[④]即便在发展中国家，例如印度，也将免费高中阶段教育纳入国家计划，其中自然包括中等职业教育。[⑤]

2. 中等职业教育学费政策的理论分析

制定中等职业教育学费政策基于一定的理论基础。季俊杰以中职教育免费政策为例进行了教育产品属性与学费定价的关系研究，认为用教育产品属性变动解释学费的变化更为合适，中职教育实施免费是合理的。[⑥]也有学者以中等职业教育学费现状为研究对象，胡秀锦、沈百福通过对我国中等职业教育学费现状进行分析，认为我国中等职业教育存在地区中职学费水平与经济发展不适应、农村居民学费压力过大等问题，进而提出相应政策建议。[⑦]

杨丽萍认为，社会分层阻碍了我国中等职业教育发展且中等职业学校存在学费过高的问题，而职业教育的外部效益以及国家经济条件均已为实施中职免费教育提供了可行性。[⑧]陈远远认为，我国实施中职免费

---

① 臧志军. 免费中职教育制度的国际比较研究［J］. 职业技术教育，2007（4）：78－83.

② 李建忠. 欧洲中职生享受福利补贴，部分国家中职教育免费［EB/OL］. http：//learning. sohu. com/20070730/n251319851. shtml.

③ 关松林. 21 世纪世界职业技术教育发展的特点及其走向［J］. 职教论坛，2004（10）：53－55.

④ 何晓雷. “高中学费化法案”述评：日本的经验及其思考［J］. 教育发展研究，2010（18）：80－83.

⑤ CABE Committee，（2004）. Universalisation of Secondary Education No. F. 2－15/2004－PN－1［EB/OL］. http：//www. education. nic. in/cabe/universalisation. pdf.

⑥ 季俊杰. 试析教育产品属性与学费定价的关系——以中职教育免费政策为例［J］. 教育发展研究，2010（3）：23－27.

⑦ 胡秀锦，沈百福. 我国中等职业教育学费分析与展望［J］. 职业技术教育，2007（19）：5－10.

⑧ 杨丽萍. 我国实施免费中等职业教育制度的可行性研究［J］. 教育理论与实践，2010（1）：18－20.

教育，不仅符合世界职业教育发展的规律，也符合我国现有的社会环境与各阶层的需求，实施免费中职教育，彰显了职业教育的公益性和普惠性。[①]

也有学者对中职教育免学费政策进行价值分析。李敏媚通过对江西省农户的调查，对中职免学费政策的公平效应进行了研究，认为受诸多因素的影响，部分农村贫困学生并未享受到中职免学费政策，公平效应并未很好地实现，进而提出应加快中职教育全免费进程。[②]邱小健认为，“保障公平已经成为我国中职教育财政制度的改革目标，中职免费政策是政府追求教育财政公平的体现。”[③]

3. 关于中职教育免学费政策的实践研究

1）关于中职教育免学费政策的保障条件研究

该研究主要集中于教育财政经费保障方面，于洪姣从财政保障方面对实施免学费政策进行了相关研究，认为我国中等职业教育经费投入总量不足，且免费部分数额较大，为了保障免学费政策的顺利实施，应该采取明确各级政府的财政责任、完善相关法律法规、加强学生管理等措施；[④]董天鹅对农村免费中职教育经费进行了研究，依据各级政府的财政能力和农村中职最低保障经费，对各级政府的财政责任进行了分工，确定了三类地区各级政府经费承担比例。[⑤]

2）关于中职教育免学费政策的实施路径研究

沈红、赵永辉为中职免学费政策的具体实施提供了更多的选择路径。他们将焦点集中于免费的时间进程以及财政补贴等关键环节，据此提出了“学生贷款+岗位对应+政府代偿”的出门免费运行模式，作者认为，实施“出门免费”，在学生入学之时享受无息贷款，毕业后由政府有条件地代偿其债务，即所谓的“出门免费”比当下实施的学生无条件

① 陈远远. 我国免费中等职业教育政策探究［D］. 重庆：西南大学，2011.

② 李敏媚. 农村中职教育免费政策的公平效应研究［D］. 南昌：江西师范大学，2011.

③ 邱小健. 我国中等职业教育财政公平问题研究［J］. 职教论坛，2011（6）：29－32.

④ 于洪姣. 免费中等职业教育与财政保障措施［J］. 江苏技术师范学院学报，2009（6）：24－28.

⑤ 董天鹅. 对农村免费中等职业教育经费保障的思考：各级政府财政责任分工的建议［J］. 职教论坛，2011（16）：44－46.

享受免费的政策具有更高的财政效率、更强的改革方向，也更利于教育公平，且两者具备相同的政策含义。[①]

3）关于中职免学费政策的阶段性实施效果研究

王蓉对中职免学费政策进行了阶段性评估，认为政策实施效果不佳，鉴于中职学校的布局和管理均不完善，提出国家应该暂缓实施中职教育免学费政策，加大中央财政投入应以诱导地方政府完善学校布局、提高中职办学质量为目标。李晓对中职免学费政策实施过程中的问题进行了探讨，对中职免学费政策的实施目标及实施结果进行了讨论，结合政策本身和中职现状，提出“会不会出现中等职业教育免学费政策实施结果与政策目标相背离”的担忧。

陈胜祥、王秋萍以浙、赣、青三省的实证调查为依据，考察农村中职免学费政策的阶段性实施效果（2011 年之前），结果显示，该政策有效达成了资助涉农专业的目标，但是在促进中职招生和资助贫困学生的目标上存在严重失灵，进而提出政府应进一步加强制度改革和文化塑造，以重塑人们的教育偏好，并加速整合中职助学金制度和免学费政策。王淑英、蒋莉以成都市为个案[②]、牛瑞鹏以重庆市为个案[③]，对相关地区的中职免学费政策实施效果进行了分析，并进而提出相应的政策建议。

4）关于中职免学费政策的推进策略研究

陈胜祥、王秋萍通过对经济发展存在巨大差异的两个县的农户进行调查研究，认为经济发达地区的农户对中职免学费政策的整体反应更弱，更显著地受到子女成绩的逆向影响，因此，中职免学费政策应在中西部地区先行推行，并辅之以改变职业教育发展的文化环境。[④]

总体说来，关于中职免学费政策的研究主要集中于该项政策刚刚颁

---

① 沈红，赵永辉．“入门免”或“出门免”：中等职业教育免费方式的选择［J］．教育研究，2010（5）：40－48．

② 王淑英，蒋莉．中等职业教育实施免费政策现状研究：成都中职教育免费政策实施情况的调查分析［J］．职业教育研究，2012（7）：4－5．

③ 牛瑞鹏．农村中职免费政策实施效果研究：以重庆市为个案［D］．重庆：西南大学，2011．

④ 陈胜祥，王秋萍．农村中职免费政策区域推进策略分析：基于农户视角的调查与区域比较［J］．教育科学，2010（2）：78－82．

布实施阶段，包括理论研究、国际研究、实证研究等，为继续研究中职免学费政策提供了研究基础。

1.3.1.2 关于中职学生助学金政策的单体研究

中职学生助学金政策（以下简称助学金政策）自 2007 年开始推行以来，引起了学者们对政策实施情况的关注，学者们纷纷对该政策进行了实践调查研究，考察该政策实施是否达成政策目标，是否对促进中职教育发展起到了积极作用。陈胜祥等人[①]考察了中职助学金政策对农户家庭教育投资偏好的影响作用，研究结果显示，中职助学金政策对于农户家庭教育投资偏好具有正向激励作用，但是该政策属于外生性刺激因素，对农户家庭的经济刺激与家庭教育程度、子女成绩成反向作用，该政策无法刺激农户家庭产生内生性需求。王锁荣[②]、佛朝晖[③]对中职学生助学金政策实施情况进行了调查研究，认为该助学金政策取得了一定的成效，促进了教育公平，但是该助学金政策并非促进学生读书的主要因素。总体说来，该助学金政策对于缓解中职学生的经济困难起到了一定作用，但是在提升职业教育吸引力方面作用有限。

学者们通过研究发现，该助学金政策在实施过程中存在一些问题，有学者提出学生并未认识到该助学金政策的实施意义，[④]个别学校存在套取国家助学金的现象，[⑤]等等，因此，学者们提出应该建立分区分类指导体系，使该助学金政策向贫弱群体倾斜[⑥]等相关建议。

关于中职学生助学金政策的研究主要集中于 2007 年以后，研究结论基本一致，为中职学生助学金政策的改进提供了实践经验。

---

① 陈胜祥，王秋萍. 中职教育助学金对农户教育投资偏好的影响：基于江西鄱阳县的调查分析[J]. 理论探索，2009（2）：98－101.

② 王锁荣. 中职国家助学金使用情况调查［J］. 教育与职业，2009（28）：52－53.

③ 佛朝晖. 中职国家助学金政策实施情况的调查报告[J]. 中国职业技术教育，2010(5)：13－18.

④ 张海，洪银霞. 我国中等职业教育资助体系建设研究[J]. 职业技术教育，2012(28)：49－53.

⑤ 王锁荣. 中职国家助学金使用情况调查［J］. 教育与职业，2009（28）：52－53.

⑥ 佛朝晖. 中职国家助学金政策实施情况的调查报告[J]. 中国职业技术教育，2010(5)：13－18.

1.3.1.3 关于中职学生资助政策的整体性研究

关于中职学生资助政策的整体性研究数量不多，主要包括国外介绍和国内分析两个方面。

1. 关于国外中职学生资助政策的研究

乔章凤①对欧盟的达芬奇职业教育项目的资助目标、资助内容、项目实施、项目成效等进行了介绍和分析，在对我国中职学生资助政策（主要为奖助学金、勤工俭学等资助政策，不包括免学费政策）进行分析的基础之上，从制度安排、政策引导、内生需求驱动和保障机制四个方面对两者进行了比较分析，提出了完善中职学生资助政策的建议。

高佳对美国中等职业教育政府资助政策进行了系统性分析，对美国中等职业教育资助政策的阶段性发展进行了梳理，认为其经历了社会资助中等职业教育阶段（17 世纪初至 18 世纪末）、州议会立法资助中等职业教育阶段（19 世纪上半叶）、联邦政府立法资助阶段（19 世纪中期至今）三个阶段，目前已经形成了较为完备的资助政策体系。②但是作者的立足点是政府对中职教育发展的资助政策，其中包含学生资助制度的介绍。

2. 关于国内中职学生资助政策体系的研究

刘红对于中华人民共和国成立以来的中职学生资助政策体系的历史发展脉络进行了梳理，认为我国中职学生资助制度分为三个阶段，分别是人民助学金制度时期（1952—1982 年）、过渡时期（1983 年至 20 世纪 80 年代末从人民助学金制度过渡到以奖学金为主的资助制度）、中职学生资助政策体系建立时期（20 世纪 90 年代至今）。目前，我国中职学生资助政策形成了以国家助学金、免学费为主，以校内奖学金、学生工学结合、顶岗实习、学校减免学费等为辅的资助政策体系。③

“中等职业教育家庭经济困难学生资助政策体系研究”课题组从我国的历史发展、国际经验以及现实环境等视角论证了建构中职学生资助政策体系的必要性，指出我国中职教育已经形成良好的发展态势，为进

---

① 乔章凤. 从达芬奇职业教育项目看我国中等职业教育学生资助政策[J]. 中国职业技术教育，2010（36）：24－29.

② 高佳. 美国中等职业教育资助制度的历史考察［J］. 职教论坛，2011（13）：89－92.

③ 刘红. 建国后我国中等职业教育资助制度的历史考察[J]. 职业技术教育，2011(25)：73－78.

一步促进职业教育发展，此时推出中职学生资助政策体系是及时和得当的。[①]张海、洪银霞也从宏观层面论证了中职学生资助政策体系构建的必要性、存在的问题及建议。[②]

为了进一步考察中职学生资助政策的政策效果，陈胜祥、曹婷基于赣、浙、青三省进行调研，考察了助学金制度和免学费政策对中职招生的影响，研究结果显示，两项资助政策确实惠及了广大中职学生及其家庭，但是并未有效提升职业教育的吸引力，对中职招生并没有显著影响。[③]

1.3.2 已有研究的不足

中等职业教育学生资助政策自从出台以来，不断引起学界广大研究工作者的关注，有关研究虽然总量不多，但是为笔者的研究工作提供了很好的参考。综合看来，我国关于中职学生资助政策体系的研究主要存在以下不足：

（1）中职学生资助政策的概念范畴尚不清晰；

（2）中职学生资助政策的基本理论尚未厘清；

（3）不重视比较研究国外中职学生资助政策的经验与举措；

（4）对中职学生资助政策执行过程的实证研究非常薄弱；

（5）缺乏从政策受惠者视角及政策执行者视角的研究。

中职学生资助政策属于职业教育政策范畴，与其他领域的教育政策相比，既具备共同点，又存在差异性。对某项职业教育政策（或政策体系）进行深入、细致的实证分析，既可以为该项政策的顺利实施提供参考意见，也可为促进职业教育政策的科学化提供经验性资料。随着政府职能的转变，社会大众参与意识的逐渐加强，政策实施过程势必会受到影响。但是，目前还没有将中职学生资助政策放入政府、市场和社会共同治理的政治大背景中进行的整体性研究。

---

① “中等职业教育家庭经济困难学生资助体系研究”课题组. 中职学生资助：新世纪我国济国济民的一大政策举措［J］. 中国职业技术教育，2012（30）：12－37.

② 张海，洪银霞. 我国中等职业教育资助体系建设研究［J］. 职业技术教育，2012（28）：49－53.

③ 陈胜祥，曹婷. 财政资助对中职学校招生的影响：基于赣、浙、青三省 1 218 份问卷调查［J］. 职教论坛，2011（7）：9－13.

1.4 本研究的方法论及研究方法

1.4.1 本研究的方法论

“认识论是处理认识者（研究者）与被认识（研究）的对象之间关系的本质的问题，方法论是解决认识者（研究者）应如何发现知识（解决问题）的问题。”[①]

我们在决定采用何种方法进行学术研究的时候，会受到研究者方法论立场的影响。方法论是一种规范和厘清研究中探寻程序的思维方式，是对在实践中得到的检验手段的反思。[②]这种思维方式与反思是基于研究者对所使用的具体研究方法进行哲学层次上的思考，包括理论以及对研究如何进行或必须怎样进行的分析。[③]

在社会研究中，如何处理量化（定量）研究和质性（定性）研究之间的关系一直是社会研究方法的重大问题。在对社会研究方法论的讨论中，学者们普遍认为，量化研究与实证主义方法论是联系在一起的，而质性研究是与非实证主义相联系的。在关于两种方法的早期讨论中，量化研究和质性研究往往被人们看作是互相对立、非此即彼的关系。“自韦伯以后，人们认识到由于社会现象的特殊性，任何社会现象或社会行为都存在主观性和客观性两个方面，量化研究和质性研究对于人们正确认识社会现象都是不可缺少的。只有把量化研究和质性研究结合起来，才能达到对社会现象本质的认识，发现其中的规律。”[④]

20 世纪 80 年代以后，混合方法研究得到飞速发展。混合研究方法背后的哲学基础是实用主义，以皮尔士、杜威、罗蒂为代表，他们关注

---

① 朱志勇. 教育研究方法论范式与方法的反思［J］. 教育研究与实验，2005（1）：7－12.

②［德］马克斯·韦伯. 社会科学方法论［M］. 韩水法，等，译. 北京：中央编译出版社，1998：24.

③ Val d. Rust. Method and Methodology in Comparative Education［J］. Comparative Education Review, 2003, 47(3):3-7.

④ 仇立平. 社会研究方法［M］. 重庆：重庆大学出版社，2008：32.

实用以及问题的解决方法。实用主义认为："第一，定量和定性研究方法可用于一个单个的研究；第二，在研究中，研究问题是最重要的事情，它比方法选择或哲学世界观更为重要；第三，应该放弃在后实证主义与建构主义之间进行选择的强迫二分法；第四，应该放弃使用'真理'和'现实'等形而上学的概念；第五，应该用一种实用的、应用的研究哲学来指导方法论选择。"① 实用主义主张在研究中依据问题选择方法，而不是依据范式选择方法，同时，实用主义认为，价值并非中立，承认研究者的价值观在分析和解读结果时所发挥的作用。

定性和定量两种类型的混合研究可以表现为几种方式：一种是按顺序使用不同的类型，先使用某一类，然后再用另一类；另一种方式是在研究中平行或同时采用两种类型。例如，德雷斯勒曾用过顺序方式，他试图研究生活在美国南部社区的非洲裔美国人抑郁情绪的发生是如何受到各种家庭因素、生活方式和家庭资源影响的。他先是用了定性研究，进行了开放式的民族志访谈；然后进行了定量的问卷调查，并由此获得了用于统计分析的数据。

在本研究中，笔者采用实用主义的主张，将依据研究问题选择研究方法，既运用定量研究，也运用定性研究。

1.4.2　本研究拟采用的研究方法

研究方法是针对研究问题的特点和性质在一定的方法论范式指导下所采取的具体研究手段。②笔者在本研究中主要采用了以下几种主要研究方法，以收集资料和分析资料，研究方法的选择是依据问题而定的。

1.4.2.1　收集资料的方法

1. 文献研究

文献研究是社会科学研究的常用方法之一，其获取资料的来源是既

① R. Burke Johnson，Anthony J. onwuegbuzie，Lisa A. Turner. Toward a Definition of Mixed Method Research［J］. Journal of Mixed Methods Research. 2007（1）：112－133.

② 邓旭. 教育政策执行研究：一种制度分析的范式［M］. 北京：教育科学出版社，2010：60.

有文献，属于间接性研究。采用文献研究，研究者不与调查对象直接接触，不会产生对研究对象的干扰，但是由于资料来源为二手文献，如何判断文献的真伪就成为最大的难题。利用文献研究可以对社会问题进行历史的分析，研究成本较低，并且具有纵贯研究的功能。①

本研究文献检索的范围主要包括以下几种：

（1）国家、地方政府、学校等发布的关于学费政策的政策文本，推行中等职业教育学费政策时的资金和保障制度文本。

（2）有关公共政策、教育政策及职业教育政策的相关书籍和期刊论文。

（3）研究方法类的文献，主要是政策分析方法、教育研究方法及统计分析方法等。

（4）本书采用一定的理论对研究资料进行解释，因此有关的理论文献研究是本研究的理论基础。

文献研究法除了帮助笔者梳理已有的研究成果之外，还为将要开展的研究提供研究思路和研究视角，为问卷的编制和访谈提纲的撰写提供学理和实践帮助。

2. 问卷调查

问卷调查是指采用自制问卷或量表等对被调查者进行调查，系统收集被调查者的观点、态度和行为等方面的信息并进行分析，以达到认识社会现象的目的。“问卷调查的问卷和量表中的问题是标准和统一的，回答问题的方式也是同样的，因此通过问卷调查获取的资料是可以进行统计汇总和量化分析的。”②

本研究将进行大范围的问卷调研，以获取相关资料，对中等职业教育学生资助政策推行之后产生的影响进行描述性研究。

3. 访谈调查

访谈调查是调查研究的一种类型。访谈调查收集的资料一般说来是依据谈话内容而整理形成的文字资料，这些文字资料无法进行统计分析，本身缺乏统计学上的意义。在访谈中，调查结果渗透了调研者对于

① 林聚任，刘玉安. 社会科学研究方法［M］. 第 2 版. 济南：山东人民出版社，2008：80.

② 林聚任，刘玉安. 社会科学研究方法［M］. 第 2 版. 济南：山东人民出版社，2008：78.

被调研者的理解和判断。其优点在于可以和研究对象进行真实、深入、细致的沟通和交流，往往能够达到问卷调查难以达到的调查深度；缺点是调查中往往带有调研者和被调研者的主观成分。

本研究将会对部分利益相关者进行深度访谈，更深入地探究“他们的生活细节、复杂的内心世界以及他们所生存于其中的纷繁变化的文化氛围。”①

1.4.2.2 分析资料的方法

1. 定量分析

对于问卷调研所收集的资料，笔者运用定量分析方法，即采用统计分析方法对资料中的数据进行审核、整理，并使用 SPSS20 统计分析工具对数据进行相关分析。

2. 定性分析

对于通过访谈调查收集的资料，笔者首先对其进行审核、整理，形成文本，然后对文本进行类属分析，即在资料中寻找反复出现的现象以及可以解释这些现象的重要概念；同时，对于访谈资料还将进行情景分析，即将访谈资料置于研究对象所处的自然情景之中，按照故事发生的时序对有关事件和任务进行描述性分析。②

1.5 本研究的理论基础

本研究主要是从利益相关者的多元化视角对中职学生资助政策进行评价，多元主要是指两个方面：第一，是从多元的立场解释该政策；第二，是对该政策进行多元的解释。多元视角是本研究分析框架构建的基础，主要来源于三角测量的方法论和三角关系的认识论。

---

① 陈向明. 旅居者和“外国人”——留美中国学生跨文化人际交往研究［M］. 北京：教育科学出版社，2004.

② 陈向明. 质的研究方法与社会科学研究［M］. 北京：教育科学出版社，2000.

1.5.1 三角测量的概念

在航海中，调查员和航海者通过多个位置的观察来测量两个物体间的距离，通过从不同的角度或观察点观察事物，他们就能确定事物的实际位置。这个过程称为三角校正（triangulation），它也经常被用于定性和定量社会研究中。将它用于社会研究，意味着从几个角度看事物要比只从一个角度看事物更好。[①]三角校正有多种类型，在社会研究中最常见的类型是测量的三角校正，又称作三角测量，即研究者对同一现象进行多重测量。运用三角校正，意味着混合定性研究和定量研究的数据，而且不同类型的方法有互补的特性，因此研究者对于研究现象（或对象）会有更全面的理解，有助于深入开展研究。

1.5.2 三角测量的哲学基础

三角测量最早是由美国哲学家戴维森提出的，是戴维森所构建的处理其哲学问题的一个常用模型。他的思想可能起因于蒯因，但是，他在蒯因的认识论基础之上有了发展，最终形成其著名的三角关系论断。从1982 年开始，戴维森不断地运用三角关系在其相关研究中解释如何进行语言交流和如何理解可能的问题，例如，在他看来，知识可以分为三种类型：我心的知识、他心的知识和外在世界的知识，三类知识共同构成知识的三角关系；同时，他认为人们在行动和交流中，两个行动者与他们观察的同一个对象之间也存在一个三角关系。戴维森哲学中的三角关系主要包括以下两种：

1. 主体——主体间——客体

戴维森认为，“在三角关系中存在三重相互作用，两个主体的视角构成其中的两重作用，然后每个主体在与世界相互作用的同时又会与另一个主体发生相互的作用。”在这个三角关系中，主体即为自我，主体

---

① [美] 劳伦斯 • 纽曼. 社会研究方法：定性和定量的取向 [M]. 第 5 版. 郝大海，译. 北京：中国人民大学出版社，2007：180.

间即为自我与他人，客体即为共享的事物。“自我的第一人称权威确保了主体性的地位，自我与他人相互作用确保了主体间性的地位，而自我、他人与世界的相互作用确保了客观性的地位。”①

2. 说话者——解释者——世界

戴维森在其解释理论中形成一个三角构架的理论。他认为，说话者、解释者和世界处于一个三角关系之中，这个三角关系是客观性和交流的最终源泉。说话者与解释者之间处于被理解——理解、被解释——解释的主体间的二元关系当中。这种二元关系又要落实到自我——世界与他人——世界的两重主客体关系的交会之中。这种交会是通过自我对他人的作用、他人对自我的反应以及自我对他人对自我的反应的反应这样一个循环往复的过程来实现的。这个世界包含比两个更多的人，在他们之间相互作用的同时，他们与自己所共享的世界相互作用。

在戴维森之后，有学者不断地对其提出的三角测量提出新的认识，将三角关系的认识论运用到研究方法中，成为混合研究方法的哲学基础。

1.5.3 基于三角关系和三角测量的多元视角

在本研究中，笔者以戴维森的三角关系和三角测量为理论基础，架构出一个政策的评价框架，如前所述，主要包括两个方面的多元视角：

1. 基于多元化立场的视角

多元化立场就是站在不同的群体或个体的立场上看待政策，从理论上来讲，不同的群体和个体对待同一件事物的看法是存有差异的，但是这种差异性更多地反映了同一件事物的不同侧面。在本研究中，笔者主要是从政府、学校、教师和学生的立场对该政策进行审视，运用不同的方法了解他们对于资助政策的态度。

---

① 陈常燊. 理解的准则：戴维森合理性理论研究［M］. 北京：中国社会科学出版社，2012.

2. 对资助政策进行多元化的审视

进行多元化的审视，不仅仅包括运用不同的方法对同一件事物进行审视，也包括运用不同的理论对该事物进行解释。用不同的方法和不同的理论解释同一研究对象会取得不同的结论，每种方法揭示的都是该事物的不同侧面，每种理论解释的都是该事物的不同含义。在本研究中，笔者依据多元视角分别对资助政策进行价值解释、依赖性分析以及实施效果分析，并从不同的立场运用不同的理论解释其本质。

多元化构成了本研究的架构基础，笔者使用不同的方法，从不同的角度，运用不同的理论对中职学生资助政策进行分析和评价，努力使中职学生资助政策的运行多方位、多角度地呈现出来，以便揭示其不同的侧面。

1.6 本研究的分析框架

费希尔在其《公共政策评估》一书中提出了同时验证经验主义与规范政策判断的评估框架，该框架将事实与价值结合起来，目的在于解释一项完整的或全面的评估的基本构建，这种评估把经验主义和规范的、能纳入评估的所有因素全面地结合起来。[①]梁鹤年构建了 S－CAD（subjectivity－consistency，adequacy and dependency）政策评估方法，该方法的前提是，在政策制定和评估过程中，每个参与者的认知和价值是主观的，它承认和接受不同参与者有不同的信息、期望、价值和选择。该方法吸收了其他政策规划与评估的模型和方法的启示，包括理性主义者所强调的系统化的政策评估方法和政策的内部逻辑、渐进主义者所观察到的政策制定中认同的本质、政策设计中不可缺少不能取代的创意、政策实施之前与实施之后评估标准一致性的重要性、事

① ［美］弗兰克·费希尔. 公共政策评估［M］. 吴爱明，等. 译. 北京：中国人民大学出版社，2003：17.

实和价值之间的相互关系、政策制定中利益的多元化、政策对实施者的依赖等。①

笔者参考以上两种评估框架，并结合研究的实际情况，采用以下评估框架对中等职业教育学生资助政策体系进行评估。该框架将对中职学生资助政策进行价值分析、事实评价，主要对中等职业教育学生资助政策的历史发展进行梳理，对其进行价值评估和事实评估，并基于评估结果对免学费政策进行规范性分析。

以下为本书的主要研究内容：

（1）在第二章，笔者将对我国中等职业教育学生资助政策体系的形成进行历史梳理，并应用制度选择理论对其进行审视；同时，将基于公共政策分析视角对资助政策体系进行分析，厘清政策体系试图解决的问题、政策目的或目标、理论基础以及目标群体等。主要回答如下问题：

① 中职学生资助政策体系是如何形成的？

② 其具体内容是怎样的？

（2）在第三章，笔者将对学生资助政策体系进行实证研究，验证其实施之后是否实现了政策目的或目标，并对助学金政策及免学费政策进行成本—效益分析（基于受惠者视角）。主要回答如下问题：

① 资助政策是否实现了政策目的或目标？

② 成本和效益比如何？

（3）在第四章，笔者将对中职学生资助政策体系的合法性和实施可行性进行分析和评价，主要集中于目标群体和主要执行者（中职学校和教师）对政策的认同度问题；资助政策对受惠者的影响以及对主要执行者（中职学校）权力和资源的影响。主要回答如下问题：

① 资助政策体系是否获得利益相关者的认可？

② 在政策执行中存在哪些问题？

（4）在第五章，笔者将对中职学生资助政策体系进行深入的价值分

① ［加］梁鹤年. 政策规划与评估方法［M］. 丁进锋，译. 北京：中国人民大学出版社，2009：88

析，寻找该政策背后的人性假设以及政策蕴含的价值基础。主要回答如下问题：

从政策制定者角度分析中职学生资助政策蕴含的主要价值有哪些？

（5）在第六章，笔者将给出本研究的结论，并基于以上价值分析和事实分析，从规范性角度对中职学生资助政策提出有关建议或对策。

（6）在最后一章，笔者对本研究进行总结，并说明本研究的创新及不足。

2 我国中等职业教育学生资助政策的历史梳理及政策分析

2.1 我国中等职业教育学生资助政策的历史发展（1949至今）

考察我国中等职业教育学费政策的历史发展过程，首先应将我国中等职业教育的范围梳理清楚。纵观中华人民共和国成立以来职业教育的发展，尤其是中等职业教育的发展，其发展历史较为复杂，虽然同为职业教育，但是存在多种行政体系、多头管理的现象。当下，我国中等职业教育学校主要分为中等专业学校、技工学校和职业高中三类学校，因此，本书在中等职业教育学生资助政策的历史梳理中也主要围绕此三类学校展开。中等专业学校与技工学校在中华人民共和国成立之后获得了大力发展，并享受与高等教育的同等政策。职业高中在 1980 年之后获得了大力发展，其经费、人员等管理制度与普通高中基本相同。

2.1.1 1952—1980 年的免费加人民助学金政策

2.1.1.1 免费加人民助学金政策的形成及发展

1952—1980 年，这一时期中等职业教育以中等专业学校和技工学校为主，这一阶段在中等职业教育学校实施的主要是人民助学金制度下的免学费政策。

在中华人民共和国成立之前，中原临时人民政府教育部于 1949 年 9 月 22 日发布了《中等以上学校学生申请人民助学金暂行办法》，文件中明确规定人民助学金分为甲、乙、丙三等，甲等助学金除免缴学杂费外，每人每月发给二道机米 60 斤；乙等助学金除免交学杂费外，每人每月发给二道机米 30 斤；丙等助学金免缴学杂费。同时，享受人民助学金的人员有名额限制，大专生名额应占全校学生人数的 20%～25%，中等学校由各省市依照旧例自行规定，但不得超过全校学生总数的 10%。由此可知，人民助学金的享受者不但可以获得补助，而且全部免缴学费，这就是通常所说的免费加人民助学金政策，但是由于受申报条件和比例限制，所以，当时的免费加人民助学金政策并非面向全体学生。

中华人民共和国成立初期，政府对中学学费的管理没有统一规定，但许多地方的中等专业学校执行的是免费政策。例如北京市在 1950 年度第二学期市立各校杂费收免标准及收缴办法中明确规定师范学校、技术学校、聋哑学校全部免收学杂费，贫寒之工农与劳动人民子弟及享受人民助学金之学生免收学杂费。①

经过三年的调整、恢复及发展期，免费人民助学金政策于 1952 年在全国范围内正式确立。1951 年 7 月 8 日，政务院颁布《关于调整全国高等学校及中等学校学生人民助学金的通知》，文件指出：“由于若干历史原因，同级同类学校学生待遇常差别极大，为了改善此种状况，决定将全国高等学校及中等学校学生的公费制一律改为人民助学金制度，并

① 北京市教育志编纂委员会. 北京市普通教育年鉴（1949—1991）［M］. 北京：北京出版社，1992：3.

对原有人民助学金的标准做适当调整。”[①]为了贯彻政务院精神，教育部随即发布《关于调整全国各级各类学校教职工工资及学生人民助学金标准的通知》，文件规定：“中等专业学校学生全部享受助学金，每人每月10 元。”[②]对上述文件进行分析可以发现，首先，人民助学金制度的前身为公费制。公费制即为免缴学费，由国家承担培养费用；其次，中等专业学校学生享受人民助学金的比例为 100%。至此，在中等职业教育领域内实施免费加人民助学金的政策得到了巩固和发展。

1963 年 8 月 2 日，国务院批转了教育部《关于调整中等专业学校学生人民助学金问题的报告》，该报告建议“中等技术学校人民助学金的补助（享受）比例，由原来的 100%降低为 60%～80%，标准为 9～12 元，其具体标准由省、市、自治区按当地情况做具体规定。”[③]

1966—1976 年“文化大革命”期间，教育领域也不得不随着政治方向进行调整。1966 年 10 月 15 日，教育部、财政部颁发了《关于文化大革命期间征收学杂费问题的意见》，规定“参加文化大革命的不收费，正常开课的收费”，“1966—1970 年高等学校以及中等专业学校停止招生，原有在校学生，在分配工作之前，仍执行原定人民助学金制度。”[④]同时，在 20 世纪 60 年代初，经中共中央批准试行的各级各类学校工作条例，在此期间遭到了无理批判，破坏了正常的教育秩序。[⑤]中等技术学校当时的现状是：有的已经改成工厂；有的办成工厂，也承担教学任务；有的干脆不办了，相当数量的中等技术学校举棋不定。

粉碎“四人帮”之后，为了适应新形势，政府重新制定了人民助学

① 关于调整全国高等学校及中等学校学生人民助学金的通知［N］. 旅大人民日报，1951-07-13（1）.

② 《中国教育年鉴》编辑部. 中国教育年鉴（1949—1981）［M］. 北京：中国大百科全书出版社，1984：99.

③ 陕西省人民委员会批转省高等教育局“关于调整中等专业学校学生人民助学金问题的报告”［N］. 陕西省人民政府公报，1963（10）.

④ 《中国教育年鉴》编辑部. 中国教育年鉴（1949—1981）［M］. 北京：中国大百科全书出版社，1984：101.

⑤ 劳凯声. 中国教育改革 30 年［M］. 北京：北京师范大学出版社，2009：2.

金制度。1977 年 12 月 17 日，中国教育部、财政部印发《关于普通高等学校、中等专业学校和技工学校学生实行人民助学金制度的办法》，文件规定："研究生、高等师范、体育和民族学院学生，以及中等师范、护士、助产、艺术、体育和采煤等专业学生一律享受人民助学金，享受比例按照 100%计算，其他高等院校、中等专业学校和技工学校学生，其助学金享受比例按照 75%计算。"[①]此规定直至 1983 年才发生根本性改变。

总结 1949—1980 年的中等职业教育学生资助政策情况，可以看出，这一阶段的学费政策与人民助学金政策紧密相连，免费政策是人民助学金政策的实施前提。直至 1980 年，国家开始举办各类职业学校，职业学校无论是学费政策还是助学金政策均与中专学校和技工学校存在明显区别。

2.1.1.2　免费加人民助学金政策分析

1. 政策形成背景分析

免费加人民助学金政策的形成，有其特定的政治经济背景。1949 年中华人民共和国成立初期，国家正在积极地准备进行大规模的经济建设，培养技术人才是国家经济建设的必要条件，大量训练与培养初中级人才尤为当务之急。当时我国正处于计划经济发展阶段，在教育领域内实施统包统配制度，高等学校和中等专业学校招生及毕业生分配被纳入国家劳动工资计划，毕业生工作由国家负责分配，中专学校的学生享受国家干部的身份、编制和待遇，和高等教育一样在当时属于精英教育。

国家将中等专业毕业生和高等教育毕业生视为国家发展的栋梁，向其提供免费加人民助学金的优惠政策，一方面，是为了吸引人民群众参与其中；另一方面，有利于保障工农群众的受教育权利，使他们不至于因为交不起学费而放弃读书。

2. 政策目的分析

关于国家在中等专业教育中执行免费加人民助学金的政策目的虽

① 《中国教育年鉴》编辑部. 中国教育年鉴（1949—1981）[M]. 北京：中国大百科全书出版社，1984：711.

然在相关文件中没有明确说明，但是，结合当时的社会经济环境加以分析，我国在成立之初就在中等职业教育领域实施免学费加人民助学金政策的目的主要包括以下几个方面：

1）培养大量的中等技术人才，以满足社会主义国家建设的需要

鉴于当时人民群众的经济条件较差，且由于国家实行计划经济，所以当时的高等教育、中等专业教育均由国家主办，国家对高等教育及中等职业教育毕业生实行低工资制度，用包学费的方式换取职业教育接受者所创造的社会价值。

2）保障更多的工农群众的受教育权利

1949—1956年，这七年间我国迅速恢复了国民经济，初步形成了与当时相配套的文化教育制度。1949年9月通过的《中国人民政治协商会议共同纲领》第四十一条规定："中华人民共和国的文化教育为新民主主义的，即民族的、科学的大众的文化教育，人民政府的文化教育工作，应以提高人民文化水平，培养国家建设人才，肃清封建的、买办的、法西斯主义的思想，发展为人民服务的思想为主要任务。"①在高等教育及中等职业技术教育领域内实施免费加人民助学金的政策是实现大众的文化教育的措施之一。

2.1.2 1980—1990的中职学生资助政策

2.1.2.1 学费、助学金政策双轨运行制度

1980年10月7日，国务院批转了教育部、国家劳动总局关于中等教育结构改革的报告，报告指出，"中等教育结构改革，主要是改革高中阶段的教育"，②改革的内容是实施"普通教育与职业、技术教育并举，将部分普通高中改办为职业学校，并根据发展生产和服务性行业的需

① 中国人民政治协商会议共同纲领［EB/OL］. http：//www. hnredstar. gov. cn/yueyang123/djgz/dj_zywx/t20061230_84917. html，2006-12-31.

② 国家教育委员会政策法规司. 十一届三中全会以来重要教育文献选编［M］. 北京：教育科学出版社，1992：58-60.

要，广开学路，举办各种职业（技术）学校”，[①]这些学校主要招生初中毕业生。自此，中等职业教育主要由三类学校组成，即中等专业学校、技工学校和职业高中，这一格局一直延续至今。

当时，职业高中和中等专业学校、技工学校之间是存在区别的。首先在于，“职业高中的毕业生国家不统包统配，毕业时按‘三结合’的就业方针，或由劳动部门介绍就业，用人单位择优录用，或由劳动服务公司帮助他们组织起来就业，或鼓励学生自谋职业”；[②]而此时的中等专业学校和技工学校毕业生的分配制度是包分配的，这一点在 1987 年 1 月 3 日颁布的国务院办公厅转发国家教育委员会等部门《关于全国职业技术教育工作会议情况的报告》的通知中可以得到验证，文件指出，“要改革中等专业学校和技工学校毕业生的分配制度，逐步将包分配改为不包分配，由用人部门择优录用”；[③]其次在于，职业高中的学生是和普通高中的学生一样缴纳少量学费的（收费标准可参照或略低于普通中学的规定[④]），不享受助学金政策，而中等专业学校和技工学校的学生是实施助学金办法的。这两大差别直至 1991 年国家对中等职业教育统一实施收费政策时才得以消失。

1983 年，政府决定对 1977 年制定的免费加人民助学金制度进行改革，虽然此次改革主要在高等教育领域展开，但是中等职业教育也逐渐向其靠拢。1985 年，政府发布《中共中央关于教育体制改革的决定》（以下简称《决定》），其中明确指出“调整中等教育结构，大力发展职业技术教育”，[⑤]同时也明确提出了中学即开始分流的措施。同时指出“要改

① 国家教育委员会政策法规司. 十一届三中全会以来重要教育文献选编［M］. 北京：教育科学出版社，1992：58－60.

② 国家教育委员会政策法规司. 十一届三中全会以来重要教育文献选编［M］. 北京：教育科学出版社，1992：128－130.

③ 国家教育委员会政策法规司. 十一届三中全会以来重要教育文献选编［M］. 北京：教育科学出版社，1992：294.

④ 《中国教育年鉴》编辑部. 中国教育年鉴（1949—1981）［M］. 北京：中国大百科全书出版社，1984：186.

⑤ 中共中央关于教育体制改革的决定［EB/OL］. http：//baike. baidu. com/view/1824843. htm .

革人民助学金制度”。1986年颁布的《劳动人事部国家教育委员会关于颁发技工学校工作条例的通知》规定：“技工学校按国家计划招收的学生，实行助学金和奖学金相结合的办法。”[①]人民助学金制度逐渐被奖学金制度所替代。

由此可见，1980—1990年，职业高中、中等专业学校、技工学校的学费和助学金政策均双轨运行。

2.1.2.2 政策环境分析

这时“文化大革命”刚刚结束，百废待兴。但在“文化大革命”中，有人提出职业教育是使用廉价劳动力，因此取消了职业教育，并盲目普及普通高中教育，造成中等教育结构的单一化，与国民经济的发展需要严重脱节。[②]在这样的环境下，国家发布进行中等教育结构改革的政策，将部分普通高中改办成职业高中，实现中等教育结构的多样化，但是，由于管理上的制度惯性，职业高中的学生资助政策采取与普通高中相似的制度，这样可以避免转变得过于强硬，而导致改革失败。

2.1.2.3 政策目的分析

职业高中的成立是出于我国当时国家经济发展的需要，而采用学生自费政策，可能一是因为管理惯性所致；二是因为国家正在逐步厘清中等职业教育的组成，当时的中专和技校比照的是高等教育的管理制度，而这样的管理制度随着经济社会的发展已经不能适应发展的需要。职业高中的成立，可以说是一个契机，一个将中专和技校回归其高中阶段教育的本来位置的契机。这一时期的双轨制学生资助政策可以说是一个转折点，一个由免费至收费、由公费至自费的转折点。

---

① 劳动人事部、国家教委关于颁发技工学校工作条例的通知［EB/OL］. http：//www. hroot. com/contents/133/62209. html，2008－08－25.

② 刘英杰. 中国教育大事典（1949—1990）（下）［M］. 杭州：浙江教育出版社，1993：1747.

2.1.3 1991—2007 年的学生资助政策

2.1.3.1 以奖贷学金为主的资助政策

自 1983 年以来，人民助学金制度已经逐渐被奖学金制度所替代，人民助学金本身是以免费政策为前提的，其改革意味着国家把对中等职业教育的学费政策改革也逐渐纳入了议程。

1991 年 7 月 20 日，国家物价局、国家教育委员会、财政部、劳动部联合发布教财〔1991〕66 号文《中等职业技术学校收取学费的暂行规定》，文件明确规定："中等职业技术教育属非义务教育，自 1991 学年起，对中等专业学校（不含中师，下同）、技工学校和职业高中新入学的学生适当收取学费，1990 年及以前学年入学的学生仍执行原规定；具体收费标准由省、自治区、直辖市教育、劳动部门根据当地经济发展水平、群众承受能力、办学需要、专业（工种）特点等提出方案。"[①]至此，我国中等职业教育进入明确的收费阶段。

1994 年 3 月 9 日，国家教委印发教职〔1994〕3 号文《关于普通中等专业学校招生与就业制度改革的意见》的通知，文中明确指出："要建立起学生上学自己缴纳部分培养费用，毕业后大部分人自主择业的机制，逐步代替现行招生计划中的国家任务和调节性两种计划形式；普通中等专业教育属非义务教育，要逐步实行收费和奖学金、贷学金相结合的制度；学生原则上均应缴纳学费，不同的地区、专业、学校收费标准可以不同；收费标准原则上按实际培养费用的一定比例计算；要改革毕业生统包统配的制度，逐步实现毕业生自主择业，人才走向市场的就业制度。"[②]

1994 年 7 月 3 日，国务院发布国发〔1994〕39 号文《关于〈中国教育改革和发展纲要〉的实施意见》，文件指出："积极推进高等学校和

① 中等职业技术学校收取学费的暂行规定［EB/OL］. http：//sdzb. lss. gov. cn/zcfg/ShowArticle. asp?ArticleID=1118，2008－09－25.

② 关于普通中等专业学校招生与就业制度改革的意见［EB/OL］. http：//www. chinalawedu. com/falvfagui/fg22598/19169. shtml，1994－03－09.

中等专业学校、技工学校的招生收费改革和毕业生就业制度的改革，逐步实行学生缴费上学、大多数毕业生自主择业的制度。”[①]

1996 年 12 月 16 日，国家教育委员会、国家计划委员会、财政部联合颁布《中等职业学校收费管理暂行办法》，对于学费标准、学费用途、学费收取程序等相关事宜做了明确规定。[②]至 1997 年，大多数学校按新制度运作。2000 年基本实现新旧制度的转轨。至此，中等职业教育学生上学全部自费。

新的政策引起新的社会问题，学生家庭教育负担加重引发对教育公平的讨论。1996 年，《中华人民共和国职业教育法》中明确规定：“国家支持企业、事业组织、社会团体、其他社会组织及公民个人按照国家有关规定设立职业教育奖学金、贷学金，奖励学习成绩优秀的学生或者资助经济困难的学生。”在国家政策的引导下，中等职业教育学生资助政策开始呈现新的形式，我国中职学生资助政策进入以奖学金、贷学金、学费减免等为主要资助形式的阶段。

2.1.3.2 该阶段资助政策分析

1. 政策环境分析

从 20 世纪 80 年代开始，中等职业教育逐渐从免费教育转向收费教育，直至 1991 年政府颁布文件，明确提出中等职业教育实施收费政策，其转向明显受到我国当时经济发展的影响。

1）市场经济改革大潮带来了教育领域内部价值观念的转变，推动了中等职业教育收费政策的制定和实施

20 世纪 80 年代，我国教育体制改革初步探索时期的教育政策与法律主要是根据 1985 年的《决定》所提出的改革目标：“对原有教育体制进行全方位的改革，旨在构建与有计划的商品经济相适应的教育运行秩

① 国务院. 国务院关于《中国教育改革和发展纲要》的实施意见［J］. 人民教育，1994（9）：3－11.

② 黑龙江省教育厅. 中等职业学校收费管理暂行办法［J］. 黑龙江政报，1997（10）：34－35.

序，更好地发展教育事业，以服务于社会主义现代化建设。”①在教育改革的同时，教育领域内逐渐出现新的教育价值观，极大程度地影响了公立教育的发展方向和发展措施。反映在学校政策中，即主要表现为将市场机制引入学校运行中，例如，建立学校法人制度，建立学校责任制，这些管理机制取代了传统的运行模式。中等职业教育的收费政策正是在这些价值观的影响下确立和实施的。

2）职业教育不断发展，学生数量上升，免费教育为政府带来了较大的财政压力

在我国改革开放初期，经济快速增长，各行各业对于人才尤其是技术人才的需要非常迫切，而与之相矛盾的则是我国虽然拥有巨大的人力资源，但是还无法转换成人力资本，技术人才更少，这已经成为经济发展的阻力。

在这样的经济发展背景之下，职业教育迎来了发展的一个高峰期。至 1989 年，我国中等专业学校（不含中师）和技工学校共有 7 042 所，招生 97.8 万人，在校生为 275.17 万人，在校生总数已占整个高中阶段在校生总数的 44.8%，当年招生数占 47.6%。②

在职业教育发展的同时，教育经费短缺问题也逐渐暴露。职业教育的人才培养主要是培养其实践能力，这需要硬件设备做支撑，对于教师的要求也较高，行业的快速发展也给学校的人才培养工作带来了一定难度，因此，对职业教育的投入必然要高于普通教育。职业教育大发展之后，随着学生数的增加，教育投入问题给政府带来了较大的财政压力，而当时中等职业学校的免费政策（主要是中等专业学校和技校）也成为压力源之一。

综合以上两个方面，中等职业教育由公费转向自费正是因为以上的国家经济发展大环境以及职业教育发展的实际需要而确立的。

2. 政策目的分析

改革开放之后，中等职业教育由公费转向自费，结合出台相关政

① 劳凯声. 中国教育改革 30 年［M］. 北京：北京师范大学出版社，2009：7.

② 李健. 中国教育年鉴 1990［M］. 北京：人民教育出版社，1990：214.

策的社会经济发展背景，笔者发现其主要政策目的主要包括以下两个方面：

1）引入竞争机制，增加公立中等职业教育学校的竞争力

教财〔1991〕66号文件《中等职业技术学校收取学费的暂行规定》明确指出："制定本规定的目的是推动我国职业技术教育事业的发展。"[①]而此处所说的发展，正是指在当时改革开放的条件下，职业教育学校应该更好地适应经济发展的环境，依据市场需要办学，并满足经济发展的人才需求。国家在公立职业学校实行收费政策，通过引入价格机制，既可以调动学校的办学积极性和主动性，又可以促进职业学校的办学方向逐渐向市场需要靠拢，进而不断提高教育教学质量，不断增进公立学校自身的竞争力，以适应改革开放之后的经济社会发展需要。

2）多渠道筹措职业技术教育经费，缓解政府的财政压力

我国发展教育的主要模式为政府办学，属于政府主导行为，教育发展所需资源主要来源于国家财政。随着职业教育规模的不断扩大、教育投入的不断加大，依赖国家财政独立支撑职业教育的发展，已经是力不从心。同时，随着高等教育的不断发展和逐渐普及，中等职业教育已经失去精英教育的地位，其培养的人才已经不是一种稀缺资源，国家已经没有必要再为这部分人才负担相关的费用。借鉴成本分担理论，中等职业教育既然属于非义务阶段教育，那么实行收费政策就是理所应当的。教财〔1991〕66号文件第一条即说明，此规定是依据多渠道筹措职业技术教育经费的原则制定的，且明确提出中等职业教育属于非义务阶段教育，这就是当时实施收费政策的理论依据，也从侧面说明其政策目的之一就是缓解政府的财政压力。[②]

---

① 中等职业技术学校收取学费的暂行规定［EB/OL］. http：//sdzb. lss. gov. cn/zcfg/ShowArticle. asp?ArticleID=1118，2008－09－25.

② 中等职业技术学校收取学费的暂行规定［EB/OL］. http：//sdzb. lss. gov. cn/zcfg/ShowArticle. asp?ArticleID=1118，2008－09－25.

2.1.4 我国当下实施的中等职业教育学生资助政策分析（2007 年至今）

2.1.4.1 助学金政策的转向：国家助学金的回归

进入 21 世纪，国家越发重视教育公平问题，陆续出台关于资助贫困家庭学生的相关政策。2003 年，教育部和财政部划拨 2 000 万元中央财政专项经费用于中职学校贫困家庭学生助学工作，推动地方探索新形势下中职学生资助政策途径。2005 年，国务院在《关于大力发展职业教育的决定》（以下简称《决定》）中明确提出要"建立职业教育贫困家庭学生助学制度"。

2006 年，财政部和教育部印发了《关于完善中等职业教育贫困家庭学生资助体系的若干意见》和《中等职业教育国家助学金管理办法》两个文件，初步描绘了国家建立中职贫困家庭学生助学体系的基本框架。两个文件依据《决定》，全面阐述了中等职业教育贫困家庭学生助学制度的基本内容，强调以满足贫困家庭学生学习和生活需要为基本出发点，充分发挥中央和地方政府、中等职业学校、金融机构、社会团体、企事业单位以及公民个人的作用，努力构建覆盖面广、形式多样、功能完善、机制健全的中等职业教育学生资助体系。同年，为了推进中职贫困家庭学生助学政策，国家设立中职国家助学金，用 8 亿元资助了 80 万名学生，每生每年 100 元，约占在校生总数的 5%，加上地方资金，2006 年共资助 200 万名中职学生。[①]

2007 年 5 月，国务院颁布《关于建立健全普通本科高校、高等职业学校和中等职业学校家庭经济困难学生资助政策体系的意见》，把中职学生资助政策纳入国家经济困难学生资助政策体系，并对中职学生国家助学金评审程序、管理与监督等内容进行明确规定。6 月，财政部、教育部颁发了《中等职业学校国家助学金管理暂行办法》和《中等职业学

① 陈至立在全国家庭经济困难学生资助工作会议上的讲话［EB/OL］. http：//www. moe. gov. cn/jyb_sjzl/moe_364/moe_2732/moe_2734/tnull_47184. html.

校学生实习管理办法》两个配套文件，标志着中等职业教育学生资助政策体系的正式建立。自 2007 年秋季学期起，中职学生国家助学金政策全面实施。自 1983 年人民助学金制度逐渐退出历史舞台后，历经 24 年，国家助学金制度再次全面回归。

2.1.4.2 学费政策的转向：免费政策的回归

随着国家经济的发展，我国对于技术人才的需求日益旺盛，而与此相对的则是职业教育的发展萎靡不振，为了促进职业教育发展，我国首先于 2007 年开始实施中职学生助学金资助政策，紧接着，于 2009 年 12 月，国家财政部、国家发展改革委、教育部、人力资源社会保障部联合发布财教〔2009〕442 号文件《关于中等职业学校农村家庭经济困难学生和涉农专业学生免学费工作的意见》，文件规定："为逐步实行中等职业教育免费，从 2009 年秋季学期起，先对中等职业学校农村家庭经济困难学生和涉农专业学生免学费。"中等职业教育免费政策正式进入政策实施阶段。

2010 年 7 月，国务院发布了《国家中长期教育改革和发展规划纲要（2010—2020 年）》，《纲要》明确提出："逐步实行中等职业教育免费制度，完善家庭经济困难学生资助政策。"[①]中等职业教育免费教育成为教育发展目标之一。2012 年 10 月 10 日，国务院召开常务会议，会议决定：继续扩大中等职业教育免学费政策范围、完善国家助学金制度，10 月 22 日，国家财政部、国家发展改革委、教育部、人力资源社会保障部联合发布财教〔2012〕376 号文件《关于扩大中等职业教育免学费政策范围、进一步完善国家助学金制度的意见》，对免费政策予以规范和说明。至此，中等职业教育免费政策的受惠者范围进一步扩大，中等职业教育又向免费教育的目标迈进了一步。自 1991 年实施收费政策之后，历经 19 年，中职免费政策再次回归。

---

① 国家中长期教育改革和发展规划纲要（2010—2020）[EB/OL]. http：//www. gov. cn/jrzg/2010 - 07/29/content_1667143. htm，2010 - 07 - 29.

2.1.4.3 免费加助学金政策回归背景分析

自我国实施改革开放以来，国家逐步由计划经济体制转向市场经济体制。从计划经济体制向市场经济体制的转变是一项牵动全局的转变，是20世纪90年代影响我国职业教育改革和发展的最重要因素，不仅对于毕业生的就业体制改革具有决定性的支配作用，而且直接影响职业教育招生制度的改革、经费投入体制的改革以及职业教育机构管理和运行机制的改革。[①]

1. 中等职业教育进入发展困难期

在改革开放之后，我国中等职业教育发生了根本性的变化，1980—1998年，中等职业技术学校从9 688所增加到17 106所，学生从226.3万人猛增到1 126万人，增长了4倍。同期，全国中等职业技术学校共计向社会输送各类毕业生 3 085 万人，是中华人民共和国成立后前 30年同类毕业生总数的4.5倍。[②]

中等职业学校的学生数在 1994 年出现一个高峰，占高中阶段的63.99%。1990—1993年，我国的普通高中毕业生与高校招生比例从3.8:1迅速下降到2.5:1；1999年国家为了刺激消费、推动经济的增长，出台了高校扩招的政策，普通高中毕业生数与普通高校招生数比例下降至1.65:1，从而强烈刺激了普通高中的发展，导致中等职业教育的生源日益紧张。1996—1999年，我国中等职业教育招生数量的增长趋于缓慢，1999年，中等职业教育共计招生473万人，比1998年减少46万人。[③]

随着经济的发展，我国劳动力市场出现用人单位要求学历层次高移化现象，中职学生毕业之后进入高等教育的机会越来越少，因此，学生家长更倾向于让子女就读普通高中，进而进入高等教育，为将来的就业

① 杨金土. 90年代中国教育改革大潮丛书：职业教育卷［M］. 北京：北京师范大学出版社，2002：29.

② 杨金土. 中国经济转型期的职业教育改革［J］. 职教论坛，1998（12）：4－11.

③ 杨金土. 90年代中国教育改革大潮丛书：职业教育卷［M］. 北京：北京师范大学出版社，2002：8.

提供更好的保证。由于我国普通高等教育与职业教育的等值机制尚未形成，接受高层次、高质量的普通高等教育就意味着在未来竞争中可获得比较理想的职业岗位，享受更高的生活质量，处于较高的社会地位，而层次相对较低和办学条件相对较差的职业学校势必受到社会冷落。

2. 国家经济发展迫切需要提高劳动力素质，增加人力资本积累

物质资本、劳动力数量和质量等，是我国经济增长的重要因素。在很长一段时期内，我国经济增长的主要因素来自劳动力数量，但是，随着经济的发展、产业结构的转型、人口红利的逐渐消失，只有通过提高单位劳动生产率的方式才能保证我国经济发展的比较优势。提高劳动生产率就意味着提高劳动力质量（人力资本），只有如此，才能减轻人口红利期所剩无几、劳动力数量优势逐渐下降所带来的压力，为我国经济发展及其所带来的结构调整赢得时间。①

人力资本的重要衡量标准是其受教育水平，可以说，劳动力的受教育水平对经济发展起着越来越重要的作用。教育对于发展劳动力潜力的作用是不容忽视的，尤其在提高劳动力质量方面的作用是不可替代的。而职业教育又是教育体系中与市场经济联系最紧密的教育类型，在我国劳动力短缺的经济形势下，发展职业教育就成为提高我国劳动力质量，即提高人力资本水平的重要措施之一。

综合以上两方面的因素可以看出，我国经济发展对于高素质劳动者的需求与职业教育发展日趋艰辛形成了一对矛盾。面对这样的形势，国务院于2005年颁布了国发〔2005〕35号文件《关于大力发展职业教育的决定》，文件提出："大力发展职业教育，加快人力资源开发，是落实科教兴国战略和人才强国战略、推进我国走新型工业化道路、解决'三农'问题、促进就业再就业的重大举措；是全面提高国民素质，把我国巨大人口压力转化为人力资源优势，提升我国综合国力、构建和谐社会的重要途径。"②

---

① 蔡昉. 刘易斯转折点及其政策挑战——2007：中国人口与劳动问题报告（摘要）[EB/OL]. 2007年中国网http：//www. china. com. cn/08/03/2007.

② 国家教育行政学院组编. 职业教育法律法规文件选编（1996—2009）[M]. 北京：中央文献出版社，2010：26－31.

正是基于这样的背景，国家首先于 2007 年制定并实施了中等职业教育学生助学金政策，紧接着于 2009 年制定并开始实施中等职业教育免学费政策，虽然这时的政策范围并不是全员享受，但是依据国家教育中长期发展规划的最终目标，的确是要实现中等职业教育全员免费教育。

2.1.5 基于制度选择理论视角的中等职业教育学生资助政策分析

2.1.5.1 制度选择理论

柯伯[①]认为，当代社会政策主要用五种不同的方式来解决社会问题。这五种方式为专业化、政治化、合法化、官僚化和市场化，它们是共同存在的，只不过被不同的政策相关者为了不同的原因所追求。每一种方式都具备特有的潜力和缺陷，其选择往往与政策制定者的喜好相联系。这些政策框架的选择直接影响政策系统，尤其是利益分配。

专业化是指组织内部机构中包括不同职业的成员运用专业的语言解决问题，这种组织是在历史的专业化过程中形成的。专业人员接受专业内部规范控制，专业的准入具有高度竞争和选拔的特点。在专业领域，专业内部成员决定什么样的人可能进入，什么样的人由于无胜任能力而必须离开。专业人员自主工作，没有直接监督。

政治化也是教育政策的基本原则。在政治环境下，人们努力争取权利，从而保证自身的利益或价值。政治要素在所有组织中均存在，由于组织性质的不同，其政治化程度也存在差异。在学校制度方面，不同国家的政治化程度也存在着差异。

合法化的最终控制手段是法律。倘若发生纠纷，人们会诉诸法院，让法官作出最终裁定。合法化强调个人的权利，强调冲突在法律层面的

① Kirp，David L. Professionalization as a Policy Choice：British Special Education in Comparative Perspective［J］. World Politics，1982，34（2）：137－174.

解决方式。

官僚化意味着等级分明，所有机构及其成员都有其明确的角色，并履行各自的职能。

市场化意味着运用市场的相关要素制定政策。在运行良好的市场上，如果提供产品和服务的一方不能取悦顾客，就会失去顾客，顾客转而被竞争者争取，这种竞争有助于提供产品或服务的一方提高产品和服务的质量。在制定教育政策时，受到市场经济的影响，会吸收和运用市场要素。

人们往往会将某一政策领域与特定政策框架联系起来。例如，处置罪犯看起来是一个立法问题，但这种看法是片面的。在这个问题上，法律（合法化）是主要的应用框架，但却不是唯一的。提到处罚方式时，需要专业化语言；监狱系统的官僚机构（官僚化）可能会使处罚无法实行；政治（政治化）则定义什么是犯罪行为以及通过什么方式对其进行制止。就像此例所讲到的，很少有政治问题是仅仅依靠一个框架进行界定的。虽然有时也会有几个框架和谐相处的情况，但在不同的框架之间，发生冲突却是更为经常性的。

这五种方式不仅仅是作为策略被描述，它们往往还代表不同的价值观。专业人士认为专家意见是解决问题的最优方式，因为它们可以回避不必要的党派偏见，而意识形态的拥护者则批评专家评价只不过是隐瞒了政治判断。官僚准则被认为是为了保护检查结果的公平性，而法律标准提供坚强保护以抵制专断独行。这些不同意见是不可能有共同的度量标准的，因为各个意见都有各自的争论焦点。每个分析框架都代表了各自的价值观，同时也决定了对权力的不同分配。

2.1.5.2　制度选择理论视角下的中等职业教育学费政策分析

依据柯伯的制度选择理论框架，我们对中华人民共和国成立以来的中等职业教育学生资助政策进行分析。

1. 1949—1980 年的学生资助政策

这一时期主要实行免费加人民助学金政策，由于中间发生了“文化大革命”，因此又可以细分为三个阶段，即1949—1965年、1966—1976年、1977—1990年。1949—1965年，国家正处于初步建设时期，这一阶段的政策均是围绕着政治需要和经济恢复需要而展开的。同时，国家各种法律尚不健全，各类教育组织成立初期尚未形成官僚化制度，由于国家实行计划经济运作体制，教育政策中的市场化因素趋近于零；1966—1976年，在全国范围内开展“文化大革命”运动，这期间的政策均围绕此项运动制定；1977—1980年，由于“文化大革命”的破坏性极强，各项工作逐渐恢复，百废待兴，这一时期始终是以政治化为主。

2. 1980—1990年的双轨制学生资助政策

1980—1990年，国家逐步恢复正常运作，各种组织逐渐恢复日常工作；逐渐实施改革开放，市场化因素逐步显现其作用，各种法律法规也逐步制定，但是教育领域依然没有自己的法律。

3. 1990—2007年以奖贷学金为主的学生资助政策

这一时期，改革开放进入纵深期，经济发展迅速，教育政策不可避免地受到市场化因素的明显影响；教育组织的官僚化逐渐增强，形成庞大的官僚体制；专业化初步显现作用，教育领域专业人士话语权增强；法律建设逐渐完备，政府相继在教育领域出台《教育法》《职业教育法》等相关法律法规；由于教育组织是政府主办，其政治性并没有减弱。

4. 2007年至今的学生资助政策

这一时期，经济发展进入增长平稳期，教育领域受到市场化因素影响之后的问题凸显，例如教育权利的不公平、教育结构不平衡、教育资源不均衡等问题，政府在教育领域内逐渐回归公益性；法律建设虽然进一步提高，但是依然没有较好的进展，尤其在职业教育领域内；在职业教育领域内，专业化人士话语权进一步增强，对于职业教育发展起到了促进作用；教育领域依然实行官僚制度管理，等级森严。

表2-1列出了中等职业教育学生资助政策四个发展阶段中五种方式的相对重要程度。

表 2-1　中等职业教育学生资助政策四个发展阶段中五种方式的重要程度

五种方式	历史阶段					
	免费加人民助学金政策			双轨制政策	自费政策	免费加国家助学金政策
	1952—1965	1966—1976	1977—1980	1981—1990	1991—2007	2007 至今
专业化	弱	弱	弱	弱	中	中
政治化	强	强	强	强	强	强
合法化	弱	弱	弱	中	中	中
官僚化	弱	弱	中	中	强	强
市场化	弱	弱	中	中	强	中

2.2　中央颁布的中等职业教育学生资助政策文本解析

中央颁布的中等职业教育学生资助政策主要包括助学金和免费政策两大内容，本章主要对这两大中职学生资助政策的发展进行梳理并进行文本解析。通过对资助政策文件的梳理（详见表 2-2），可以厘清我国在中职领域内学生资助政策的发展脉络，并依据政策文件的相关事宜进行说明和解读。

表 2-2　中等职业教育学生资助政策文件梳理一览表

时间	文件名称	政策内容
2005	《关于大力发展职业教育的决定》（国发〔2005〕35 号）	建立职业教育贫困家庭学生助学制度
2006	《关于完善中等职业教育贫困家庭学生资助体系的若干意见》（财教〔2006〕74 号）	初步描述中职学生资助体系框架 建立贫困家庭学生助学金制度；建立奖学金制度；建立以学生参加生产实习为核心的助学制度；建立学费减免制度

续表

时间	文件名称	政策内容
2006.07	《中等职业教育国家助学金管理暂行办法》《关于做好技工学校国家助学金发放管理工作的通知》	国家助学金标准、评定条件、评定程序及监督等细节
2007.06	《中等职业学校国家助学金管理暂行办法》（财教〔2007〕84 号）	国家助学金资助对象是具有中等职业学校全日制正式学籍的在校一、二年级所有农村户籍的学生和县镇非农户口的学生以及城市家庭经济困难学生；资助标准每生每年 1500 元；明确发放要求、程序、责任部门等事宜
2009.03	《2009 年国务院政府工作报告》	逐步实行中等职业教育免费，2009 年先从农村家庭经济困难学生和涉农专业做起
2009.12	《中等职业学校农村家庭经济困难学生和涉农专业学生免学费政策》（财教〔2009〕442 号）	从 2009 年秋季学期起，对公办中等职业学校全日制正式学籍一、二、三年级在校生中农村家庭经济困难学生和涉农专业学生逐步免除学费（艺术类相关表演专业学生除外）。西藏自治区和新疆维吾尔自治区喀什、和田、克孜勒苏柯尔克孜三地州农村户籍的学生全部享受免学费政策
2010.03	《中等职业学校免学费补助资金管理暂行办法》（财教〔2010〕3 号）	中等职业学校免学费补助资金是指中等职业学校学生享受免学费政策后，为弥补学校运转出现的经费缺口，财政核拨的补助资金，包括一、二年级免学费补助资金和公办学校三年级顶岗实习困难专业免学费补助资金
2010.07	《国家中长期教育改革和发展规划纲要》	增强职业教育吸引力，逐步实行中等职业教育免费制度，完善家庭经济困难学生资助政策
2010.09	《关于扩大中等职业学校免学费政策覆盖范围的通知》	从 2010 年秋季学期起，将中等职业学校城市家庭经济困难学生纳入免学费政策范围
2010.12	《关于严禁虚报学生人数骗取中等职业学校国家助学金、免学费补助资金的通知》	进一步健全中等职业学校国家助学金、免学费补助资金管理机制，加强监管力度
2010.12	《关于做好 2009 年秋季学期至 2012 年春季学期中等职业学校第三学年顶岗实习困难专业家庭经济困难学生免学费工作的通知》	2009 年秋季学期至 2012 年春季学期中等职业学校（不含民办学校，下同）第三学年顶岗实习困难专业家庭经济困难学生免学费工作

续表

时间	文件名称	政策内容
2012.10	《关于扩大中等职业教育免学费政策范围、进一步完善国家助学金制度的意见》（财教〔2012〕376号）	从2012年秋季学期起，对公办中等职业学校全日制正式学籍一、二、三年级在校生中所有农村（含县镇）学生、城市涉农专业学生和家庭经济困难学生免除学费（艺术类相关表演专业学生除外） 助学金范围调整为全日制正式学籍一、二年级在校涉农专业学生和非涉农专业家庭经济困难学生。地方出台的中等职业教育免学费政策和助学金政策，范围大于或相关标准高于本意见的，可按照本地的办法继续实施
2013.06	《中等职业学校国家助学金管理办法》（财教〔2013〕110号）（同时废止2007年84号、85号文件）	全日制学历教育正式学籍的一、二年级在校涉农专业学生和非涉农专业家庭经济困难学生，11个连片特困地区和西藏及四省藏区、新疆南疆三地州中等职业学校农村学生（不含县城）
2013.06	《中等职业学校免学费补助资金管理办法》（财教〔2013〕84号）	中职学校补助资金中央和地方政府的分担比例、补助方式、责任归属等
2016.12	《中等职业学校国家助学金管理办法》（财科教〔2016〕35号，原财教〔2013〕84号废止）	资助标准2 000元/年/生
2016.12	《中等职业学校免学费补助资金管理办法》（财教〔2016〕36号，原财教〔2013〕84号同时废止）	

2.2.1 中职学生资助政策体系

2.2.1.1 中职学生资助政策体系初步建立

2006年，财政部、教育部颁发财教〔2006〕74号文件《关于完善中等职业教育贫困家庭学生资助体系的若干意见》，该文件中对中职学生资助体系进行了描述，资助方式主要包括国家助学金、地方助学金、免学费政策、奖学金、工学结合顶岗实习等，构建了由生活资助、学费资助、学业资助、顶岗助学等构成的中职学生资助体系框架，如图2-1所示。

2009年，国家开始实施中职学生免学费政策，至此，中职学生资助政策体系框架建构基本完成，接下来的十年就是不断完善的阶段。

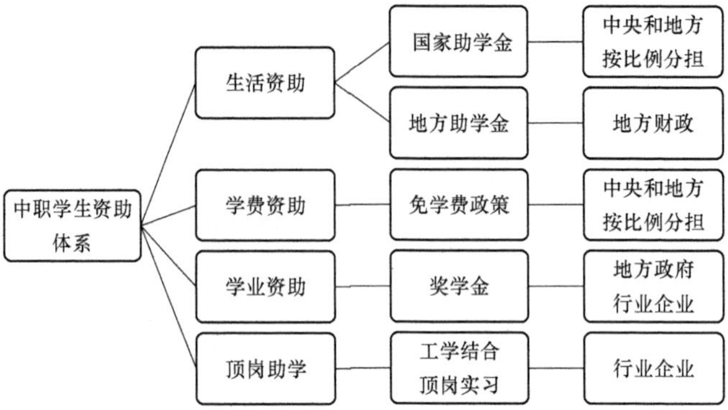

图 2－1　中职学生资助政策体系框架

2.2.1.2　学生资助范围不断变化

2006 年国家初步描述了中职学生资助政策体系框架，之后，中职学生资助政策体系即遵循该框架不断进行完善和修改。首先反映在中央财政支持的资助项目上，就是国家助学金和免学费政策无论是资助范围还是资助标准，均呈现出不断扩大的趋势。

自 2006 年至 2013 年，国家助学金的资助范围逐渐发生变化，由特困生普及到一、二年级所有农村专业学生，后又缩减至一、二年级涉农专业+非涉农专业贫困生，11 个连片特困区、西藏、四省藏区、新疆南疆农村学生（不含县城），如图 2－2 所示。

在实施免学费政策之前，中职学校的学费资助是学费减免，只惠及少数学生。免费政策于 2009 年颁布并实施之后，免费范围不断扩大。2009 年，免学费范围主要面向涉农专业学生以及农村家庭经济困难学生；2010 年，政府将城市家庭经济困难学生纳入免费范围；2012 年，免费范围进一步扩大，免费对象调整为农村和城市两条路线：所有农村籍学生均免费，城市家庭涉农专业及家庭经济困难学生享受免费，2013 年、2016 年，免学费补助资金管理办法出台。如图 2－3 所示。

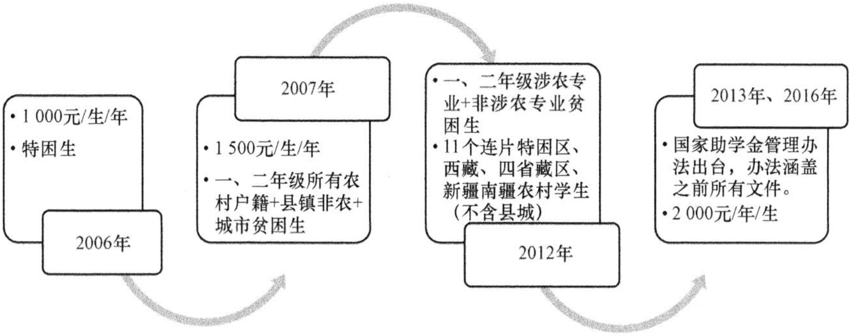

图 2-2 国家助学金资助标准和资助范围演进

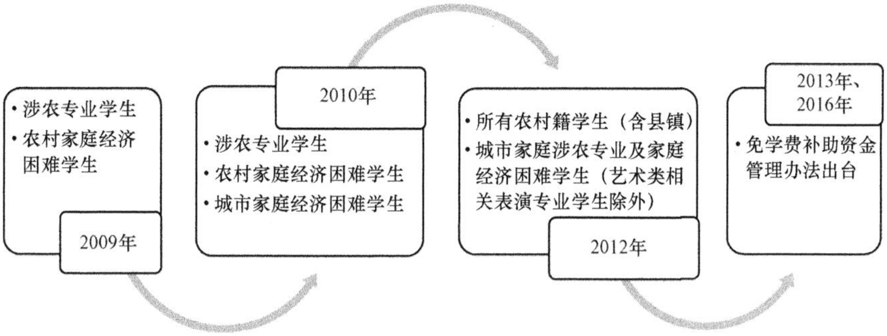

图 2-3 国家免学费政策惠及范围演进

2.2.1.3 资助政策的资金来源

1. 关于资助标准

关于国家助学金资助标准，2006 年，财教〔2006〕74 号文件规定国家助学金资助标准为每生每年 1 000 元，至 2007 年，财教〔2007〕84 号文件规定国家助学金资助标准为每生每年 1 500 元，2016 年，财教〔2016〕35 号文件规定国家助学金资助标准为每生每年 2 000 元，该标准一直持续至今。

关于免学费标准。财教〔2009〕442 号文件以及财教〔2012〕376 号文件和财教〔2013〕110 号均明确规定，免学费标准按照各省（区、市）人民政府及其价格主管部门批准的学费标准确定，对于学生实施的免费金额即学校收取的学费金额，但是中央财政按照 2 000 元/年/生的标准和一定比例与地方财政分担。

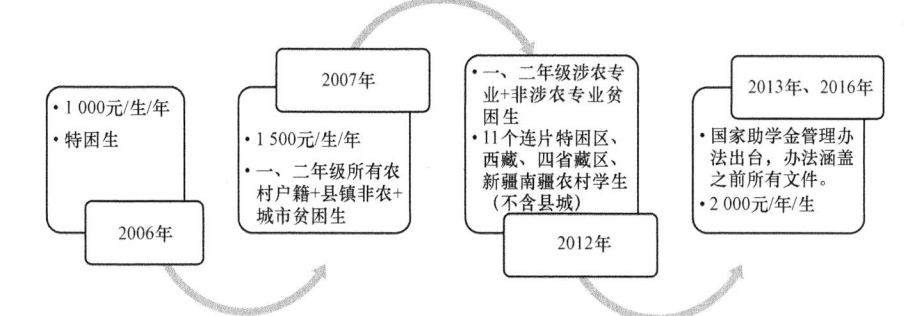

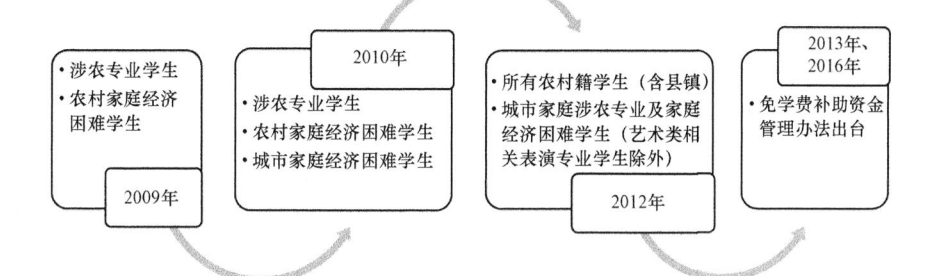

2. 关于资助资金的比例分担

依据财教〔2012〕376 号文件和财教〔2013〕110 号文件，免掉的学生学费资金和国家助学金资金均由中央和地方财政共同承担。按照中央文件规定，依据每位学生每年 2 000 元的标准，中央和地方政府按照一定比例分担免费资金，东中西部又因地域差异而有不同，具体承担比例见表 2－3。助学金继续按每生每年 1 500 元的标准由中央财政和地方财政按比例分担，具体分担比例与免学费补助资金的分担比例一致。

表 2－3　国家资助政策中央与地方承担比例一览表　　%

地区	西部地区	中部地区		东部地区		
		生源地为西部	其他	生源地为西部	生源地为中部	其他
中央	80	80	60	80	60	分省（市）确定
地方	20	20	40	20	40	
合计	100	100	100	100	100	100

2.2.2　中职学生资助政策体系拟解决问题界定

对于中职学生资助政策体系拟解决问题的界定可以通过两种途径来确定：一种是查阅相关政策文件，在文件中找到明确的相关文字进行确定；另一种是通过对政策的整个环节进行分析，明确其政策问题。鉴于在中等职业教育学生资助政策的相关文件中，并没有明确提出其拟解决的问题是什么，因此，我们只能通过考察政策的整个环节来界定其拟解决的问题。

财教〔2006〕74 号文件明确指出，“中等职业教育是我国经济社会发展的重要基础和现代国民教育体系的重要组成部分，在提高劳动者素质、推进我国走新型工业化道路、促进农村劳动力转移、加快社会主义新农村建设等方面，发挥着重要的作用。加快中等职业教育发展，对于繁荣经济、促进就业、消除贫困、构建和谐社会具有十分重要的意义。”“当前，一部分中等职业教育学校贫困家庭学生因得不到有效资助，不能顺利完成学业；还有一部分初中毕业生因为家庭经济困难不能顺利入学接受中等职业教育。这些问题制约了中等职业教育的快速健康发展。为此，必须按照国务院《关于大力发展职业教育的决定》（国发〔2005〕35号）的精神，进一步完善中等职业教育贫困家庭学生资助政策体系，吸引更多的初中毕业生报考中等职业学校，资助贫困家庭学生顺利完成学业，满足国民经济和社会发展对高素质劳动者和技能型人才的需求。”

由上述政策文件我们可以看出，完善中职学生资助政策体系的最终目的是发展中等职业教育。我们依据质量标准，可以将职业教育发展分解为质的发展和量的发展两大方面。职业教育量的发展即为数量规模的发展，其一表现为学生数量的发展；其二表现为学校数量的发展，而目前职业教育量的发展所面临的主要问题为前者，即目前接受职业教育的学生数量无法满足国家经济社会发展的需要。当下，由于中等职业教育实施注册入学，即不需要进行考试就可以上学，因此职业教育学生数量不足只能说明一个问题：愿意接受职业教育的人数不足，或者说，很多人不愿意接受职业教育。

人们不愿意接受职业教育的原因何在？是因为学习费用过高，是因为社会回报过少，还是因为教育质量不高？无论哪一方面的原因，我们均可以总结为一个问题：职业教育吸引力不足。职业教育吸引力不足是一个系统性问题，既包括质的因素，也包括量的因素；若要解决一个系统性问题，必然需要一个系统化解决方案，中等职业教育学生资助政策体系可以看作是这个系统化解决方案的一部分（虽然这个系统化解决方案并不明确）。如果说职业教育政策所要解决的问题是促进职业教育发展，那么中等职业教育学生资助政策体系作为职业教育政策的一部分，其所要解决的问题也只能是职业教育发展中的一部分问题。

鉴于以上分析，我们可以明确，中等职业教育学生资助政策体系是希望通过经济资助的方式以促进职业教育学生数量大规模发展，或者说，中等职业教育学生资助政策体系是增加职业教育吸引力的一个重要环节，其所要解决的基本问题是增加职业教育学生规模，其根本问题是促进职业教育的发展。

2.2.3　公共政策视角的中等职业教育学生资助政策分析

通过对中等职业教育学生资助政策的文本分析，我们可以明确学生资助政策的具体内容，帮助我们更好地了解和实施免费政策。而从公共政策视角对免费政策进行分析，则可以帮助我们更深入地理解政策本身以及其背后隐藏的理念。下面笔者将对中职学生资助政策体系的政策目的和目标、政策的理论基础或假设、政策目标人群等方面进行分析。

2.2.3.1　中职学生资助政策体系的多元化政策目的

政策是具有价值的一种权威分配，此种价值宜从政策目标及目的转换出来，尤其是教育政策，其是以教育目标为导向的，我们通常会用教育政策目的或教育政策目标进行表述，实际上，教育政策目的与目标是具有差异性的。[①]邓恩明确指出政策目的（goal）与政策目标（object）的差异，如表 2－4 所示。从表 2－4 中可以看出教育政策目的是较为抽象、广泛性的说明，具有不确定性；教育政策目标是较为具体、可行的说明，且具有操作性。

表 2－4　教育政策目标与教育政策目的的差异

要点	政策目的（goal）	政策目标（object）
目的的明确性	宽泛的陈述（要提高卫生保健的质量）	具体（要将医生人数增加 10%）
术语的定义	规范的（卫生保健的质量是指能否获得医疗服务）	可操作（卫生保健质量是指每 100 000 人所拥有的医生人数）
时间段	不明确（在将来）	明确（在 1990—2000 年）
衡量的方法	非量化的（充分的医疗保险）	可量化（每千人中参保人数）
目标群体	宽泛的界定（需要照顾）	具体界定（年收入低于 19 000 美元的家庭）

资料来源：Dunn（1994）。

① ［美］威廉·N·邓恩，公共政策分析导论［M］. 谢明，杜子芳，等，译. 北京：中国人民大学出版社，2010：168.

政策目的和目标对于政策实施至关重要，从理论上讲，政策目的和目标是政策制定者、政策执行者必须明确的关键事项，若无明确的政策目的和目标，则该政策的实施就成为无的放矢。对某一项政策进行评估，最基本的一项内容就是政策实施之后是否达成既定目标，因此，明确政策目标对于政策评估至关重要。那么中职学生资助政策的政策目的与政策目标是什么呢？

在相关研究中，关于中职免学费政策的政策目标有所描述。陈胜祥将农村中职免费政策作为研究对象，将其政策目标分解为效率和公平两个维度，效率即为增加中职学生的生源，公平则因为免费政策主要是面向农村学生及涉农专业学生。①

王蓉将免学费政策的政策目标分解为三个层次：

第一，该政策为教育扩张政策，“针对的是那些如果没有该政策，则在完成义务教育后就不能获得更多教育机会的人群”，其实施目的是提高该人群的教育成就，以完成全面提高国民素质的目标；

第二，该政策为优化教育结构政策，目的在于促进高中教育阶段职普两类教育的均衡发展；

第三，该政策属于经济政策，是促进我国经济发展、促进城乡一体化发展的重大举措。

其文章中还谈到，该政策企图通过价格效应达成既定政策目标，也就是通过经济资助有效降低私人入学成本和教育服务价格，刺激农村学生上完初中后对职业教育的需求，增加中职学校生源，以促进中等职业教育发展。②

由上可见，学者们对于中职学生资助政策的目标并未达成一致，但他们的共同点在于他们将政策目的和目标作为同一概念使用，且均认为免学费政策目标是多元化的。纵观中职学生资助政策的相关文件文本，即便是同一个政策，前后不同文件的语言描述也存在不一致的现象。例如，财教〔2009〕442 号文件明确指出，“逐步实施中等职业教育免费政

① 陈胜祥. 农村中职免费政策失灵：表现、成因与对策［J］. 教育科学，2011（5）：13－19.

② 王蓉. 应放缓全面实施中等职业教育免费政策［J］. 教育与经济，2012（2）：1－6.

策，是落实科教兴国和人才强国战略，全面提高国民素质，把我国巨大的人口压力转化为人力资源优势的重要途径；是优化教育结构，促进教育公平和社会公正的有效手段；是推进我国走新型工业化道路，建设社会主义新农村，调整产业结构、促进就业再就业的重大举措；是继全部免除城乡义务教育阶段学生学杂费之后，促进教育公平的又一件大事，具有重要的现实意义和深远的历史意义。”

2010 年《国家中长期教育改革和发展规划纲要》中指出，“增强职业教育的吸引力，逐步实行中等职业教育免费制度，完善家庭经济困难学生资助政策。”

财教〔2012〕376 号文件中指出，实施国家助学金和免学费政策是为了“加快发展中等职业教育，促进教育公平和劳动者素质提高”。

通过分析文件文本，我们会发现，导致学者们认为不同政策目标（或目的）的源头就在于政府文件的描述不一致，学者们的观点也不一致。由此可以得出结论：学生资助政策体系中各类政策的政策目标（或目的）具有模糊性和多元化特征。

有学者认为，“政策目标是政策主体为解决政策问题所提出的要求和要达到的目的，它说明政策实施后政策问题解决的期望程度和水平。”[①]依据此概念，中职学生资助政策的政策目标就应该是通过实施该政策对其拟要解决的问题达到一定的解决程度和水平。前面提到过，中职学生资助政策所要解决的基本问题是职业教育学生规模不足问题，那么，我们所要追求的政策目标就应该是扩大接受职业教育人员的规模，从数量上满足国家经济社会发展的需要。从这个角度看，政策目标非常明确。

但是翻阅相关文件，我们发现，虽然政府提出该政策的初衷是为了提高职业教育学生规模，这可以当作其基本目标，但是除此之外，政府对于中职学生资助政策寄予了众多期望，政府希望通过此一项政策并不仅仅达成一个目标，而要实现多元化目标，以实现效率目标，即通过既定的投入以实现最大的收益。因此，对中职学生资助政策的多元化目标

① 顾建光. 公共政策分析学［M］. 上海：上海人民出版社，2004：150－151.

进行梳理对于政策评估工作来讲是必要的行为。

为明确中职学生资助政策的政策目的或目标，笔者将国家出台的关于中职学生资助政策体系的相关文件作为分析对象，对文件内容进行分析。因为文本分析的目的是明确政策目的或目标，因此，笔者主要围绕“……为了……”或者“……以实现……”这样的句子进行内容分解，通过对相关内容进行详细分解，可以得到相关目的表述共 23 项，为便于研究，笔者对此 23 项表述进行合并同类项，共得到 8 项表述，详见表 2–5。

表 2–5　政策目的文本分析

序号	目的表述	频次
1	促进经济发展	13
2	提高国民劳动力素质	12
3	促进教育公平	10
4	增强职业教育的吸引力	6
5	发展职业教育	5
6	落实科教兴国战略	3
7	优化教育结构	2
8	改善民生	2

由表 2–5 可见，第 1 是促进国家经济发展，而位列第 2 的提高国民劳动力素质也是为国家经济和社会发展服务的，第 3 是促进教育公平，第 4 是增强职业教育的吸引力，第 5 是发展职业教育，第 6 是落实科教兴国战略，第 7 是优化教育结构，第 8 是改善民生。在此八项政策目的中，有些过于宏观，例如改善民生、落实科教兴国战略等，且由于频次较少，笔者选择将其忽略不计。而第 1、2、4、5 项政策目的则存在一个逻辑关系：增强职业教育吸引力是为了发展职业教育，发展职业教育是为了提高国民劳动力素质，提高国民劳动力素质是为了促进国家经济

发展，此 4 项之间是一个层层推进的关系。因此，笔者只选择最初始的一项，即增强职业教育吸引力。由此，中职学生资助政策体系的政策目只剩下 3 项，依据其出现频次排序，即为促进教育公平、增强职业教育吸引力和优化教育结构。

依据邓恩的政策目的和目标的分类标准，可以发现，以上 3 项均为政策目的，而非政策目标。那么学生资助政策的政策目标是什么？依据邓恩关于政策目标的认定标准，以 2012 年最新财教〔2012〕376 号文件为例，我们可以认定免学费政策目标就是："自 2012 年秋季起，对中等职业学校的农村籍学生、涉农专业学生以及城市家庭困难学生（西部 15%，中部 10%，东部 5%）实施免费政策。" 国家助学金政策目标为："从 2012 年秋季学期起，将中等职业学校国家助学金资助对象由全日制正式学籍一、二年级在校农村（含县镇）学生和城市家庭经济困难学生，逐步调整为全日制正式学籍一、二年级在校涉农专业学生和非涉农专业家庭经济困难学生。具体调整步骤如下：

① 2012 年秋季学期至 2013 年春季学期，助学金政策覆盖一年级涉农专业学生和非涉农专业家庭经济困难学生，以及二年级农村（含县镇）学生和城市家庭经济困难学生。

② 从 2013 年秋季学期起，将助学金政策覆盖范围调整为一、二年级涉农专业学生和非涉农专业家庭经济困难学生。"

综合以上分析，笔者认为中职学生资助政策的政策目的呈现多元化，具体表现为：促进教育公平、增强职业教育吸引力和优化教育结构。由于中职学生资助政策体系建设是不断推进的，因此其具体的政策目标是不断改进的，其最终的政策目标是：对中等职业学校的所有学生提供免学费教育；对涉农专业学生和家庭贫困生进行生活资助；对品学兼优的学生进行奖励；通过工学结合、校企合作等方式为学生提供更多的经济资助。

政策目的和政策目标的界定为接下来的政策评估提供了基础，即可以通过实证考察学生资助政策的实施是否实现了其既定的政策目的和政策目标，从而对其进行评估。

2.2.3.2 学生资助政策的目标人群

目标人群与受惠群体是两个不同的概念，目标人群是政策投向的人群，但该人群还没有享受该政策，而受惠群体是已经享受该政策的人群。

每一项政策都有目标人群，此群体具备一些共同特征。中职学生资助政策也不例外，那么中职学生资助政策的目标人群是哪个群体？其共同特征是什么？由于目标人群不好测量，所以，笔者只能以目前的在校生为研究对象，探究其共同特征。

中等职业教育学生资助政策的受惠群体明显是已选择中职教育的学生。那么我国中等职业学校学生及其家庭具备什么特征呢？财教〔2009〕442号文件中说明，“我国中等职业学校学生绝大部分来自农村，其中，相当一部分来自低收入和困难家庭。”有学者的研究为此提供了证据，张霜对大连市中职学校近五年的生源进行了调查，认为中职学校学生主要以农村生源为主。[①]笔者对我国东中西部三个地区的学校进行了调查研究，获得了相关基础特征。其主要特征如下：

1. 我国中等职业学校学生以农村籍学生为主

农村籍学生占有效比例为92%，详见表2－6。

表2－6 学生户籍所在地一览表

户籍类型		城镇户口	农村户口	总计
地理位置	东部	77	1 302	1 379
	中部	35	254	289
	西部	57	391	448
总计		169（8%）	1 946（92%）	2 116

2. 我国中等职业学校学生家庭总人口较多

由表2－7可知，中职学生家庭总人口以4口之家为最多，占到二分之一强，其次是3人、5人以及6人家庭。

① 张霜．大连市中职生源状况调查分析及相关对策[J]．中国职业技术教育，2010，(25)：63－66．

表 2－7　学生家庭总人口一览表　人

地理位置	家庭总人口									总计
	1	2	3	4	5	6	7	8	10	
东部	1	13	440	863	79	9	2	0	0	1 407
中部	0	5	73	160	41	16	4	0	0	299
西部	0	5	45	150	156	93	19	10	1	479
总计	1	23	558	1 173	276	118	25	10	1	2 185

3. 学生父母文化程度偏低，主要在初中及以下水平

依据笔者调研，中职学生中其父亲的文化程度在初中及以下的有效比例为 79.4%，母亲的文化程度在初中及以下的比例为 90.1%。

4. 我国中等职业学校学生家庭经济收入居于中下等水平

由表 2－8 可知，中职学生家庭主要以中低收入为主，月收入在 3 000 元以下的学生家庭占据有效样本的 84.2%，详见表 2－8。

表 2－8　学生家庭月收入一览表　%

样本	收入/元	频次	百分比	有效百分比	累积百分比
有效样本	1 000 以下	694	31.4	31.8	31.8
	1 000（含 1 000）～3 000	1 141	51.8	52.4	84.2
	3 000（含 3 000）～5 000	242	11.0	11.1	95.3
	5 000（含 5 000）～7 000	63	2.9	2.9	98.2
	7 000（含 7 000）～10 000	22	1.0	1.0	99.2
	10 000（含 10 000）以上	17	0.8	0.8	100.0
	合计	2 179	98.9	100．0	—
缺失样本	—	25	1.1	—	—
总计		1 908	100.0	—	—

5. 我国中等职业教育学生家庭社会地位处于较低水平

在调研中笔者发现，中职学生家庭社会地位主要处于中下等，关于此项将会在第 3 章加以详细论述。

2.3 中等职业教育学生资助政策体系的理论解读

政府对于中等职业教育实施免费政策，是为了促进职业教育的发展，同时也由于国家教育财政投入历来不足，现在正逐步加大教育财政投入，而中等职业教育也是教育中的一部分，所以，对中等职业教育加大投入也不例外。审视中等职业教育学生资助政策，排除其可行性和合理性因素，在其背后还隐藏着基本理论基础，这就是公共产品理论以及外部性理论。

2.3.1 学生资助政策体系的理论基础

2.3.1.1 理论基础之一：公共产品理论

学费、生活费用等是个人承担的教育成本的价格，其性质是由教育服务的属性决定的，而教育又可以分为诸多类型，不同类型的教育其性质也存在差异。中等职业教育学费也是由其教育性质决定的。那么，中等职业教育的属性是什么？如果要明晰问题答案，首先要明晰教育产品定价的理论基础，即公共产品理论。

公共产品理论是依据萨缪尔森提出的产品属性的三个特征，即效用分割性、竞争性和排他性，将社会产品（或服务）分为纯公共产品、准公共产品以及私人产品。①所谓纯公共产品，最早由马斯格雷夫提出，“其特性是一些个体可对其共同消费或无竞争消费，也就是说，一个人对此物品消费并不会减损其他人从同样的物品中同时所获得的好处。”②

---

① [美] 保罗·萨缪尔森，威廉·诺德豪斯. 经济学 [M]. 萧琛，译. 北京：人民邮电出版社，2008.

② R.A. Musgrave. Provision for Social Goods[A]//J. Margolis, M. Guitton. Public Economics[C]. New York: St. Martin's Press, 1969: 124-145.

公共产品具有三个特性。首先是效用的不可分割性，公共产品是提供给整个社会大众的，产品的效用也是社会大众所共享的，并不能对其进行任意的分割。其次是消费的非竞争性，每个个体都可以使用或享受公共产品，每个个体对该产品的使用并不会影响其他个体对于该公共产品的使用或享受。再次是受益的非排他性，公共产品服务于整个社会大众，作为个体，无论你愿意还是不愿意，喜欢还是不喜欢，你都无法进行选择，而公共产品的提供者也无法从技术方面将某些人排斥在外。

依据以上三个特性，可以将所有产品进行分类，详见表 2-9。纯公共产品具备效用的不可分割性、消费的非竞争性和受益的非排他性；纯私人产品三个特性均不具备；介于两者之间的则是准公共产品。准公共产品又分为两种：一种称为拥挤性公共产品，这种性质的产品具备效用的不可分割性和受益的非排他性，但是在消费上具备排他性，每增加一个个体的消费会为该产品带来一定的负荷；另一种称为价格排他性公共产品，这种产品具备效用的不可分割性和消费的非竞争性，但是可以实现技术上的受益排他性，通过收取一定的费用，将不愿意承担该产品费用的人们拒绝在外。

表 2-9　产品分类一览表

特性	纯公共产品	准公共产品		纯私人产品
		拥挤性公共产品	价格排他性公共产品	
效用的不可分割性	√	√	√	×
消费的非竞争性	√	×	√	×
受益的非排他性	√	√	×	×

依据公共产品理论，如果是纯公共产品，则它应由政府来提供。在公共产品的使用中，鉴于其受益的非排他性，有些个体就会逃避付费，成为搭便车者，此时，靠市场机制自动调节是不可靠的。如果是纯私人物品，则通过市场机制实现供求平衡。那么介于两者之间的准公共产品

应该由谁提供，则需要视具体情形而定，如果产品具有较强的公共属性，则政府需要对该产品进行补贴或者资助。

同时，社会产品属性并不是固定不变的，而是具有可变性。美国学者Y·巴泽尔认为，“并不存在僵硬的私人产品和公共产品的分界线，或者固定不变的产权形态”。①

结合以上分析可知，教育服务是公认的准公共产品，而且属于价格排他性公共产品，中等职业教育作为教育的一种类型，依据其属性，也归属于准公共产品范畴。由于产品属性不是一成不变的，它是随着社会发展和经济发展而不断发生变化的，因此，中等职业教育的产品属性也同样是随着时间变动而发生变动的。当教育产品属性发生变化之后，其价格也应该相应调整。

2.3.1.2 理论基础之二：外部性理论

和中职学生资助政策密切相关的另一个理论是外部性理论。所谓外部性理论，是指当个体或组织采取的某些行为不仅使自己得到一定的好处，同时也对其他的个体或组织产生了一定或好或坏的影响，如果影响是正面的，则称之为外部经济，如果影响是负面的，则称之外部不经济，这就是外部性理论。

对外部经济的研究离不开对公共产品的研究，两者之间的区别仅在于其程度问题，而非类别问题。外部经济和公共产品的特性相同，从外部经济获得利益的个人或组织并不会主动为此支付费用，同时也不会主动泄露他们真实的想法和偏好。当然，外部经济和公共产品之间也存在差别。如米桑认为，“外在性是个人或厂商行为的无意的副产品，相比较所产生的外部利益，私人利益对个人来说被推测是相当大的，大到足够促使个人或厂商首先采取行动；另外，至于公共产品，相比提供产品的服务所花费的成本，任何个人得到的利益都是相当小的，以至个人不会主动提供它（如国防）。”这种差异揭示了这样一个事实：“典型的由

① ［美］Y·巴泽尔. 产权的经济分析［M］. 上海：上海人民出版社，1997：56.

公共产品纠正市场失灵的途径是由公共部门实际承担物品的费用，而外在性纠正的途径是经常为私人部门生产适量的物品提供激励。”①

当个体行为或组织行为产生了外部性利益的时候，如果他们并没有因为这部分利益获得一定的补偿，他们在采取行动之前是不会将外部性利益考虑进去的，产生外部经济行为的例子包括厂商对资源的配置、知识或发明的发现、劳动力的培训以及个人对传染疾病的预防等，这些行为都会对其他人带来好处，而在厂商和个人的决策程序中并没有将其考虑在内。②因此，如何强化或促进个人或组织的行为，以保证外部经济就成为需要考虑的问题。

研究表明，外部经济内化问题可以通过以下两种形式加以实现：一是外部经济行为者与被影响者之间进行讨价还价；二是政府对外部经济行为者提供补贴。一般说来，第二种方法较为可行，特别是当所涉及的有关各方数量较大时，例如，政府在教育及卫生保健等产生外部经济的方面实施补贴。

2.3.2 对中职学生资助政策的理论解读

基于公共产品理论以及外部性理论，我们可以分析和界定当前中等职业教育的产品属性。根据公共产品理论，中等职业教育属于准公共产品，从实际来讲，中等职业教育正逐渐走向消费的非竞争性，其最大证据就是中等职业学校的招生困难，即便中职教育已经实行零门槛入学，但其招生仍然不足，以至于中职学校教学资源大量闲置。中等职业教育的私人产品属性逐渐弱化，而其公共属性逐渐强化。同时，中等职业教育的外部经济进一步扩大，受益者范围不断拓宽，而最大的受益者即为政府。无论是技工荒问题，还是三农问题，这些都离不开中等职业教育

① E. J. Mishan. The Postwar Literature on Externalities: An Interpretative Essay［M］. Journal of Enconomic Literature, 1971（9）: 1–28.

②［美］鲍德威，威迪逊. 公共部门经济学［M］. 邓力平，译. 北京：中国人民大学出版社，2000：44.

的参与和发展。而与外部经济逐渐扩大相对的是，接受中等职业教育的个人收益逐渐弱化。随着高等教育的扩张，并且由于当下重学历不重技能的社会习惯，中职教育不再是转变社会身份的路径，也不具备任何竞争优势，这些均减弱了个人对于中等职业教育投资的动力。总体来说，中等职业教育的公共属性逐渐加强，其产生的外部经济不断加大，最大受益者为政府，因此，理应由政府对接受中等职业教育的个人进行资助和补贴，以增加其选择行为的动力。

中职教育的外部性具体如图 2－4 所示。

（1）个人接受中等职业教育的私人边际收益为曲线 MR_p，其产生的社会边际收益为 MR_s，很明显，MR_s 高于 MR_p，中职教育对社会存在正外部性；

（2）中职教育的外部性范围广泛，私人之间通过市场交易使外部效应内部化的交易成本往往高于溢出的边际收益（图 2－4 中平行四边形 *ACED* 部分），足以抵消这种交易的好处，自由交换的市场机制在这里失效。此时，政府通过直接补贴给个人，使其接受中职教育的边际成本线 MC_p 下降至 MC_p'，这样，本来处于均衡中的受教育水平 Q_1 就会上升至 Q_2，以满足社会经济发展的需要。

由此可见，中职教育由于存在外部性因素，若单纯依靠市场调节，并不会完全有效，唯有政府参与，通过给个体一定的补贴，才能解决中职教育发展的外部性问题，进而提高社会整体福利。

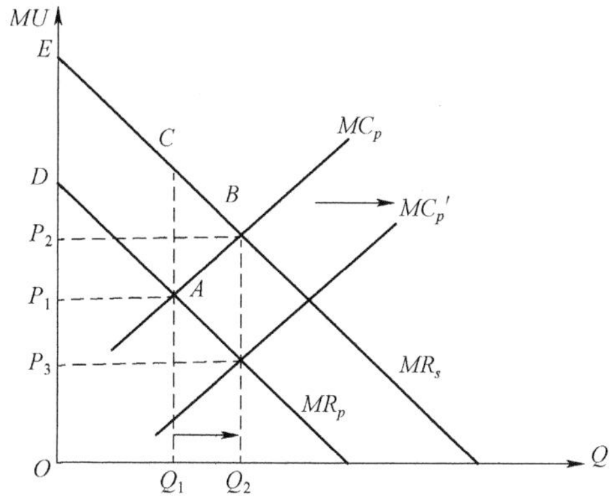

图 2－4　中职教育的外部性解释

2.4 我国中等职业教育学费政策变迁的动力因素分析

近年来，我国中等职业教育的发展备受重视。为推进中等职业教育的发展，国家自 2006 年起逐步推行中职学生资助政策体系，表示中职教育逐渐由自费教育转入公费教育的行列。中等职业教育学生资助政策体系并非一成不变，自 1949 年以来，经历了公费—自费—公费的政策变迁过程，这个政策变迁过程并不只是政策的更迭，它还呈现了国家对中等职业教育的认知态度和承担责任的转变过程。

所谓政策变迁，是指以一个或多个政策取代现有的政策，包括采行新政策和修正或废止现存政策[①]。研究政策变迁是研究政策发展的需要，具体到研究某一个政策领域，“应具有历史的视角，通过考察一个领域内政策的长期发展变化情况，我们才能把握某种规律性，以对历史进行检视，对未来作出预测。”[②]

政策变迁产生于诸多因素的影响之下，涉及政策主体、政策客体、政策环境、政策工具等方方面面，政策变迁的动力因素分析是解析政策变迁的有力切入点。具体到不同的领域之内，促进政策变迁的动力因素则不尽相同。对于某项政策的历史变迁进行动力因素分析是解析政策变迁的有力切入点，为了探索中等职业教育学生资助政策的动力因素，本书构建动力因素分析框架对其政策变迁过程进行解析和阐释，期望能够找到答案，并进而为促进我国职业教育政策的科学发展提供借鉴。

---

① [美] 詹姆斯·P·莱斯特，小约瑟夫·斯图尔特. 公共政策导论 [M]. 北京：中国人民大学出版社，2004.

② 柏必成. 政策变迁动力的理论分析 [J]. 学习论坛，2010 (9)：50－54.

2.4.1 动力因素分析框架的构建

从世界范围来看，关于政策变迁的研究日益重要，自20世纪80年代以来，学界内主要形成了三种主流政策变迁理论：倡导联盟理论、多源流理论和间断均衡理论。这些理论从不同的角度分析了政策变迁的原因和动力，揭示出事物之间的因果联系。

1988年，萨巴蒂尔发表了《政策变迁的倡导联盟理论与政策学习的作用》一文，标志着倡导联盟理论（advocacy coalition framework）的形成。该理论认为政策变迁的动力因素主要包括社会经济条件的变化、民意与公共舆论的转变、执政者的更迭、其他政策子系统的影响、政策效果的反馈和不同倡导联盟之间的互动等。

1984年，约翰·W·金登于发表了《议程、备选方案与公共政策》一书，建立了多源流理论，该理论所涉及的政策变迁动力因素主要包括问题的凸显、国民情绪的变化、有组织的政治力量和政府自身内部事件等因素。

间断均衡理论是鲍姆加特内和琼斯于20世纪90年代初提出的，该理论已经被应用于预算、核能和农药等领域相关政策的分析之中，[①]该理论涉及的政策变迁动力因素主要包括外部环境的变化和外部关注度的提高。

考察以上三种关于政策变迁的理论中提到的动力因素，可以发现，三种理论的动力因素共有12项，大致可以分为两类：外部因素和内部因素。外部因素主要包括社会经济条件的变化、民意与公共舆论的转变、执政者的更迭、其他政策子系统的影响、国民情绪的变化、外部环境的变化、外部关注度的提高等。其中，外部环境的变化一项可以舍弃，因为外部环境包括社会经济条件、民意与公共舆论、国民情绪的变化；国

① S. Walgrave, F. Varone. Punctuated Equilibrium and Agenda-Setting Bringring Parties Back in Policy Change after the Dutroux Crisis in Belgium［J］. Governance An International Journal of Policy, Administration, and Institutions, 2008（3）.

民情绪的变化即为民意，因此该项也可以取消，因此，外部因素只剩下社会经济条件的变化、民意与公共舆论的转变、执政者的更迭、其他子系统的影响、外部关注度的提高五项。内部因素主要包括政策效果的反馈、不同倡导联盟之间的互动、问题的凸显、政府自身内部事件等。

上述九项动力因素依据三种政策变迁的主要理论总结而来，为了建构本书有关政策变迁动力因素的分析框架，结合中国实践需要和特点，笔者进一步对九项动力因素进行分析和转化，以便于理解和应用。

就外部因素来讲，其中执政者的更迭在我国并不适用，因此删掉；外部关注度主要指社会关注度，与民意与公共舆论的转变重合，因此，两者合并为社会关注度。这样，外部因素主要包括社会经济条件的转变、社会关注度和其他子系统的影响。

就内部因素来讲，不同倡导联盟之间的互动是基于西方的政治体系产生的，不符合我国国情，将之删除；政策变迁往往是因为现有政策无法适应现有状况，所以，能够导致政策变迁的政策效果往往是负面效果，而这一项和问题的凸显是重合的，因此，将政策效果的反馈纳入问题的凸显一项；政府自身内部事件一项涉及要素太多，比如包括政府内部人事调整、教育财政政策变动等均属于其内容，但是由于我们无法获得相关事件的信息，因此，笔者将该项调整为政府价值观的转变和政府关注度两项因素，因为这两项因素可以通过政府对外公开的政策和政府的行为获取相应的信息。由此，内部动力因素主要包括问题的凸显、政府价值观念的转变和政府关注度三项，如表 2－10 所示。

表 2－10　政策变迁的动力因素

外部因素	内部因素
社会经济条件的转变	问题的凸显
社会关注度	政府价值观念的转变
其他子系统的影响	政府关注度

外部因素是政策变迁的基本条件，但属于间接影响，它们首先促使内部动力因素显现，然后由内部动力因素引起决策者的重视，最终促成

政策变迁，如图 2－5 所示。

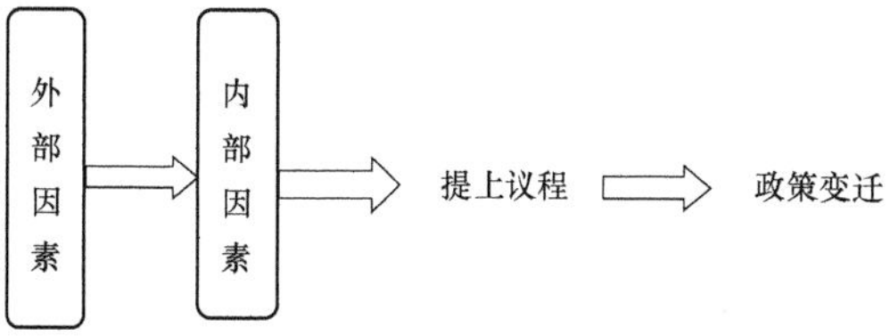

图 2－5　政策变迁的动力因素影响过程

2.4.2　政策变迁历程

我国中等职业教育学校主要分为中等专业学校、技工学校和职业高中三类学校，因此，本书对资助政策的历史梳理主要围绕这三类学校展开。中等专业学校与技工学校在中华人民共和国成立之后获得了大力发展，并享受与高等教育同等的政策。职业高中在 1980 年之后获得了大力发展，其经费、人员等管理制度与普通高中基本相同。如前所述，我国中等职业教育学生资助政策的历史变迁主要包括的几个阶段如表 2－11 所示。

由表 2－11 可以直观了解我国中等职业教育学生资助政策的变迁，自 1952 年以来，中等职业教育学生资助政策经历了公费到收费再逐渐过渡到免费的发展历程。

表 2－11　我国中等职业教育学生资助政策的历史变迁

年份	1952—1980 年	1980—1990 年	1991—2007 年	2007 年至今
中职学生资助政策	免费加人民助学金	双轨制	自费	免学费加国家助学金

2.4.3　我国中等职业教育学生资助政策历史变迁的动力因素分析

我国中等职业教育学生资助政策经历两次重大的转折：一次是 20

世纪 80 年代末 90 年代初，由公费转向自费的政策；一次是 2006 年至 2010 年重新实施国家助学金和免学费政策。那么，这两次重大的转折是如何发生的呢？笔者利用政策变迁的动力因素分析框架进行分析。

2.4.3.1 由公费转向自费的变迁分析

1. 外部动力因素考察

1）社会经济条件的转变

我国中等职业教育学生资助政策由公费转向自费的过程，正是我国面临社会经济条件发生巨大转变的时期。自 1979 年十一届三中全会之后，从“文化大革命”走出来的中国迎来了经济上的大发展。经济的快速增长，致使各行各业迫切需求人才尤其是技术人才，而与之相矛盾的则是我国虽然拥有巨大的人力资源，但是还无法转换成人力资本，这已经成为经济发展的阻力。

2）社会关注度

“文化大革命”期间，教育基本全部中断。经历了“文化大革命”苦难的人们，在国家逐渐恢复了社会秩序之后，也逐渐回归到正轨教育，人们期望通过接受教育改变生活的愿望越来越迫切，但是这种愿望是否有表达渠道，却有待论证。而在政府主导下的教育的发展，更多的还是一种自上而下的发展路径。

3）政治经济系统改革的影响

这个时期，国家的政治经济领域都在进行改革，1984 年中国经济体制改革从农村进入城市，并逐步建立起有计划的市场经济体制，这是有目共睹的；在政治领域，80 年代也在搞政治体制改革，虽然因各种原因中止，但它对于各个领域的影响却不可低估。总体说来，经济和政治领域的改革影响和带动了各个领域的改革，当然也带动了教育领域的改革，作为教育体系中的重要组成部分——职业教育，势必也受到影响。

2. 内部动力因素分析

1）政府关注度

得益于当时我国经济的快速发展，职业教育的发展走到了一个发展高峰期。对于技术人才的迫切需求使政府的关注点集中到职业教育，并对高中阶段教育进行改革，以增加职业学校数量，至 1989 年，我国中等专业学校（不含中师）和技工学校共有 7 042 所。当时，中专学校学生是国家统包统分，且是干部身份，社会对于中等职业教育的认可度较高，这可以从招生数字上得到印证，1989 年，招生 97.8 万人，在校生 275.17 万人，在校生总数已占整个高中阶段在校生总数的 44.8%，当年招生数占 47.6%。[①]

2）问题的凸显

在职业教育发展的同时，教育经费短缺问题也逐渐暴露。职业教育的人才特别需要培养其实践能力，这需要硬件设备支撑，且对于教师的实践要求也较高，行业的快速发展也给学校的人才培养工作带来了一定难度，因此，对职业教育的投入必然要高于普通教育。职业教育大发展之后，随着学生数的增加，教育投入问题给政府带来了较大的财政压力，而当时中等职业学校的免费政策（主要是中等专业学校和技校）成为主要的压力源之一，公费政策所带来的财政问题日益凸显。

3）政府价值观念的转变

市场经济改革大潮带来了教育领域内部价值观念的转变，推动了中等职业教育收费政策的制定和实施。20 世纪 80 年代，我国教育体制改革初步探索时期的教育政策与法律主要是根据 1985 年的《决定》所提出的改革目标："对原有教育体制进行全方位的改革，旨在构建与有计划的商品经济相适应的教育运行秩序，更好地发展教育事业，以服务于社会主义现代化建设。"[②]在教育改革的同时，教育领域内逐渐出现新的教育价值观，极大程度地影响了公立教育的发展方向和发展措施。反映在学校政策中，就主要表现为将市场机制引入学校运行中，例如，建立学校法人制度，建立学校责任制，这些管理机制取代了传统的运行模式。中等职业教育的收费政策正是在这些价值观的影响下确立和实施的。

正是上述动力因素的影响，使中职教育学生资助政策发生第一次转

① 李健. 中国教育年鉴 1990［M］. 北京：人民教育出版社. 1990：214.

② 劳凯声. 中国教育改革 30 年［M］. 北京：北京师范大学出版社，2009：7.

向：由公费转向自费，可以说，这种转向是基于我国政治经济发展的大环境的，是政府价值观念转变的结果。

2.4.3.2 由自费转向公费的变迁分析

1. 外部动力因素分析

1）社会经济发展进入转型期

自改革开放以来，政府主导的市场经济得到了长足发展，在很长一段时期内，我国经济增长的主要因素来自劳动力数量。但是至 21 世纪初，随着经济的发展、产业结构的转型、人口红利逐渐消失，我国只有通过提高劳动生产率的方式才能保证我国经济发展的比较优势，而提高劳动生产率就意味着提高劳动力质量（人力资本），只有如此，才能减轻人口红利期所剩无几、劳动力数量优势逐渐下降所带来的压力，为中国经济发展及其所带来的结构调整赢得时间。①

2）社会关注度的转变

自 20 世纪末以来，我国劳动力市场上出现了用人单位要求学历层次高移化现象，中职学生毕业之后进入高等教育的机会远远不够，因此，学生家长更倾向于让子女就读普通高中，进而接受高等教育，为将来的就业提供更好的保证。由于我国普通高等教育与职业教育的等值机制尚未形成，接受高层次、高质量的普通高等教育就意味着在未来竞争中获得比较理想的职业岗位，享受更高的生活质量，处于较高的社会地位，而层次相对较低和办学条件相对较差的职业学校势必受到社会冷落。可以说，就读中职教育与就读普通高等教育相比较而言，成本高而收益低，中职教育在社会上由众所向往的选择成为不得已而为之的选择。政府为了改变这种现象，决定对中职教育进行资助，期望能够促进职业教育的发展。但是这个决定属于政府的单方行为，社会上的人，确切地说是指利益相关者，由于找不到自己的表达渠道，无法将自己的真正所想与政府沟通。

---

① 蔡昉. 刘易斯转折点及其政策挑战——2007：中国人口与劳动问题报告（摘要）[EB/OL]. 2007年中国网 http：//www. china. com. cn/08/03/2007.

3）其他子系统的影响

改革开放之后，高等教育的发展成为教育领域的重中之重。1999年，国家出台了高校扩招的政策，普通高中毕业生数与普通高校招生数比例下降至1.65:1，从而强烈刺激了普通高中的发展，导致中职教育的生源日益紧张。

2. 内部动力因素分析

1）问题的凸显

一方面，社会经济发展转型急切需要提高劳动力素质，增加人力资本积累。人力资本的重要衡量标准是其受教育水平，可以说，劳动力的受教育水平对经济发展起着越来越重要的作用。教育对于挖掘劳动力潜力的作用是不容忽视的，尤其在提高劳动力质量方面的作用是不可替代的。而职业教育又是教育体系中与市场经济联系最紧密的教育类型，在我国劳动力短缺的经济形势下，发展职业教育就成为提高我国劳动力质量，即提高人力资本水平的重要措施之一。但是，我国经济发展对于高素质劳动者的需求与职业教育发展日趋艰辛形成了一对矛盾。另一方面，我国中等职业教育进入发展困难期。自1991年中职教育实施全面收费政策之后，中职教育的发展在1994年达到高峰，之后便处于下降趋势，至1999年，中等职业教育共计招生473万人，比1998年减少46万人。①

综合以上两方面的因素可以看出，我国经济发展对于高素质劳动者的需求与职业教育发展日趋艰辛形成了一对矛盾。

2）政府关注度

面对以上形势，政府对于职业教育的关注度逐渐提高。至2005年，国务院颁布了国发〔2005〕35号文件《关于大力发展职业教育的决定》，文件提出："大力发展职业教育，加快人力资源开发，是落实科教兴国战略和人才强国战略，推进我国走新型工业化道路、解决'三农'问题、促进就业再就业的重大举措；是全面提高国民素质，把我国巨大人口压

---

① 杨金土. 90年代中国教育改革大潮丛书：职业教育卷［M］. 北京：北京师范大学出版社，2002：8.

力转化为人力资源优势，提升我国综合国力、构建和谐社会的重要途径。”①一方面，政府对于实现教育 4%的投入有了硬性指标，那么，如何分配资金？也成为政府关注的问题。另一方面，由于中等职业教育对于经济发展的贡献不能忽视，加上对于弱势群体的关注，因此，政府将关注点放到了对中职教育的资助上面。

3）政府价值观念的转变

随着我国市场经济的发展，由于市场经济的发展不完善，诸多弊端逐渐显现。反映在教育上，就是教育产业化的发展，促进了教育硬件的建设，但是软件建设却并没有跟上，而且加速了教育的不公平。这种将教育完全推向市场的做法屡受诟病，有人认为政府紧抓住权力，却推卸了应负的责任。随着矛盾的不断加深，政府的价值观念再次发生转变，由改革开放之初的追求效率转向追求公平。由于目前接受中职教育的学生大多数为弱势群体的子女，对中职教育实施免费教育就成为促进教育公平的重要措施。

综上所述，经济发展转型和中职发展困难形成了一对矛盾，高等教育扩招政策对中职教育形成了较大冲击，导致中职教育进入发展困难期。国家对于经济发展的重视，使政府对于职业教育的关注度提高，再加上其价值观念的转变，最终促使中职教育走上了由收费转向免费的道路。

2.4.4 结论与分析

我国中职学生资助政策在历史变迁中发生了两次大的变动：第一次发生于改革开放之后，由公费转向自费；第二次是近年发生的由自费转向公费（现在还处于过程中）。通过对我国中职学生资助政策历史变迁的动力因素进行分析，笔者发现以下几个特点：

---

① 国家教育行政学院. 职业教育法律法规文件选编（1996—2009）[M]. 北京：中央文献出版社，2010：26－31.

1. 在外部动力因素中，经济发展是中等职业教育学生资助政策变迁的根本原因

中职学生资助政策的两次转向均发生在经济发展的转型时期，第一次是改革开放之后，在保证政府主导的前提下，市场力量被引入社会经济发展之中；第二次是发生在 2009 年左右，我国的经济发展正逐步进入发展平缓期，2008 年的世界金融危机虽然没有对我国经济造成太多影响，但却为我国的经济发展敲响了警钟。每一次的问题都凸显为经济迅速发展与技术人才严重不足之间的矛盾，职业教育与经济的联系之紧密是其他任何类型的教育都无法比拟的。

2. 在内部动力因素中，政府转变价值观念是中等职业教育学生资助政策变迁的促进力量

经济发展是促进中职学生资助政策变迁的根本原因，但政府转变价值观念是政策变迁的促进力量。第一次转向，追求效率是政府秉持的主要价值观，将职业教育推向市场，让学生独自承担学习成本是提高效率、减少负担的重要措施；第二次转向，教育公平逐渐进入政府视野，并成为教育政策的主要追求目标，由此政府对职业教育的学生给予直接性财政补贴，这成为促进教育公平的重要手段。如果说经济发展是促进政策变迁的物质力量，那么政府转变价值观念就成为促进政策变迁的精神力量。

3. 社会关注度的力量远远不足

社会关注度所表达的是大众的教育需求和期望，但是这种需求找不到渠道与政府沟通。教育政策的对象为人，关注的是培养人的过程，人自身的需求和发展本应成为教育政策制定者首要考虑的问题，但我国的教育政策制定者却恰恰忽视了这一要求。

通过考察中等职业教育学生资助政策历史变迁的动力因素，笔者发现，教育政策的发展受制于国家要求和经济发展，缺乏社会的参与。政府、市场、社会是政策制定中的三大主要力量，但我国在制定教育政策时社会力量缺位，教育发展的社会参与机制尚未形成，缺乏有效的参与平台是其主要原因。

十八届三中全会通过的《中共中央关于全面深化改革若干重大问题的决定》，体现了新一届领导人推进改革的决心和方向，其要旨是制约政府权力、促进市场有序发展以及促进社会发育。在这样的背景下，探索政府、市场、社会三方在制定教育政策过程中的联系与作用，探索社会各方力量多元化参与制定教育政策的方式与途径，是教育政策科学发展的应有之义，也是促进教育事业科学发展的重要保证。

3　中等职业教育学生资助政策实施效果的实证分析

本章主要对中等职业教育学生资助政策是否实现了其政策目的和目标进行实证考察，并对有关结果进行解释和分析。在第 2 章中，笔者梳理了中等职业教育学生资助政策的政策目的和政策目标，因此，在本章中，笔者主要考察政策目标是否完成，以及政策实施之后是否提高了职业教育的吸引力、是否促进了教育公平和是否优化了教育结构，并对该政策进行成本收益分析。

3.1　中职学生资助政策是否实现其政策目标的实证研究——基于 Z 学校的个案研究

本节主要围绕 Z 学校的学生资助政策运行情况进行分析，考察自 2015 年秋至 2017 年秋的政策目标实现情况，并对政策运行过程中的资金使用情况以及政策执行过程进行分析。

3.1.1 学生资助政策目标的演变

3.1.1.1 学生资助政策目标的演变

中职学生资助政策主要包括国家助学金和免学费两项政策，政策实施涉及中央、地方政府、学校等各个层面。政策目标也处于不断的变化过程之中，而截至目前，免学费政策目标是对所有农村籍学生、涉农专业学生以及城市家庭困难学生实施免学费教育，助学金政策目标是对一、二年级涉农专业学生、非涉农专业贫困生以及 11 个连片特困区、西藏、四省藏区、新疆南疆农村学生（不含县城）发放助学金，两个政策的政策范围变化见表 3－1。

表 3－1　中职学生资助政策基本政策目标　　　　%

地区		东部			中部			西部		
		2009 年	2010 年	2013 年	2009 年	2010 年	2013 年	2009 年	2010 年	2013 年
免学费政策范围	农村户籍学生	5	5	100	15	15	100	25	25	100
	城市户籍学生	0	5	5	0	10	10	0	15	15
	涉农专业学生	100	100	100	100	100	100	100	100	100
助学金政策范围	农村户籍学生	100	100	10	100	100	15	100	100	20
	县镇非农学生	100	100	10	100	100	15	100	100	20
	城市贫困学生			10			15			20
	涉农专业学生	100	100	100	100	100	100	100	100	100

注：由于西藏自治区和新疆维吾尔自治区喀什、和田、克孜勒苏柯尔克孜三地州农村户籍的学生全部享受免学费政策，因此该表不包括以上地区。由于 11 个连片特困区、西藏、四省藏区、新疆南疆农村学生（不含县城）全部享受国家助学金，因此该表也不包括以上地区。

3.1.1.2 Z 学校中职学生资助政策基本政策目标

Z 学校处于东部地区的 R 市内，其政策目标主要是表 3–1 中第一列（即东部地区）所标明的数字。

3.1.2 中职学生资助政策实施研究：基于 Z 学校的个案分析

3.1.2.1 Z 学校归属市的学生资助资金经费分担办法

1. 免学费政策

R 市的免学费补助资金由各级政府财政按比例分担。市属学校补助资金由省、市财政按 6:4 的比例分担。对市属中职学校和技工学校按每年 2 400 元的标准补助免学费资金。市属学校免学费补助资金如有结余，全部用于增加免学费学生人数；如有不足，由学校从事业收入中按规定提取的资助困难学生经费补足。

区（县）属学校由各区（县）政府负责落实，市财政按每生每年 2 500 元的标准由省、市、县按比例分担，J 县、W 县所需资金省、市、县的分担比例为 6:2:2，D 区、L 区、K 区所需资金省、市、县的分担比例为 6:1.2:2.8。R 市政府明确要求，各区县政府要严格按比例落实其应承担的免费资金，并要求免费资金必须专款专用，各区县学校收费标准低于 2 500 元的，剩余资金用于增加免费学生人数，高于 2 500 元的，则由各区县承担多余资金。

2. 助学金政策

国家助学金政策自 2007 年实施以来，具体操作程序已经形成了固定模式：助学金会统一发放到学生的中职卡中。

每年国家免学费补助资金和助学金会按照前三年学生人数进行预算，并分次拨款。由于免学费政策资金数额更大，笔者接下来重点考察免学费政策目标的实施情况。

3.1.2.2 Z 学校基本情况介绍

为了进一步明确中职学生资助政策的实施情况，尤其是免学费政策在中职学校的运行情况以及其实施结果，接下来，笔者将进行个案研究，对免学费政策在学校层面的运行情况及结果进行分析。

Z 学校是 R 市县属国家级重点中等职业学校，于 2002 年成立，是多所中等职业教育学校合并建立的，其专业设置偏重理工科，同时该校设有两个涉农专业，2016 年被评选为国家示范校。笔者曾对该校负责学生管理的相关老师进行过访谈调研，从交流中获知，Z 学校的在校生中，约有 85%的学生是农村籍，其中又有 10%的属于家庭经济困难生；非农户籍学生约占 15%，其中困难生约占 10%。在享受免学费政策的学生中，农村籍学生约占 90%，且各专业分布大体持平，2011 年，其学费标准是每位学生每年 2 200 元，与 R 市划拨的标准 1 900 元相差 300 元。2018 年，由于是国家示范校，理工类专业学费标准 3 300/年/生，文史类专业学费 2 800/年/生，国家财政拨款按照此标准每年向该校划拨资助资金。

3.1.2.3 免学费政策实施情况

1. 考察 2012 年之前的免学费政策

依据 R 市免学费政策标准，Z 学校 2009 年、2010 年和 2011 年的免费政策实施目标分别应为 125 人、273 人和 355 人，但是实际享受人数仅为 60 人、179 人和 208 人，困难生所占的比例仅为 2.05%、2.22%、2.05%，不足国家规定目标 5%的一半，详见表 3－2。

表 3－2 Z 学校享受免学费政策学生统计表

年度	在校生/人			应享受学生数/人			实际享受学生数/人			
	总数	农村	非农	困难生	涉农专业	总计	困难生	所占比例/%	涉农专业	总计
2009	2 933	2 493	440	125	0	125	60	2.05	0	60
2010	3 382	2 875	507	169	104	273	75	2.22	104	179
2011	4 981	4 234	747	249	106	355	102	2.05	106	208

注：享受标准为：2009 年在校生农村户籍的 5%和涉农专业学生；2010 年、2011 年在校生的 5%和涉农专业学生。

考察Z学校的免学费资金使用情况，笔者发现财政实际拨付的款额与应享受人数不符。2009 年、2010 年和 2011 年财政拨付款分别为 107 350 元、320 000 元和 390 000 元，拨付款实际享受名额为 56.5 人、168.4 人和 205.3 人，与应享受免学费人数相差甚远，详见表 3－3。

表 3－3　Z 学校免学费资金使用情况统计表　　元

年度	财政拨款数	学校发放金额			结余资金
		困难生	涉农专业	合计	
2009	107 350	66 000	0	66 000	41 350
2010	320 000	71 250	197 600	268 850	51 150
2011	390 000	96 900	357 200	454 100	－64 100
合计	817 350	234 150	554 800	788 950	28 400

结合表 3－2 和表 3－3 中的学校发放金额数据和实际享受免学费政策人数，可以得出生均享受免学费金额，2009 年、2010 年和 2011 年生均享受免学费金额为 1 100 元、1 502 元和 2 183 元（采取四舍五入，保留整数）。Z 学校属于县级学校，所以，其免学费标准为 1 900 元，但学校收取学费为 2 200 元。纵观国家以及省市相关政策，并没有发现政策中有关于学费可以减半或者免三分之二的相关规定，笔者对于政策的理解是：既然是免费政策，那么就是指免除全部学费，而不是指免除部分学费。而考察该校三年的生均免学费金额，可以发现 2009 年仅达到半免，2010 年达到约免 2/3，至 2011 年才勉强达到学生学费全免。

Z 学校在免费资金使用上面，2009 年和 2010 年均有结余，直至 2011 年，实际发放金额出现负数，但是纵观三年来的发放金额总数，尚有结余。上级财政拨款本身不足，而学校在发放中却有所保留，这导致享受免费政策的学生人数没有达到政策目标。

综合以上分析，可以得出学校层面的相关结论，2012 年之前的免学费政策目标并没有完全实现。且操作较为困难，存在时间差、资金差等问题。

2. 考察2012年之后的免学费政策目标

2012年之后的免学费政策目标扩大很多。由于客观原因，笔者无法获得这几年的相关数据。通过对Z学校相关人员的调查获知，目前，Z学校实行全部学生均享受免学费政策，且操作程序趋于简化，学生不需要提交相关申请等材料，入学即免。

国家助学金有一套固定的评选程序，属于之前的延续性工作，虽然国家规定东部是10%的比例，但在具体实践中Z学校不会严格按照此比例进行资金预算，而是按照前三年学生人数进行资金预算并上报，资金到位后，依据具体资金数额，按照2 000元/年/生的标准进行人员分配。

通过调研笔者获知，享受助学金的学生比例一般在10%～15%，不会低于10%。

3.1.3　分析与讨论

考察地级市层面关于中职学生资助政策的实施情况，笔者发现学生资助政策经历了一个不断完善的过程，随着政策的调整，在政策执行层面也经历了一个程序化的历程，主要体现在以下几点：

1. 中职学生资助政策执行过程从随意化至严谨化

在政策实施之初，中职学生资助政策实施缺乏有效的管理制度，政策执行过程随意，缺乏政策执行监督和评价。现在中职学生资助政策已经建立起一套较为有效的管理制度，政策执行过程摆脱了随意性，强调程序性。

2. 财政拨款从不及时到位至及时到位

2012年之前，财政拨款不能及时到位，尤其是县级财政明显不足，但是也无法进行监控。县级拨款往往使用兜底策略，这种实施方式在各个层面均已达成共识，但是因为无法看到具体的账面，缺乏实际证据。现在，拨款及时到位，不再存在办学资金短缺问题。

3. 从曲解政策到落实到位

2012年之前，Z学校在实施政策中存在曲解政策的现象。由2009

年的学费半免发放、2010 年的免三分之二发放的自我操作，再到擅自截留免费资金的现象，均说明 Z 学校在政策实施中存在曲解政策和利用政策增加学校利益的行为。但是笔者同时发现，至 2011 年，Z 学校的免学费资金已经能够严格按照标准发放，说明政策的运行正进入良性过程，实施程序已逐渐理顺。

4. 政策相关文件不断趋于完善

以免学费政策为例，政策实施之初，学校的学费标准和免学费标准存在差异。两者之差若为正，则学校需要自己补贴给学生，这对于本来教育经费就不足的中职学校来说，可能是一个不小的负担，例如 Z 学校需要为每位学生补贴 300 元，如每年有 200 名学生享受免费政策，学校则共需要补贴 60 000 元；两者之差若为负，则多余的资金去向理应说明，例如西部地区的拨款是按照每生每年 2 000 元的标准、中央与地方按照 8:2 的比例进行拨付，因此，每位学生的中央财政拨款金额为 1 600 元，而西部地区有的地方学费每生每年仅为 1 200 元，每位学生则多余 400 元，那么这笔资金如何使用，则需要制定制度予以说明和监督，而笔者在调研中并没有见到与此相关的管理制度。当然，以上问题是从考察 Z 学校对于免学费政策实施的过程中发现的，但是并不代表这些问题是所有学校在实施过程中存在的问题，这应是个综合性问题。

2013 年，随着免费范围的扩大，国家颁布了免学费补助资金办法，对于如何进行免费补助资金拨款进行了规范，解决了上述问题。

3.2 中职学生资助政策是否提高了职业教育吸引力的实证研究

提高职业教育吸引力是政府实施中职学生资助政策的目的之一，本节主要围绕中职国家助学金和免学费政策实施之后是否提高了职业教育吸引力的问题进行分析和验证。

3.2.1 职业教育吸引力的内涵

增强职业教育吸引力是我国职业教育获得发展的前提，也是近期职业教育相关政策的目的之一，由此可见，我们所谈论的职业教育吸引力属于政策语言范畴，而非学术概念。为便于数据测算和分析，笔者将对职业教育的吸引力进行内涵分析。

关于职业教育吸引力的内涵，诸多学者进行过阐释。有学者认为，“关于吸引力的定义包括‘主位’和‘客位’两种类型：‘主位’型指职业教育依靠自身的特点吸引学生、企业以及政府的能力，‘客位’型指个体或群体对某件事物偏爱的程度以及采取的相关行为。”①有学者认为，“职业教育吸引力是指相关人群选择和接受职业教育的意愿程度以及相关组织（例如政府、企业、社会团体等）参与职业教育的程度，即其对职业教育价值的认可度。”②同时，职业教育吸引力的表征有很多，例如，有学者提出，“职业教育的吸引力主要表现在：增加受训者就业、生涯发展和晋升的机会；提供高质量、多样化的学习环境，能够满足不同学习者的需要和目标，公民或个体把职业教育与培训作为自我发展的选择，愿意对职业教育与培训进行投资。”③也有学者认为，“职业教育是否有吸引力，最终将落到人们的选择上，有吸引力的职业教育最直观的标准是人们选择的集中性，民众愿意接受职业教育，就是职业教育有吸引力的表现。”④

纵观以上关于职业教育吸引力的内涵解释，我们可以发现，职业教育吸引力作为一个政策术语，其内涵较为宽泛，其界定不容易统一，从不同的角度出发，可以作出不同的阐释，且范围大小不同。如果将职业教育吸引力看作是一条曲线，那么，其变化趋势将受到接受职业教育之

① 李红卫. 职业教育吸引力的辩证思考［J］. 现代教育管理，2011（10）：97-99.

② 南海，白汉刚. 对“增强职业教育吸引力”的分析［J］. 教育发展研究，2010（7）：50-53.

③ Johanna Lasonen，Jean Gordon. 增加职业教育吸引力：欧洲的政策、理念与实践［J］. 李玉静，陈衍，译. 职业技术教育，2009（12）：26-37.

④ 石伟平，唐智彬. 增强职业教育吸引力：问题与对策［J］. 教育发展研究，2009（13-14）：20-24.

后个人的经济收入、社会地位以及社会环境等多方面因素的影响。但是无论其影响因素是什么，无论对其做何种解释，职业教育吸引力的主要表征为：民众对职业教育的认可度以及选择的参与度。

3.2.2 本节研究方法

笔者依据其主要表征，主要从两个方面对中职学生资助政策实施以来是否提高了职业教育吸引力进行验证。一是对既有吸引力的测算，即对实施中职学生资助政策之后中职学校入学人数的增长率进行测算，此指标主要反映民众选择职业教育的参与度；二是对潜在吸引力的测算，即对实施中职学生资助政策之后初中毕业生对于职业教育的选择程度进行测算，此指标主要反映民众对职业教育的认可度。

对既有吸引力的测算，笔者主要依据我国政府颁布的相关教育统计资料中的数据以及地方行政部门和学校提供的相关数据作为分析对象。对潜在吸引力的测算，笔者主要是对初三毕业生进行问卷调查，以获取相关资料。

3.2.3 研究结果

3.2.3.1 对既有吸引力的测算

1. 中职招生人数增长率

笔者依据教育部官方网站公布的相关数据以及既有研究中的相关数据，获取了自 2006 年至 2017 年以来我国中等职业教育（包括技工学校）的招生人数数据以及分区域招生人数数据，2018 年的报告数据因官方并未公开，只能暂缺。具体情况详见表 3－4 和图 3－1。

表 3－4 全国 2006—2017 年中等职业教育招生情况

年度	2006	2007	2008	2009	2010	2011
招生人数/万人	747.82	810.02	812.11	868.52	868.14	813.87

续表

年度	2006	2007	2008	2009	2010	2011
增长率/%	14.06	8.31	0.26	6.95	−0.04	−0.06
年度	2012	2013	2014	2015	2016	2017
招生人数/万人	754.13	674.76	619.76	601.25	593.34	582.43
增长率/%	−7.34	−10.52	−8.15	−2.99	−1.32	−1.84

注：以上数据包括技工学校。数据来源：中华人民共和国教育部门户网站，http://www.moe.edu.cn/publicfiles/business/htmlfiles/moe/s6200/index.html。

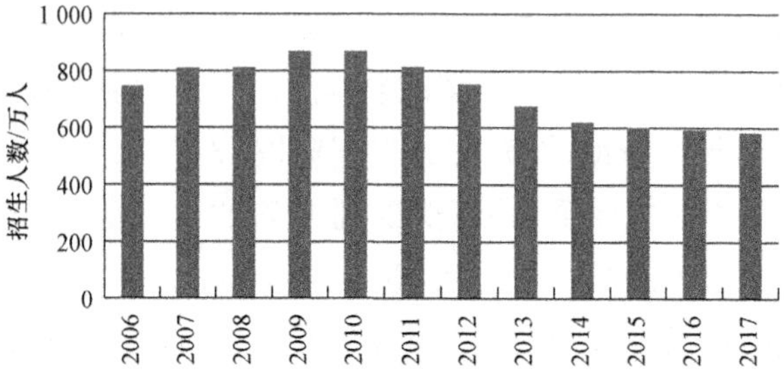

图 3－1　全国及分区域招生情况趋势图

由图 3－1 可见，自 2006—2010 年，全国范围内中职招生人数从总量上看来呈微弱上升趋势，2011 年之后招生人数持续下降，2015—2017 年三年基本稳定。具体观察中职教育的招生人数增长率（见图 3－2），就会发现增长率基本呈逐年下降趋势，仅在 2009 年出现回升，至 2013 年跌至谷底，然后增长率开始回升，但始终处于负值。需要注意，2007 年开始推行国家助学金，2009 年是开始推行免学费政策的第一年，2013

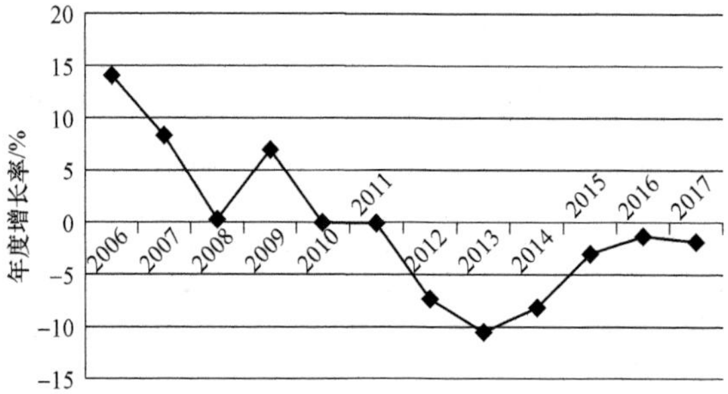

图 3－2　全国及分区域中等职业教育招生人数增长率趋势图

年是免学费政策和国家助学金范围进行全面调整的一年。很明显，从招生人数来看，中职学生资助政策并未对全国招生有显著促进作用。

2. 中职招生比例占高中阶段招生总量的增长率

考虑到人口增长因素，招生数字的变化并不能说明中等职业教育对于学生的吸引力情况，所以，笔者将进一步考察中等职业教育招生人数占高中阶段招生总量的情况。

考察 2006—2017 年高中阶段两类教育招生所占比例，我们可以发现，中职生所占比例逐年上升，由 2006 年的 46.19%升至 2009 年的 51.27%，2009 年和 2010 年均超过了 50%，2011 年降为 48.89%；而普通高中招生所占高中阶段总招生数的比例则正好相反，呈逐年下降趋势，由 2006 年的 53.81%下降至 2009 年的 48.73%，2010 年略有回升，至 49.06%，2011 年回升至 51.11%，详见表 3－5。

表 3－5　2006—2017 年各年中职招生人数占高中阶段比例

年度	高中阶段总招生人数/万人	中职招生		普高招生	
		人数/万人	比例/%	人数/万人	比例/%
2006	1 619.03	747.82	46.19	871.21	53.81
2007	1 650.19	810.02	49.09	840.16	50.91
2008	1 649.12	812.11	49.25	837.01	50.76
2009	1 703.95	873.61	51.27	830.34	48.73
2010	1 704.38	868.14	50.94	836.24	49.06
2011	1 664.65	813.87	48.89	850.78	51.11
2012	1 598.74	754.13	47.17	844.61	52.83
2013	1 497.45	674.76	45.06	822.70	54.94
2014	1 416.36	619.76	43.76	796.60	56.24
2015	1 397.86	601.25	43.01	796.61	56.99
2016	1 396.26	593.34	42.71	802.92	57.29
2017	1 382.49	582.43	42.13	800.05	57.87

注：以上数据均包括技工学校。

3. 中职招生中不同生源的增长比例

中等职业教育招生来源较为复杂，包括应、往届初、高中毕业生，退伍士兵、农村青年、农民工、下岗失业人员等，[①]中等职业教育对于不同人群的吸引力如何？笔者将中职招生来源分为应届毕业生和其他两类，其他一类中包括往届毕业生以及其他社会人士。由于在中国教育统计年鉴中的中等职业教育招生中的应届毕业生数据没有包括技工学校的数据，因此，笔者依据初中毕业生以及升学率计算出初中升高级中学的数据，再减去普高招生数据（普通高中的招生均为应届初中毕业生），计算出升入中职的应届毕业生人数，然后，用中职招生总数减去应届毕业生人数，即为其他招生人数，详见表 3－6。

表 3－6　2006—2017 年度中职招生人数构成

年份	初中阶段毕业生人数/万人	初中升高中阶段		普高招生人数/万人	中职招生		
		升学率/%	人数/万人		初中应届毕业生/万人	其他/万人	总计/万人
2006	2 071.58	75.70	1 568.19	871.21	696.98	50.84	747.82
2007	1 963.71	80.50	1 580.79	840.16	740.63	69.39	810.02
2008	1 867.95	82.10	1 533.59	837.01	696.58	115.53	812.11
2009	1 797.70	85.60	1 538.83	830.34	708.49	165.12	873.61
2010	1 750.35	87.50	1 531.56	836.24	695.32	172.82	868.14
2011	1 796.31	88.90	1 596.92	850.78	746.14	67.73	813.87
2012	1 724.03	88.40	1 524.02	844.61	679.41	74.72	754.13
2013	1 604.93	91.20	1 463.70	822.70	641.00	33.76	674.76
2014	1 457.97	95.10	1 386.53	796.60	589.93	29.83	619.76
2015	1 454.24	94.10	1 368.44	796.61	571.83	29.43	601.25
2016	1 455.02	93.70	1 363.35	802.92	560.43	32.91	593.34
2017	1 410.14	94.90	1 338.22	800.05	538.17	44.26	582.43

注：以上数据均包括技工学校的数据。

① 中职招生相关政策解答［EB/OL］. http：//www. gzszk. com/html/zzzc/2012612/1579. html，2012–06–12.

依据表 3－6，笔者计算出中等职业教育招生中应届毕业生的增长情况，详见表 3－7。可知，应届毕业生中选择中职学校的人数比例从 2006—2012 年呈现基本稳定趋势，维持在 44%～46%，普职（普通高中和中等职业）双方的比例基本保持不变。由此可见，中职教育对于应届毕业生的吸引力基本处于稳定状态。

自 2013 年开始，招生数据持续下降，至 2017 年已经下滑至 40.22%。但是这段时期属于政策稳定期，政策基本都已经普及开来，而招生数据却在下降，由此得知，免学费政策以及助学金政策对于初中毕业生的吸引力影响并不大。

表 3－7　2006—2017 年中职招生中应届毕业生增长情况

年份	初中升高中人数/万人	普高招生		选择中职的应届初中毕业生	
		人数/万人	比例/%	人数/万人	比例/%
2006	1 568.19	871.21	55.56	696.98	44.44
2007	1 580.79	840.16	53.15	740.63	46.85
2008	1 533.59	837.01	54.58	696.58	45.42
2009	1 538.83	830.34	53.96	708.49	46.04
2010	1 531.56	836.24	54.60	695.32	45.40
2011	1 596.92	850.78	53.28	746.14	46.72
2012	1 524.02	844.61	55.42	679.41	44.58
2013	1 463.70	822.70	56.21	641.00	43.79
2014	1 386.53	796.60	57.45	589.93	42.55
2015	1 368.44	796.61	58.21	571.83	41.79
2016	1 363.35	802.92	58.89	560.43	41.11
2017	1 338.22	800.05	59.78	538.17	40.22

注：以上数据中均包括技工学校的数据。

由表 3－8 可知，在中职招生中，应届毕业生所占比例自 2006 年之后其所占比例呈现下降趋势，而相应的，其他类学生所占比例自 2006 年之后呈现逐步上升趋势，且上升幅度不小。

表 3-8　中职招生生源比例增长情况

年份	中职招生总数/万人	应届初中毕业生		其他招生	
		人数/万人	比例/%	人数/万人	比例/%
2006	747.82	696.98	93.20	50.84	6.80
2007	810.02	740.63	91.43	69.39	8.57
2008	812.11	696.58	85.77	115.53	14.23
2009	873.61	708.49	81.10	165.12	18.90
2010	868.14	695.32	80.09	172.82	19.91
2011	813.87	746.14	91.68	67.73	8.32
2012	754.13	679.41	90.09	74.72	9.91
2013	674.76	641.00	94.99	33.76	5.01
2014	619.76	589.93	95.19	29.83	4.81
2015	601.25	571.83	95.11	29.43	4.89
2016	593.34	560.43	94.45	32.91	5.55
2017	582.43	538.17	92.40	44.26	7.60

注：以上数据中均包括技工学校的数据。

为了进一步分析应届毕业生和其他类学生的增长是否存在差异，笔者对两组数据进行独立样本 T 检验，结果如表 3-9 和表 3-10 所示。

表 3-9　中职招生中两类学生组别统计量

项目	类型	均值	标准差	标准误
招生人数	应届毕业生	653.743	71.893	20.758
	其他类学生	73.862	50.919	14.699

表 3-10　中职招生中两类学生独立样本 T 检验

项目		Levene 方差齐性检验		均值差异 T 检验						
		F	显著性	T	自由度	显著性（双尾）	均值差	标准误	95%置信区间	
									下届	上届
招生人数	假定方差齐性	2.975	.099	22.801	22	.000	579.881	25.432	527.138	632.623
	不假定方差齐性	—	—	22.801	19.817	.000	579.881	25.432	526.800	632.962

由表 3－10 可知，在 Levene 方差齐性检验一栏中，F 值为 2.975，Sig 为 0.099＞0.05，即方差齐性检验显示无差异，故应看第一行中的 T 检验结果，T 值为 22.801，Sig 值为 0.000＜0.05，即两组数据有显著性差异，其他类学生的招生人数变化明显不同于应届毕业生的变化。

4. 结果讨论

在全国范围内考察中职招生人数的增长，笔者发现并没有显著增长的现象，虽然 2007 年开始全面推行助学金政策，2009 年开始实施免学费政策，尤其是在西部地区，助学金和免学费比例较大，但是从全国范围内的招生人数增长情况来看，并没有显著的政策效应。

进一步考察中职招生占据高中阶段总招生的比例，笔者发现，自 2007 年有过小幅度的增长之后，应届毕业生报考中职学校的比例并没有显著变化，可以推测，中职的助学金政策和免学费政策对于应届毕业生的政策效应并不显著。

再进一步考察中职招生中应届毕业生和其他类学生的增长情况，笔者发现，在中职生源中，其他类学生所占比例呈持续上升阶段，尤其是自 2007 年之后，上升比例显著，且通过 T 检验显示应届毕业生和其他类学生之间有显著差异，由此可见，中等职业教育的经济资助政策对于非应届毕业生更具有吸引力。

3.2.3.2 对潜在吸引力的测算

1. 研究方法

1）样本选择

本次调研以 R 市三所中学的初三毕业生为被试，三所中学分别为市级中学、县级中学和乡镇中学，共发放调研问卷 650 份，回收有效问卷 631 份，其中男生 306 人，有效比例为 48.5%，女生 325 人，有效比例为 51.5%；市级中学 203 人，有效比例为 32.2%，县级中学 214 人，有效比例 33.9%，乡镇中学 214 人，有效比例 33.9%。

2）问卷设计与处理

调研采用的是自编问卷，问卷包括两个部分：第一部分为基本信息，包括年龄、性别、父母职业及文化程度、家庭月收入、学生成绩等变量；第二部分为问卷主要内容，问卷采用李克特5级量表形式，共有10道题目，主要调研实行免学费政策之后职业教育对于初中毕业生的吸引力。笔者采用spss20统计软件对回收问卷进行统计分析。

对该量表进行统计相关分析，方差分析表明，F值为174.456，Sig值为0.000＜0.000 1，即该量表的重复度量效果良好，详见表3－11；经Hotelling's T－Squared检验可知，该量表项目间平均得分的相等性好，即项目具有内在相关性，详见表3－12；在量表的信度检验中，Cronbach's Alpha系数为0.776，标准化Cronbach's Alpha系数为0.769，详见表3－13，说明该量表具备较高的信度。

表3－11 潜在吸引力调研问卷方差分析

项目		平方和	自由度	均方	F值	显著性
组间		3 089.034	558	5.536		
组内	项目间	1 943.375	9	215.931	174.456	0.000
	残差	6 215.925	5 022	1.238		
	合计	8 159.300	5 031	1.622		
总计		11 248.334	5 589	2.013		

总平均 ＝3.210 9。

表3－12 潜在吸引力调研问卷Hotelling's T－Squared检验

Hotelling's T－Squared	F值	自由度1	自由度2	显著性
1 244.639	136.310	9	550	0.000

表3－13 潜在吸引力调研问卷可靠性统计

Cronbach's Alpha系数	标准化Cronbach's Alpha系数	项目数量
0.776	0.769	14

对该问卷进行探索性因素分析，其因素载荷量均超过0.44水平。对

10 个测量题目进行 KMO 与 Bartlett 球形检验，KMO 值为 0.842，球形检验达到显著水平（0.000＜0.05），说明本量表适合进行因素分析。对量表进行主成分析，笔者发现可以抽离出三个主要因素，经过正交旋转之后，三个变量共可以解释 55.378%的变异量。综合以上分析可知，该量表具有较高的信度和效度。

2. 初三毕业生对于免费中职教育的选择统计结果

在“如果职业学校不收学费，我将会选择职业学校”的项目调查中，超过 52%的学生选择了“完全不同意的态度”，另有 28.7%的学生“持不确定态度”，而持“同意态度”（包括有些同意和完全同意）的仅占 8.4%，总体平均数在 1.98。

1）考试排名背景变量对于免费职业教育选择态度的影响分析

被试的考试排名变量依据 10 名一个等级的顺序进行排名，包括 10 名以内、11～20 名、21～30 名、31～40 名、41～50 名和 51 名以上。每组的态度平均得分如图 3-3 所示，得分最低的为 10 名以内小组，平均分为 1.65 分，其态度更倾向于不会因为免费政策而选择职业学校；得分最高的为 41～50 名小组，平均分为 2.27 分，此分数依然低于中间分值 3 分。

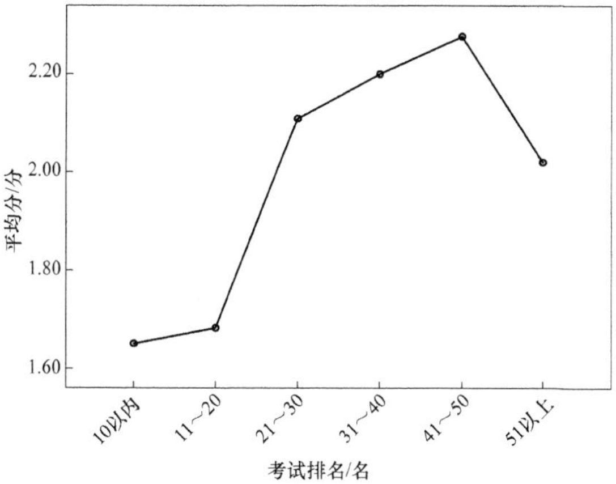

图 3-3　不同排名学生的选择态度得分均值

对考试变量进行单因素方差分析，F 值为 5.818，Sig 值为 0.000＜0.05，达到显著性水平。进一步对统计数据进行 LSD 检验，发现 10 名以内小组与 21～30 名、31～40 名、41～50 名小组的 P 值分别为 0.003、

0.001、0.000，在 0.05 统计水平上均达到显著性差异；11～20 名小组与 21～30 名、31～40 名、41～50 名小组的 P 值分别为 0.004、0.001、0.000，在 0.05 水平上均达到显著性水平；其他组间并未达到显著性水平。

由此可以推断，考试排名变量是影响选择态度的主要因素之一，尤其是成绩排名在 20 名之前与之后的在态度选择上存在明显差异。而排名在 51 名以上的学生在统计中并未发现与其他不同排名组之间存在差异，其结果有待进一步考察。

2）家庭经济收入背景变量对于选择态度的影响分析

在问卷的家庭收入变量一栏，笔者分为六档，分别为 1 000 元以下、1 000（含 1 000）～3 000 元、3 000（含 3 000）～5 000 元、5 000（含 5 000）～7 000 元、7 000（含 7 000）～10 000 元和 10 000（含 10 000）元以上，调研发现，被试家庭月收入以 3 000（含 3 000）～5 000 元为最多，约占 34.8%，其次为 1 000（含 1 000）～3 000 元组和 5 000（含 5 000）～7 000 元组，分别占据 23.5%和 23.3%。

六个收入组对于免费职业教育的选择态度均值分别为 2.44、2.11、2.00、1.86、1.87、1.78，如图 3－4 所示。可以发现，对于免费职业教

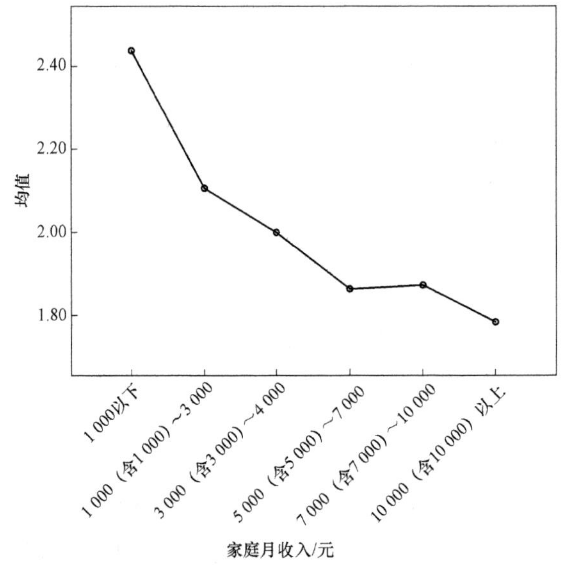

图 3－4　不同家庭月收入对学生选择态度影响得分均值

育的选择态度分值（均值）随着收入的增长而降低。为了进一步考察不同家庭月收入之间是否存在对免费职业教育的选择态度差异，对数据进行单因素方差分析，其 F 值为 1.412，P 值为 0.218＞0.05，并不存在显著性差异。

3）学校性质是否影响学生选择态度分析

样本中主要包括三类学校：市级中学、县级中学和乡镇中学，其均值分布图如图 3－5 所示。对数据进行单因素方差分析，F 值为 10.412，P 值为 0.000＜0.005，说明在学校之间存在显著性差异。进一步对数据进行 LSD 分析，发现县级中学与市级中学和乡镇中学均存在显著性差异，而市级中学和乡镇中学之间并没有显著性差异，详见表 3－14。

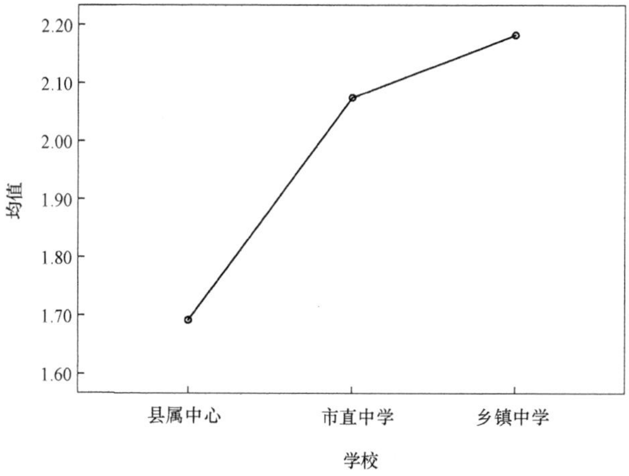

图 3－5　不同学校学生选择态度均值分布图

表 3－14　学校背景变量下的多方比较

LSD

（I）学校	（J）学校	均值差（I－J）	标准误	显著性	95%置信区间	
					下界	上界
县级中学	市级中学	－.381 95*	.113 61	.001	－.605 1	－.158 8
	乡镇中学	－.489 88*	.112 78	.000	－.711 3	－.268 4
市级中学	县级中学	.381 95*	.113 61	.001	.158 8	.605 1
	乡镇中学	－.107 93	.113 88	.344	－.331 6	.115 7

续表

(I) 学校	(J) 学校	均值差(I－J)	标准误	显著性	95%置信区间	
					下界	上界
乡镇中学	县级中学	.489 88*	.112 78	.000	.268 4	.711 3
	市级中学	.107 93	.113 88	.344	－.115 7	.331 6

*. The mean difference is significant at the 0.05 level.

4）家庭户口背景变量对于选择态度的影响分析

考察农村籍学生和非农村籍学生的态度，笔者发现非农村籍学生的平均得分明显低于农村籍学生的得分，对样本进行独立样本 T 检验，F 值为 3.415，P 值为 0.065＞0.05，显示方差齐性，其 T 值为－3.560，双尾检验 Sig 为 0.000＜0.05，说明在不同户籍变量下的学生选择态度存在显著性差异，详见表 3－15。

表 3－15　在户籍变量下的选择态度统计数据

项目		方差齐性的 Levene 检验		均值差异 T 检验						
		F	P	T	df	Sig.（双尾）	均值差	标准误	95%置信区间	
									下限	上限
家庭户籍	假定方差齐性	3.415	.065	-3.560	488	.000	-.437 61	.122 94	-.679 16	-.196 05
	不假定方差齐性			-3.399	185.520	.001	-.437 61	.128 73	-.691 58	-.183 64

3. 结果

综合以上统计结果，笔者可以发现，影响初三毕业生选择免费职业教育的因素主要有考试成绩、家庭户口、所处地域性质等因素，考试成绩越好，则越不会选择免费职业教育，农村籍户口学生和乡镇中学学生更倾向于选择免费职业教育。

3.2.4　分析与讨论

通过对既有吸引力和潜在吸引力的分析，可以得出如下结论：

（1）通过对目前职业教育在校学生的数据进行分析，笔者发现目前实施的学生资助政策对于应届毕业生的政策效应并不显著；同时，通过对初三毕业生的调研数据进行分析，笔者发现即便是免费的职业教育，对于初三毕业生的吸引力也不强。究其原因主要在于：资助政策仅仅是让学生有学可上，但并不会让学生毕业之后的待遇有所改变，职业教育本身的弱势地位导致应届毕业生对职业教育的排斥，即便是实施免费职业教育，也并不能改变他们的态度。

（2）通过对在校生数据进行分析，笔者发现学生资助政策对于往届毕业生、社会其他人员具备较强的吸引力。究其原因主要在于：中职学校目前实施的注册入学制度和免费政策以及助学金政策，为他们提供了就学机会并且降低了教育成本。从统计数据来看，中职学校在校学生的就读年龄主要集中在 15～20 岁，这些年轻人在社会上经过一段打拼之后，会增强他们重返校园的意愿，经历过社会磨炼的人其入学的目的性更强一些，他们希望掌握某一种专业技术，为自己今后的就业奠定基础，再加上国家的经济资助，从而使中职教育对他们来说吸引力较大。

（3）免费职业教育对于农村籍学生、成绩较差的学生以及乡镇中学的学生具有较大的吸引力。原因在于：学生资助政策可以缓解贫困学生家庭的经济困难；成绩较差的学生选择职业教育主要是因为考入高中太难，且即便考入高中，能够考上好大学的概率也很低；乡镇中学的学生更加倾向于免费职业教育，主要还是在于经济因素。虽然通过考察笔者发现家庭经济因素对于初三学生选择免费职业教育的态度并不具备显著性差异，但是其均值还是随着收入的上升而下降的，这说明经济因素依然是个人选择免费职业教育的主要考量因素之一。

3.3 资助政策是否促进了教育公平的实证研究：基于受惠者视角的审视

促进教育公平是中职学生资助政策提出的主要政策目的之一，本节内容主要围绕实施国家助学金政策和免学费政策之后是否促进了教育公平进行论证。

3.3.1 教育公平的内涵

“公平一直是人类追求的一个目标，它是一个历史范畴，即以一定的历史关系为前提，又随着历史关系的改变而使自己的内容发生变化，同时，历史以其独特的方式把处理人与人之间关系的基本准则赋予公平范畴，使它具有了历史继承性与内涵上的延续性。”①作为一个具体的、历史的公平概念，我们可以从不同的角度来把握，例如政治的、经济的、伦理的。

公平（equity）和平等（quality）是两个互相区别又密切联系的概念。在《现代汉语词典》中，公平是指“处理事情合情合理，不偏袒哪一方面”，平等是指“人们在社会、政治、经济、法律等方面享有相等待遇”或“泛指地位相等”。②相比较而言，平等更具客观性，强调数量、程度等的一致性，公平更具主观性，强调个人感受，这种感受更多来自个人价值观的影响。公平的不一定是平等的，而平等的也不一定是公平的。

教育公平是人类公平的一个重要组成部分，而且是目前“全世界所有与教育有关的人最关心”的教育问题中的核心。③关于教育公平的内涵的讨论始终是学术界的热点问题，而对于教育公平的内涵界定主要基于伦理学、经济学和社会学几个视角。

1. 从伦理学视角来讲

从伦理学视角来讲，社会公平的重要表现之一就是教育公平，在大众眼中，教育不公平就是最大的社会不公平，他们最不能忍受的也是教育不公平，因为教育涉及他们的子孙后代，不仅关系到个人一生的发展，

① 陆根书. 高等教育成本回收对公平影响的国际比较分析[J]. 现代大学教育，2001(2)：82–88.
② 中国社会科学院语言研究所词典编辑室. 现代汉语词典［M］. 北京：商务印书馆，1983.
③ 查尔斯·赫梅尔. 今日的教育为了明日的世界［M］. 北京：中国对外翻译出版公司，1983.

还会关系到整个家族的代际发展。罗尔斯提出了作为公平的、正义的两个著名原则："第一个原则，每一个人对于平等的基本自由之完全适当体制都拥有相同的不可剥夺的权利，而这种体制与适于所有人的同样自由体制是相容的；第二个原则，社会和经济的不平等应该满足两个条件：第一，它们所从属的公职和职位应该在公平的机会平等的条件下对所有人开放；第二，它们应该有利于社会之最不利成员的最大利益（差别原则），第一个原则优先于第二个原则，在第二个原则中，公平的机会平等优先于差别原则。"①这种优先意味着，我们在使用一个原则时，其假定在先的原则应该被充分地满足。依据此原则，教育公平的内涵可以理解为三个层面：第一个层面是人人享有平等的受教育权利；第二个层面是对所有人提供同等的受教育机会和条件；第三个层面是对教育弱势群体提供补偿，追求教育效果均等。我们可以将之概括为教育公平的起点公平、过程公平和结果公平。

2. 从经济学视角来看

从经济学视角看，"我国近十年关于教育公平的讨论是从经济领域'效率优先，兼顾公平'这一命题切入的，既不是源自人文主义、民主主义的社会思潮，也不是来自教育内生的民主需求。"②公平与效率是经济学研究的永恒主题，因此，教育公平与教育效率的关系成为研究教育公平的重要议题。一般认为，教育公平与效率是同等重要的教育政策目标，两者均有其存在的合理性，我们可以说："教育公平的本质是教育平等与教育效率的动态平衡"③"教育公平的核心价值是平等与效率"。④

3. 从社会学视角来看

从社会学视角来看，有的学者主要是基于社会学中的社会分层理论探讨教育公平问题，认为社会分层是个人获得教育权利的重要影响因

①［美］约翰·罗尔斯. 作为公平的正义［M］. 姚大志，译. 北京：中国社会科学出版社，2011：56.

② 杨东平. 教育公平是一个独立的发展目标：辨析教育的公平与效率［J］. 教育研究，2004（7）：26–31.

③ 邓晓丹. 教育公平的本质：教育平等与教育效率的动态均衡［J］. 理论前沿，2007（9）：38–39.

④ 冉毅. 平等与效率：教育公平的核心价值［J］. 教学与管理，2008（5）：3–5.

素，“阶层差距是除城乡差距、性别差距、地域差距之外的影响教育公平的重要因素，教育不公平现状的根源在于社会制度本身，因此，若要改变现状，仅靠教育改革是不行的，更为重要的是进行彻底的社会改革。”①

以上基于不同视角的对教育公平内涵的解读，为笔者的研究提供了很好的切入点。

3.3.2 本研究考察促进教育公平的指标

依据以上分析，笔者将教育公平分为起点公平、过程公平和结果公平三个阶段，从经济学视角对每个阶段进行考察，可以形成各类指标：起点公平是最低要求，考察的是教育机会的平等和入学机会的均等，可以从入学率和升学率等指标来观察和衡量。过程公平是指各级各类教育对所有公民的开放程度以及流通程度，个人是否能够接受自己需要的教育，衡量指标包括生均教育支出、师生比、教师水平等。结果公平是人们追求的最终目标，体现的是目标层面的公平，其最终体现为学业成就以及教育质量的平等。

在本研究中，依据以上教育公平的各项指标，从目标群体的利益出发，笔者主要从以下两个维度考察自 2007 年以来学生资助政策实施之后是否促进了教育公平：

1. 维度一：中职学生资助政策是否促进了教育机会公平

包括目标群体在起点上的入学机会平等和升学机会平等。本研究考察实施免学费政策后，是否促进了高中阶段教育机会的起点平等和结果平等。

2. 维度二：中职学生资助政策是否体现了弱势补偿原则

无论是基于公民资格还是能力标准，处于社会不利地位的个体和群体都需要受到特别对待，以实现最低的起点公平。本研究在此考察中等职业教育推行免学费政策之后，其财政分配是否体现了弱势补偿原则。

① 杨东平. 中国教育公平的理想与现实［M］. 北京：北京大学出版社，2006：205.

3.3.3 维度一：中职学生资助政策是否促进了教育机会公平

在本研究中，关于中职学生资助政策是否促进教育机会公平的研究主要聚焦于教育机会均等方面。教育机会均等主要是指高中阶段教育机会均等，而高中阶段教育机会均等又主要包括起点均等和结果均等，起点均等指由义务教育阶段升入高中阶段教育的机会均等，结果均等指由高中阶段教育升入高等教育的机会均等。

3.3.3.1 由义务教育阶段升入高中阶段教育的机会均等考察

中职学生资助政策对于促进义务教育阶段升入高中阶段教育的机会均等，主要在于其有效地较低了中职学生的个人教育成本，缓解了由于经济原因所导致的辍学率。

中等职业教育目前实施注册入学制度，应届生及往届生均可以报名就学，与普通高中相比较而言，并没有分数要求。但是，分数上的零要求并没有为中职教育带来过多的学生资源。可以说，这种零门槛招生制度，从表面上看教育机会是面对人人的，但是这种教育机会更多的是一种可能性，这种可能性还受制于其他因素，例如，个人负担的教育成本、职业教育将来的就业前景，等等，这些因素都会阻碍教育机会均等的实现。而中职学生资助政策所要解决的是这些阻碍因素中的其中一个——家庭经济因素。

中职学校的学费与普通高中相比较，总体说来有些偏高。以北京市为例，就读北京市普通高中一般学校学费为 700 元/生/年，重点普通高中的学费为 1 600 元/生/年；中职学校文科类专业学费是最低的，为 1 800 元/生/年，医科类专业为 2 000 元/生/年，工科类专业为 2 200 元/生/年，烹饪类专业为 2 800 元/生/年，表演类专业最高可达 6 000 元/生/年，中职学校学费的最低标准与普通高中学费的最低标准相差了 2.5 倍还多。[①]

① 北京市发展和改革委员会. 中小学收费［EB/OL］. http://www.bjpc.gov.cn/ywpd/wjgl/cx/jy/201208/t3884510. htm.

2017 年，北京市城镇居民人均可支配收入为 62 406 元，[①]北京市农村居民人均可支配收入为 24 240 元，[②]普通高中学费占据城镇居民人均可支配收入的比例在 1.12%～2.56%，占据农村居民人均纯收入的比例在 2.89%～6.60%；中职学校学费则分别在 2.88%～9.61%和 7.43%～24.75%，详见表 3－16。

表 3－16　2017 年北京市高中阶段学校学费标准

学校类型	学费标准		
	学费标准/元	占城镇居民人均可支配收入比例/%	占农村居民人均纯收入的比例/%
普通高中	700～1 600	1.12～2.56	2.89～6.60
中职学校	1 800～6 000	2.88～9.61	7.43～24.75

从以上数据可以发现，单从家庭经济因素考察普通高中教育和中职教育，选择中职教育的个人教育成本远远高于普通高中教育，在这样的学费标准之下，自然是选择普通高中经济压力较小，而一部分考不上高中的学生也由于经济因素而选择了辍学。即便中职学校实施零门槛招生制度，但这样的学费标准也给学生和家长带来了很大的经济困难。中职学生资助政策自 2007 年开始推行国家助学金起，至 2013 年中职学生资助政策体系基本稳定，从经济角度来讲，中职学生资助政策为中职学生提供了就学保障，在一定程度上减轻了学生的经济压力，但是从相关数据来看，其政策效应并不显著。

Raftery 等人在研究爱尔兰 20 世纪教育扩张的历史时发现，"在普及中等教育的过程中，尤其是在中等教育实施免费教育之后，各类社会阶层的学生由初等教育升入中等教育的机会差距明显缩小甚至消失。"[③]

① 北京统计信息网. 2012 年城镇居民人均可支配收入[EB/OL]. http://www. bjstats. gov. cn/tjzn/mcjs/201203/t20120312_222392. htm，2013-01-24.

② 北京统计信息网. 2012 年北京市农民人均现金收入[EB/OL]. http://www. bjstats. gov. cn/tjzn/mcjs/201203/t20120312_222391. htm，2013-01-22.

③ Adrian Raftery，Michael Hout. Michael. Maximally Maintained Inequality：Expansion，Reform and Opportunity in Irish Education（1921-1975）[J]. Sociology of Education，1993，66：41-62.

从全国招生数据来看，我国高中阶段教育普及率确实在提高，但是中职教育的比例自 2012 年以来逐年下降，普通高中始终是学生的首选。

3.3.3.2 由高中阶段教育升入高等教育机会的差异比较

2006 年，教育部、国家发改委在教发函〔2006〕4 号文件《关于编报 2006 年普通高等教育分学校分专业招生计划的通知》中明确规定了中等职业教育的升学政策："普通专升本招生规模不超过当年省属高校高职（专科）应届毕业生的 5%，对口招生规模不超过当年本省（区、市）中等职业学校应届毕业生的 5%，五年制高职招收初中毕业生规模不超过当年本省（区、市）高职（专科）招生计划的 5%。"①自 2006 年至 2009 年，教育部一直要求严格按照此规定执行。自 2010 年至 2017 年，一方面，教育部公布的招生计划中不再出现此项政策要求；另一方面，计划中也没有明确说明此项政策要求是废止还是继续执行。因此，地方政府在实际中还是按照此前的规定执行。而且，中等职业教育的升学只能是高等职业教育（专科），而由高职教育继续升入本科，还要经历一个"5%的独木桥"竞争。

笔者通过实地调研获取了 W 县 S 中职学校 2010—2016 年毕业生的就业信息，经过统计分析，结果显示，自 2010 年至 2016 年，其毕业生升入高等教育的比例分别仅为 5.6%、5.9%和 2.4%，详见表 3-17，这个比例与 2006 年教育部公布的中职对口升学政策相符合。

表 3-17 S 中职学校 2010—2016 年毕业生升学、就业比例一览表

毕业生	2010 年毕业生		2013 年毕业生		2016 年毕业生	
	学生数/人	所占比例/%	学生数/人	所占比例/%	学生数/人	所占比例/%
升学	66	5.6	78	5.9	40	2.4
就业	1 119	94.4	1 242	94.1	1 616	97.6
总计	1 185	100.0	1 320	100.0	1 656	100

① 教育部 国家发改委关于编报 2006 年普通高等教育分学校分专业招生计划的通知［EB/OL］. http：//gaokao. chsi. com. cn/gkxx/zcdh/200606/20060619/516045. html，2006-06-19.

有研究表明，“2007 年教育部关于职业学校毕业生就业情况的统计结果显示，仅有 13%的中等职业教育的毕业生进入高等教育系统继续学习，至 2010 年，此比例仅为 9.19%”，①至 2015 年，该数据上升至 20.02%。②

而与中等职业教育同属于高中阶段教育的普通高中的升学率是多少呢？依据上述数据，笔者进行一个宽口径的计算：2010 年我国普通高中的毕业生为 794.4 万人，当年我国的本专科招生人数为 661.8 万人，减去当年中职毕业生 868.1 万人的 9.19%，为 79.8 万人，即当年由普通高中升入高等教育的学生为 582 万人，占到当年普通高中毕业生的 73.3%，是中职学生升学率的近 8 倍。至 2015 年，该数据缩减至近 4 倍。另外，依据各个省（市）的有关规定，中职学校学生升学报考院校只能报考本省（市）内的高校，那么，越是教育不发达的地区，其中职学生的升学率就越低，这无疑又是一种新的不公平。

截至目前，笔者在调研过程中没有获得任何资料显示中职学生资助政策的实施可以促进高等教育机会均等化，或者说，中职学生资助政策仅仅增加了高中阶段教育机会，使更多的适龄学生接受更高一级的教育，而与提高中职学生的高等教育机会并无关系。

那么中职学校学生是否有继续深造的愿望呢？有学者对我国 13 所院校做过问卷调研，调查结果表明：“近 70%的学生明确表达了升学愿望，约 16.3%的学生对升学持不确定态度，明确表示不希望升学的学生只占样本的 14.3%。调研结果还显示，中职学生随着年级的升高，其希望继续深造的数量呈现上升趋势。”③而学生的这种个人愿望是否能够实现，主要在于政府的政策导向。

从政府的角度来看，中等职业教育的培养目标是培养国家经济发展

① 刘育锋，周其凤. 中高职课程衔接：来自实践的诉求［J］. 中国职业技术教育，2011（24）：30–34.

② 2015 全国中职就业率达 96. 3%［EB/OL］. http：//www. moe. gov. cn/jyb_xwfb/s5147/201602/t20160226_230668. html.

③ 刘育锋，周其凤. 中高职课程衔接：来自实践的诉求［J］. 中国职业技术教育，2011（24）：30–34.

所需要的技术人才，并希望这些人才在接受完中等职业教育之后立马可以投入人才市场，以满足企业行业的需求，促进我国经济发展。可能有人会说，中等职业学校的学生即便进入高等教育也不可能很好地学习，还不如早点踏入社会工作，积累实际工作经验，这可能更适合他们。从一定程度上来讲，这可能是事实。

但是，个人应该具备选择权，选择自己是继续读书还是就业。对个体来讲，个人发展才是其最关心的，每个个体都会理性地为自己的行为作出判断，当面临所有可能的选择时，经过慎重考虑之后，会选择对自己最有利的，这种选择属于主动选择，主动选择意味着个体要对因自己的选择而产生的行为承担相应责任。而如果个体面临的只有一个选择，或者是一个可能选择和其他不可能选择，个体所作的选择就属于被动选择，这种被动选择具有强迫性，个体会因为这种强迫性选择而对自己的行为推卸责任。而目前的这种中等职业教育政策导向剥夺了中职学生的主动选择权，当初他们选择了职业教育，意味着进入高等教育领域的机会大大减少。

3.3.3.3 结论

自 2007 年实施国家助学金政策至今，同时因为目前实施控制普职比（普通高中学生与中职学生比例）的政策作用，从长远来看，将会增加适龄学生进入高中阶段学习的机会，尤其是会促进低阶层学生的高中阶段教育入学率。

普高学生与中职学生之间在由高中阶段升入高等教育的机会方面差异较大，存在明显的不公平，但是中职学生资助政策无法改变这种现状，而这种高等教育机会的差异却可能反作用于中职学生资助政策，从而降低其政策效应。尤其是一些普通高中也推行贫困生国家助学金政策和减免学费政策，只不过普及力度及范围不及中职学校。

如果保持现有的政策条件不变，那么在以上讨论的两种教育机会均等之间则存在着矛盾：中职学生资助政策促进更多的人进入中等职业教育，但是进入中职教育就意味着失去了更多的升入高等教育的机会。当学生在普通高中和中等职业教育之间进行选择时，对于个人发展的愿望会超越经济因素的考虑，只要学习成绩不是特别差的学生，是不会考虑进入中职学校就读的。这一点在前面分析中职学生资助政策的潜在吸引力的一节中也已经得到了验证。

由以上分析可以看出，中职学生资助政策可以促进高中阶段教育起点公平，但是无益于结果公平。由高中阶段教育升入高等教育的机会均等从表面上看，与中职学生资助政策没有直接关系，但是，这种结果均等却可以影响中职学生资助政策的实施效果，换句话说，这种结果均等成为影响中职学生资助政策效应的重要因素。

3.3.4 维度二：中职学生资助政策是否体现了弱势补偿原则

弱势补偿是教育公平的重要方面，它属于收入的再次分配，正如约翰·罗尔斯所言："为了平等地对待所有的人，提供真正同等的机会，社会必须更多地关注那些天赋较低和出身于较不利社会地位的人们，这个观念就是要按平等的方向补偿由偶然因素造成的倾斜"，[①]这就是对弱势群体的优先扶持，用对待强势群体和弱势群体的差异化手段以达到教育公平的目标。

弱势补偿是指对弱势群体的补偿。那么，弱势群体具体是指哪些群体？他们的特征是什么？

3.3.4.1 弱势群体的概念及特征

1. 弱势群体的概念

2002 年 3 月，朱镕基总理在九届全国人大五次会议上所作的《政府工作报告》中首次使用了"弱势群体"这个词汇，从而使弱势群体成为一个非常流行的概念，而且也逐渐成为学术界研究的关注点。[②]由于不

---

① [美] 约翰·罗尔斯. 正义论 [M]. 何怀宏，等，译. 北京：中国社会科学出版社，1988：101.

② 朱镕基. 2002 年国务院政府工作报告 [EB/OL]. http：//www. gov. cn/test/2006-02/16/content_201164. htm，2006-02-16.

同学者所处的历史背景不同，所持的研究视角不同，以及各自秉持的价值观和方法论不同，所以，大家对于弱势群体的概念界定目前尚未形成统一的认识和明确的界定标准。

笔者认为，弱势群体是指那些由于某些障碍，即缺乏经济、政治和社会条件，而在社会资源的分配过程中处于不利地位的人们所组成的群体。①

明确弱势群体的概念，应该把握以下几个基本点：

（1）从词源和语义学的角度来看，弱势（vulnerable）主要是指脆弱、易受伤害和易受攻击的人或事，在英语中，弱势群体（vulnerable group）被解释为脆弱的和易受伤害的社会群体。因此，弱势群体主要是指在生活中比较脆弱和易受伤害的群体。

（2）弱势群体是一种准群体。准群体是指人们之间已经有了某种联系，例如，某些能够反映他们普遍利益的共同关心的话题，但是还没有形成明确的组织结构，还处于松散的或者是并没有相互接触的人群。

（3）弱势群体的概念是相对的，是在比较之中得出的结果。因此，和谁比较、比较的标准则成为测定弱势群体的重要因素。弱势群体和强势群体相对，一般指在维护自己权益方面处于弱势的社会群体。例如，相对于成年人来讲，儿童会被看作弱势群体。

（4）弱势群体的概念是动态的，它的范围是不断变化的，在任何社会中，强势弱势、富裕贫穷均不是一成不变的。

（5）弱势群体的存在属于社会正常现象，虽然平等是我们追求的目标，但是社会资源的分配总会存在不平等，因此，就会出现社会阶层之间的群体性差异。

2. 弱势群体的特征

关于弱势群体的特征，从不同的视角可以进行不同的归纳，但是其中有两个方面的特征获得了众多学者的认可，那就是经济收入的贫困性和社会地位的底层性。

① 陈晨. 先秦儒家关怀弱势群体的思想及其当代意义[J]. 经济研究导刊，2012（11）：201–203.

1）经济收入的贫困性

贫困是弱势群体的首要特征。世界银行在《1990 年世界发展报告》中给贫困下的定义是：“缺乏达到最低生活水准的能力，并且以贫困线来识别贫困，其中，贫困线通过收入和支出的最低收获标准来表示，分为相对贫困和绝对贫困。”①

2）社会地位的底层性

弱势群体处于社会的底层和边缘地带。在社会权利上，弱势群体缺乏教育、就业、社会保障、社会生活参与等权利；在政治权利上，弱势群体很少行使选举权、被选举权等。

目前社会上对于弱势群体的认知并未达成共识，也没有统一的认定标准。为了便于研究，笔者基于我国对于社会分层的既有研究成果，对弱势群体予以确认。陆学艺等认为，“当代中国社会阶层分化的最主要的机制是劳动分工、权威等级、生产关系和制度分割，这四种分化机制形成了当前中国社会的几种最主要的社会关系，人在这些社会关系结构中所处的位置，决定了他们的基本社会经济地位状况，即是否拥有或拥有多少组织资源、经济资源和文化资源。”②基于上述认识，他们以职业分类为基础，“依据这四种机制的相关变量将当代社会划分出十大社会阶层，同时，依据各阶层对组织资源、经济资源和文化资源的拥有量和其所拥有资源的重要程度，又可以对十大社会阶层进行高低社会等级排列。”③如表 3－18 和表 3－19 所示。

表 3－18　当代社会十大阶层

阶层	劳动分工	权威等级	生产关系	制度分割	主要资源
国家与社会管理者 1	中高级专业技术水平	中高层管理	代理（不占有生产资料但可以控制或支配生产资料）	体制内核心部门	组织资源

① 华平. 发展中国家贫困的现状与对策——评介《1990 年世界发展报告》[J]. 世界经济，1991（2）：75–77.

② 陆学艺. 当地中国社会流动［M］. 北京：社会科学文献出版社，2004：7–8.

③ 陆学艺. 当地中国社会流动［M］. 北京：社会科学文献出版社，2004：7–8.

续表

阶层	劳动分工	权威等级	生产关系	制度分割	主要资源
经理人员 2	中高级专业技术水平	中高层管理	受雇（不占有生产资料但可以控制或支配生产资料）	体制内、体制内边缘部门或体制外	文化资源或组织资源
私营企业主 3	不确定	高层管理	雇佣他人（占有生产资料）	体制外	经济资源
专业技术人员 4	中高级专业技术水平	自主从业或被管理	受雇或自雇（不占有生产资料）	体制内或体制外	文化资源
办事人员 5	中低级专业技术水平	被管理或中低层管理	受雇（不占有生产资料）	体制内或体制外	一定量文化资源和少量组织资源
个体工商户 6	高低不等	管理或自主从业	自雇或雇佣他人（占有生产资料）	体制外	一定的经济资源
商业服务业员工 7	技术型、半技术型或非技术型体力劳动	被管理或底层管理	自雇或受雇（不占有生产资料）	体制内或体制外	少量文化资源或组织资源
产业工人 8	技术型、半技术型或非技术型体力劳动	被管理或底层管理	自雇或受雇（不占有生产资料）	体制内或体制外	少量文化资源或组织资源
农业劳动者 9	技术型、半技术型或非技术型体力劳动	自主从业	自雇或受雇（占有少量或不占有生产资料）	介于体制内与体制外之间	少量经济资源或文化资源
城乡无业失业半失业者 10	—	—	—		基本没有三种资源

表 3－19　职业和等级对应一览表

社会等级	相关职业
社会上层	高层领导干部、大企业经理人员、高级专业人员及大私营企业主
中上层	中低层领导干部、大企业中层管理人员、中小企业经理人员、中级专业技术人员及中等企业主
中中层	初级专业技术人员、小企业主、办事人员、个体工商户
中下层	个体劳动者、一般商业服务业人员、工人、农民
底层	生活处于贫困状态并缺乏就业保障的工人、农民和无业失业半失业者

基于以上社会等级和社会阶层的分类标准，我们将底层和中下层等

级确认为相对弱势群体。那么，中职学生资助政策的实施是否体现了教育公平中的补偿弱势群体原则呢？下面，本研究将依据自行调查数据，结合国内相关研究数据，对此问题进行分析和讨论。

3.3.4.2 研究方法

1. 调查方法

笔者主要对东中西部的 7 所中职学校进行了调查研究，本次调查主要采用随机整群抽样方法，之所以采用此类抽样方法，原因有两点：

（1）源于调查样本的同质性，此次调查对象为中职在校学生，每个班级群体较为典型地反映了中职学生的阶层出身分布情况；

（2）出于调查的方便性，以班级为单位对学生进行调查，对于问卷发放和回收均较有保障。本次调研的总体样本比较大，所获得的样本数据能够较好地反映总体情况。

2. 样本基本特征

此次调研共回收问卷 2 225 分，有效问卷为 2 204 份，有效率达 99%，所有问卷均录入 SPSS 格式文件，本研究主要采用 SPSS20 软件并辅以 Excel2007 进行统计分析。样本基本分布情况如表 3－20 所示。

表 3－20　样本基本分布情况一览表

类型	性别		地域			户口		总计
	男	女	东部	中部	西部	农业	非农业	
样本/份	975	1 229	1 420	299	485	2 026	178	2 204
比例/%	44.2	55.8	64.4	13.6	22.0	91.9	8.1	100

3.3.4.3 实证分析

中等职业教育属于高中阶段教育，其学生以未成年人为主（样本中年龄在 18 岁以下的青少年占据 97.1%的比例），其学费主要由父母为之缴纳，因此，免学费政策主要是以免去学生学费的形式对学生家庭进行经济补助。笔者将依据其父母亲的职业以及家庭月收入等因素对学生家庭的经济地位进行分析，以说明中职学生资助政策的实施是否对弱势群体进行了经济补偿。

1. 样本中中职学生父亲所属阶层结果

样本中有 15 位学生属于单身母亲家庭，其父亲职业空缺，反映在表格中即为缺失值，因此，在父亲职业一项中有效样本为 2 189 个。在这些中职学生父亲所从事的职业中，占据前五位的分别是务农（1 530 人，占据 69.4%）、工人（130 人，占据 5.9%）、个体经商（105 人，占据 4.8%）、待业（78 人，占据 3.5%）和打工（56 人，占据 2.5%），具体详见表 3－21。

表 3－21　中职学生父亲职业分布一览表

类型	职业	样本/份	有效百分比/%	职业	样本/份	有效百分比/%
有效样本	务农	1 530	69.4	工程师	3	0.1
	打工	56	2.5	自由职业	13	0.6
	村委会	3	0.1	船员	2	0.1
	渔民	18	0.8	职员	29	1.3
	待业	78	3.5	会计	3	0.1
	销售	5	0.2	经理	4	0.2
	出租车司机	3	0.1	家装	1	0.0
	个体经商	105	4.8	教师	10	0.5
	工人	130	5.9	政府部门	3	0.1
	司机	18	0.8	保安	2	0.1
	医生	5	0.2	药师	1	0.0
	家电维修	2	0.1	退休	2	0.1
	厨师	6	0.3	公务员	1	0.0
	木匠	1	0.0	汽车修理	1	0.0
	不详	154	7.0	—	—	—
	合计	2 189				
缺失样本	—	15	—			
总计	—	2 204	—			

笔者依据李春玲所制作的职业分类表中的阶层归类表①分别对样本中中职学生的父亲的职业进行了阶层归类，其具体社会阶层分布情况如表3-22所示。中职学生的父亲职业所属阶层仅分布于八个阶层，缺失国家与社会管理者和私营企业主阶层；主要分布于农业劳动者阶层、城乡无业失业半失业者阶层以及产业工人阶层，其次个体工商户阶层也占据一定比例，依据社会阶层和社会等级分布的标准，中职学生的父亲职业所属阶层主要集中于中下层和底层。

表3-22　样本中中职学生的父亲职业所属阶层一览表

类型	职业	样本/份	百分比/%	有效百分比/%	累积百分比/%
有效样本	经理人员	4	0.2	0.2	0.2
	专业技术人员	24	1.1	1.1	1.3
	办事人员	38	1.7	1.7	3.0
	个体工商户	105	4.8	4.8	7.8
	商业服务业员工	37	1.7	1.7	9.5
	产业工人	132	6.0	6.0	15.5
	农业劳动者	1 548	70.2	70.7	86.2
	城乡无业失业半失业者	147	6.7	6.7	93.0
	无法判断	154	7.0	7.0	100.0
	合计	2 189	99.3	100.0	—
缺失样本	—	15	0.7	—	—
总计		2 204	100.0	—	—

2. 样本中中职学生的母亲所属阶层结果

样本中有14位学生为单身父亲家庭，在母亲职业一栏空缺，反映在统计数据中为缺失值，即母亲职业分析中的有效样本为2 190份。在中职学生的母亲从事的职业项目中，占据前五位的分别为务农（1 619人，占据73.5%）、待业（152人，占据6.9%）、工人（90人，占据4.1%）、

① 李春玲. 断裂与碎片：当代中国社会阶层分化实证分析［M］. 北京：社会科学文献出版社，2005：598-612.

个体经商（80 人，占据 3.6%）和打工（46 人，占据 2.1%），详见表 3－23。

表 3－23　中职学生母亲职业分布一览表

类型	职业	样本/份	有效百分比/%	职业	样本/份	有效百分比/%
有效样本	务农	1 619	73.5	厨师	2	0.1
	打工	46	2.1	工程师	1	0.0
	村委会	1	0.0	自由职业	14	0.6
	渔民	1	0.0	职员	15	0.7
	待业	152	6.9	会计	6	0.3
	销售	4	0.2	教师	6	0.3
	出租车司机	1	0.0	政府部门	1	0.0
	个体经商	80	3.6	理发师	1	0.0
	工人	90	4.1	公务员	1	0.0
	不详	149	6.8			
	合计	2 190				
缺失样本	—	14				
总计		2 204				

同样，对中职学生的母亲职业进行阶层归类，具体情况见表 3－24。母亲职业分布阶层为七个，缺少了国家与社会管理者阶层、经理人员阶层以及私营企业主阶层；样本中 73.5%的母亲职业分布于农业劳动者阶层，其余分散于城乡无业失业半失业者阶层、产业工人阶层以及个体工商户阶层。依据社会等级划分标准，可知其主要处于中下层和底层。

表 3－24　中职学生母亲所属阶层一览表

类型	职业	样本/份	百分比/%	有效百分比/%	累积百分比/%
有效样本	专业技术人员	13	0.6	0.6	0.6
	办事人	18	0.8	0.8	1.4
	个体工商户	80	3.6	3.7	5.1
	商业服务业员工	8	0.4	0.4	5.4

续表

类型	职业	样本/份	百分比/%	有效百分比/%	累积百分比/%
有效样本	产业工人	90	4.1	4.1	9.5
	农业劳动者	1 620	73.5	74.0	83.5
	城乡无业失业半失业者	212	9.6	9.7	93.2
	无法判断	149	6.8	6.8	100.0
	合计	2 190	99.4	100.0	
缺失样本		14	0.6		
总计		2 204	100.0		

3. 父亲所属阶层与我国社会阶层分布差异性检验

陆学艺等人通过对我国社会阶层进行研究，最终得出我国当前十大阶层的比例按照从1～10的顺序依次为2.1:1.6:1.0:4.6:7.2:11.2:17.5:42.9:4.8，笔者将此比例作为期望值与样本进行比较。基于我国传统，由于父亲的社会地位将对家庭的影响更加明显，因此，在此笔者对父亲所属阶层分布情况与全国的情况进行比较。假设中职学生父亲的阶层分布情况与全国的阶层分布情况无显著性差异，笔者应用卡方检验对样本进行非参数检验，将期望值设为上述我国十大阶层的分布比例，数据结果如表3－25和表3－26所示。

表3－25 中职学生父亲所属阶层卡方检验结果（一）

父亲所属阶层	观察值	期望值	残差
国家与社会管理人员	0	83.4	－83.4
经理人员	4	33.6	－29.6
私营企业主	0	20.3	－20.3
专业技术人员	24	96.5	－72.5
办事人员	38	151.1	－113.1
个体工商户	105	149.0	－44.0
商业服务业员工	37	235.0	－198.0

续表

父亲所属阶层	观察值	期望值	残差
产业工人	132	367.2	-235.2
农业劳动者	1 548	900.1	647.9
城乡无业失业半失业者	147	100.7	46.3
总计	2 035		

表3-25表明，在2 204个观察数据中，除去缺失值15个（单身母亲家庭），除去无法判断的154个，剩余2 035个数据，按照理论分布，2 035个十大阶层的人员期望值分别应为83.4、33.6、20.3、96.5、151.1、149、235、367.2、900.1、100.7；实际分布数据与期望值的差分别为-83.4、-29.6、-20.3、-72.5、-113.1、-44、-198、-235.2、647.9、46.3。

表3-26　中职学生父亲所属阶层卡方检验结果（二）

项目	父亲所属阶层
卡方	986.281[a]
自由度	7
显著性（Sig）.	0.000

a. 90单元格的（100.0%）的期望计数少于5。最小期望计数为10。

由表3-26中显示的是卡方统计量以及对应的概率p值，由于Sig=0.000＜0.05，其显著性水平明显小于0.05，所以应该拒绝原假设，即实际分布数据与期望值存在显著性差异，即中职学生父亲所属阶层分布与我国总体社会阶层分布存在显著性差异。

3.3.4.4　结论

由表3-22和表3-24可知，中职学生的父母亲所属阶层主要以中下层和底层为主（父亲中工人、农民、城乡无业待业者以及普通商业服务者占据84.6%，母亲中占此比例的则为87.6%），属于相对弱势群体，因此，中职学生资助政策主要补偿的是弱势群体，该政策体现了教育公平中的弱势补偿原则，促进了教育公平。

中等职业教育学生家长所属阶层与我国整体阶层分布有较大差异，由此可见，中等职业教育对于中下层及底层家庭具有更大吸引力。选择教育是为了让子女能够获得更好的工作和生活，父母均希望自己的子女能够通过接受教育获得向社会上层流动的机会。中职学生资助政策的实施对于选择中职教育的弱势家庭是一种经济补偿，但是，如果其子女通过接受这种教育无法获得稳定的工作，也就是说教育回报过低的话，即便是免费的中职教育，也会逐渐失去对弱势家庭的吸引力。因此，如何保证接受职业教育的学生获得较为稳定的工作以及较为可观的收入，进而促进中职毕业生向社会上层流动就显得更加重要。

3.4 中职学生资助政策是否优化了教育结构的实证研究

优化教育结构也是中职学生资助政策的重要政策目的之一，本节内容主要围绕中职学生资助政策实施之后是否优化了教育结构进行论证。

3.4.1 优化教育结构的内涵解析

界定教育结构的内涵，首先应对结构进行界定，追本溯源，当从结构的定义说起。“结构”一词，被广泛应用于各个学科，但如皮亚杰所言：“大家说到的种种‘结构’，所获得的含义越来越不同。”①

《辞海》认为，“结构有两种含义：一种是结构，即各部分的配合、组织，如物质结构、工程结构、文章结构，另一种是自然辩证法术语，同功能相对，指物质系统内各组成要素之间相互联系、相互作用的方

① 皮亚杰. 结构主义［M］. 倪连生，王琳，译. 北京：商务印书馆，1984：1.

式。”①这两种解释将其置于特定语境，比较容易理解。

结构是由社会中最具有持久性的成分（如价值观、规范、集体性和角色，等等）构成的。从系统科学的视角来看，笔者认为结构就是指系统中各组成要素或成分之间在时间或空间方面的有机联系与相互作用的方式或构成方式，它已舍去了作为动词用的构造、建构等含义，而是指系统的部分与秩序。②

依据以上关于结构的界定，笔者从系统科学的视角对教育结构进行界定，教育结构是指教育系统内部各组成要素之间在时间和空间上的有机联系与相互作用的方式或构成方式。具体说来，教育结构可以理解为教育系统中的各个子系统、各组成部分之间的排列、组合和结合方式，即教育纵向子系统的级与级之间的比例关系和相互衔接；教育横向子系统的类与类之间的比例关系和相互联系。③

教育结构是一个多维度、多层面、多元素的复杂结构。依据不同的标准可以划分为不同的种类，一般说来，教育结构包括教育投资结构、教育级别结构、教育类别结构等。教育投资结构，是指教育资源在各级各类教育之间进行分配的比例关系。教育级别结构主要指各级教育在校生数占全部教育系统在校生数的比例。教育类别结构是指各类教育学生数量占全部教育学生数量的比例，以及各类教育之间的比例关系。

优化教育结构就是通过一定的措施构建一个合理的教育结构，使之符合我国经济发展的人才需求结构和产业结构的比例关系。

《纲要》明确指出：“高中阶段教育是学生个性形成、自主发展的关键时期，对提高国民素质和培养创新人才具有特殊意义，到 2020 年，普及高中阶段教育，满足初中毕业生接受高中阶段教育的需求，根据经济社会发展的需要，合理确定普通高中和中等职业学校招生比例，今后一个时期总体保持普通高中和中等职业学校招生规模大体相当。加大对

① 《辞海编辑部. 辞海［M］. 上海：上海辞书出版社，1989：1317.

② 贝塔朗菲. 一般系统方法导论［J］. 自然科学哲学问题丛刊，1979（3）：1.

③ 闫建璋. 农村教育结构存在的问题及对策［J］. 河北职业技术师范学院学报：社会科学版，2003（4）：68–70.

中西部贫困地区高中阶段教育的扶持力度。”①

中等职业教育和普通高中教育是高中阶段教育的两种类型，依据教育结构的相关概念，本研究主要考察实施中职学生资助政策之后高中阶段教育结构的状况，即在高中阶段教育中，普通高中教育与中等职业教育之间的结构关系，且主要围绕教育投资结构、教育类别结构进行考察。

3.4.2 优化教育结构的实证分析

由于无法获得中职学生资助政策的总投资经费额度，因此，在全国范围内，笔者只能依据自 2009 年实施中职学生资助政策之后，国家公布的教育经费的有关数据进行测算。主要通过考察教育经费投资普职比例、普职在校生比例、普职师生比例进行比较和分析。同时，笔者将以 R 市为例，对中职学生资助政策实施之后，地方上高中阶段教育结构是否实现了优化进行个案研究。

3.4.2.1 中职学生资助政策实施后教育结构分析（全国范围）

1. 普职在校生比例（见表 3－27）

表 3－27 全国高中阶段教育 2000—2017 年各类学生所占比例

年份	学生人数/万人			所占比例/%		
	普通高中	中职教育	成人高中	普通高中	中职教育	成人高中
2000	1 201.3	1 229.5	32.4	48.8	49.9	1.3
2001	1 405.0	1 170.3	31.0	53.9	44.9	1.2
2002	1 683.8	1 172.5	33.5	58.3	40.6	1.2
2003	1 964.8	1 254.6	21.5	60.6	38.7	0.7
2004	2 220.4	1 409.2	19.4	60.8	38.6	0.5
2005	2 409.1	1 600.0	21.8	59.8	39.7	0.5
2006	2 514.5	1 809.9	17.5	57.9	41.7	0.4

① 国家中长期教育改革和发展规划纲要（2010–2020）[EB/OL]. http：//www. gov. cn/jrzg/2010–07/29/content_1667143. htm，2010–07–29.

续表

年份	学生人数/万人			所占比例/%		
	普通高中	中职教育	成人高中	普通高中	中职教育	成人高中
2007	2 522.4	1 987.0	18.1	55.7	43.9	0.4
2008	2 476.3	2 056.7	12.7	54.5	45.2	0.3
2009	2 434.3	2 178.7	11.5	52.6	47.1	0.2
2010	2 427.3	2 231.8	11.5	52.0	47.8	0.2
2011	2 454.8	2 205.3	26.5	52.4	47.0	0.6
2012	2 467.2	2 113.7	14.4	53.7	46.0	0.3
2013	2 435.9	1 923.0	11.1	55.7	44.0	0.3
2014	2 400.5	1 755.3	14.9	57.6	42.1	0.3
2015	2 374.4	1 656.7	6.6	58.8	41.0	0.2
2016	2 366.6	1 599.0	4.4	59.6	40.3	0.1
2017	2 374.5	1 592.5	3.9	59.8	40.1	0.1

由表 3－27 可知，自 2000 年之后，中职教育在校生比例增长呈现持续下降趋势，至 2004 年跌落谷底，之后逐渐缓步增长，但是始终没有恢复到 2000 年的比例水平。自 2005 年之后，国家不断采取相应措施推进职业教育发展，尤以 2007 年的助学金政策以及 2009 年开始推行的免学费政策为最直接的惠民政策，从以上增长趋势看，这些政策还是取得了一定的成效，2010 年，中职学生比例为近十年最高，此后一路下滑，至 2017 年降至 40.1%。

2. 普职教育经费增长情况

考察全国范围内中等职业教育经费情况，可以发现，中等职业教育的经费投入在 2008 年出现大幅增加，其中，国家财政性教育经费投入是 2007 年的 3.09 倍，预算内教育经费投入是 2007 年的 2.96 倍。比较国家财政教育经费，可以发现，普通高中始终高于中职教育，也即是说，从教育经费总量来讲，中职教育落后于普通高中。

生均教育经费是衡量教育经费投入的一个重要指标。生均教育经费是指一个国家教育财政总额分摊到全校在校学生（一般指普通学校）的数额。生均教育经费可以说明三个情况：

(1)表明平均每位学生的培养费用，即在毕业生同等质量的条件下，用于比较教育经费效益的情况。

(2)说明教育教学物质条件的装备水平，一个国家经济越是发达，财力越充足，用于教育的生均经费就会越多。

(3)体现了政府对教育的重视程度。①考察自2006年至2010年的生均教育经费情况，中职生均教育经费始终高于普通高中，职普之比最低为2006年和2010年的1.13:1，最高为2007年的1.24:1。由此可见，中职学生资助政策实施之后，中职和普高的生均教育经费并没有显著变化，详见表3-28。

表3-28 全国范围内普职教育经费一览表

年度	国家财政性教育经费/千元		预算内教育经费/千元		生均教育经费/元	
	中职	普高	中职	普高	中职	普高
2005	14 394 881	32 919 147	13 171 024	27 905 412	5 959.81	4 654.79
2006	16 592 193	40 782 634	14 913 333	34 532 681	6 197.57	5 005.48
2007	51 219 569	79 481 949	44 087 521	68 990 981	6 252.50	5 478.99
2008	68 227 144	96 124 200	58 554 921	83 789 224	7 278.99	6 258.78
2009	81 418 480	110 934 070	70 861 849	98 536 957	7 991.08	7 077.79
2010	96 828 258	132 183 501	83 251 935	117 585 796	8 708.81	8 120.05
2011	125 906 437	179 996 170	103 792 627	153 764 036	10 399.52	10 000.69
2012	155 990 852	231 700 647	129 090 031	198 840 787	12 371.12	11 990.96
2013	171 900 418	249 962 308	139 862 065	213 050 621	13 925.94	12 909.53
2014	164 733 251	261 919 171	154 070 730	243 995 330	13 983.07	13 481.50
2015	186 068 412	292 266 329	183 921 931	290 625 674	15 722.29	15 072.35

数据来源：教育部财务司、国家统计局社会和科技统计司. 中国教育经费统计年鉴(2006—2016)[M]. 北京：中国统计出版社，2006.

3. 普职生师比增长情况

考察全国范围内高中阶段不同类教育的生师比情况可以发现，自2003年以来，普通高中教育的生师比呈逐年下降趋势，至2017年，生

① 杨会良. 当代中国教育财政发展史论纲[M]. 北京：人民出版社，2006：49.

师比为 13.39；而职业高中的生师比呈逐年上升趋势，普通中专的生师比在三类学校中最高，直至 2009 年才开始有了明显下降。自 2010 年之后，中职生师比逐渐下降，至 2017 年为 18.98，是普通高中的 1.42 倍，详见表 3－29。

表 3－29　全国范围高中阶段教育各类学校生师比情况

<table>
<tr><th rowspan="2">年度</th><th colspan="2">中等职业学校</th><th rowspan="2">普通高中</th></tr>
<tr><th>职业高中</th><th>普通中专</th></tr>
<tr><td>2003</td><td>17.67</td><td>25.30</td><td>18.35</td></tr>
<tr><td>2004</td><td>19.10</td><td>28.13</td><td>18.65</td></tr>
<tr><td>2005</td><td>20.62</td><td>31.02</td><td>18.54</td></tr>
<tr><td>2006</td><td>22.16</td><td>31.67</td><td>18.13</td></tr>
<tr><td>2007</td><td>23.50</td><td>31.39</td><td>17.48</td></tr>
<tr><td>2008</td><td>23.47</td><td>31.27</td><td>16.78</td></tr>
<tr><td>2009</td><td>23.65</td><td>27.82</td><td>16.30</td></tr>
<tr><td>2010</td><td colspan="2">25.73</td><td>15.99</td></tr>
<tr><td>2011</td><td colspan="2">25.01</td><td>15.77</td></tr>
<tr><td>2012</td><td colspan="2">23.99</td><td>15.47</td></tr>
<tr><td>2013</td><td colspan="2">22.16</td><td>14.95</td></tr>
<tr><td>2014</td><td colspan="2">20.45</td><td>14.44</td></tr>
<tr><td>2015</td><td colspan="2">19.63</td><td>14.01</td></tr>
<tr><td>2016</td><td colspan="2">19.05</td><td>13.65</td></tr>
<tr><td>2017</td><td colspan="2">18.98</td><td>13.39</td></tr>
</table>

3.4.2.2　中职学生资助政策实施后教育结构分析——以 R 市为例

1. 高中阶段教育普职两类学生比例

考察 R 市自 2006 年以来的高中阶段教育各类学生比例，可以发现，2006 年，普职比相差较大，普通高中占据 73.02%，中等职业教育仅仅占据 26.98%；至 2013 年，普职学生比达到 1.17:1，形成近十年来最低数值，高中阶段的教育结构逐渐趋于平衡；之后普职比逐渐上升，至 2016 年，普职学生比达到 2.27:1，数值一路攀升，详见表 3－30 和图 3－6。

表 3-30　R 市高中阶段教育 2006—2016 年各类学生所占比例

年度	在校生人数/人			所占比例/%		
	普高	中职	总计	普高	中职	总计
2006	63 219	23 360	86 579	73.02	26.98	100
2007	56 849	24 112	80 961	70.22	29.78	100
2008	52 052	26 853	78 905	65.97	34.03	100
2009	46 390	31 716	78 106	59.39	40.61	100
2010	44 291	30 296	74 587	59.38	40.62	100
2011	45 574	33 505	79 079	57.63	42.37	100
2013	47 981	41 107	89 088	53.86	46.14	100
2014	49 111	40 391	89 502	54.87	45.13	100
2015	49 392	34 478	83 870	58.89	41.11	100
2016	50 419	30 258	80 677	62.49	27.51	100

注：以上数据包括技工学校。2012 年数据缺失，未列入。图 3-6、表 3-33 同。

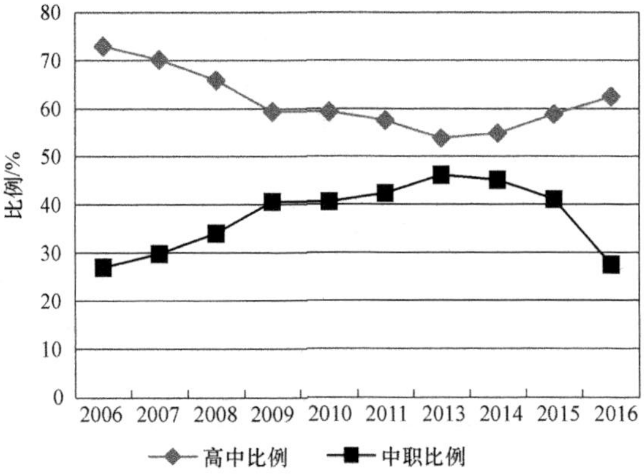

图 3-6　R 市高中阶段两类教育所占比例趋势

2. 普职教育经费增长情况

1）R 市教育经费总体情况分析

（1）国家财政性教育经费占国内生产总值的比例。

自 2007 年至 2016 年，全市国内生产总值由 629.58 亿元上升到 1 802.49 亿元，同期财政性教育经费收入（包括各级政府教育拨款、城市附加、各级政府征收用于教育的税费、企业办学经费和校办产业用于教育的经费）由 10.35 亿元上升到 44.94 亿元，占 GDP 的比例由 1.64%上升到 2.49%，中间 2011 年达到 2.52%，与国家规定的 4%的教育经费目标仍相差甚远，详见表 3－31。

（2）预算内教育经费占财政支出的比例。2007—2016 年，全市地方财政总支出由 46.19 上升到 205.05 亿元，2007—2011 年，预算内教育经费（含教育费附加）由 9.53 上升到 28.88 亿元，预算内教育经费支出占财政总支出的比例由 20.64%提高到 22.37%，详见表 3－31。

表 3－31　R 市教育经费收入一览表

年度	GDP（1）/亿元	国家财政性教育经费（2）/亿元	(2)/(1)/%	地方财政总支出（3）/亿元	预算内教育经费（含教育费附加）（4）/亿元	(4)/(3)/%
2007	629.58	10.35	1.64	46.19	9.53	20.64
2008	773.14	13.64	1.76	57.08	12.81	22.44
2009	860.00	15.31	1.78	72.89	14.64	20.09
2010	1 025.08	20.85	2.03	94.78	20.26	21.37
2011	1 214.07	30.55	2.52	124.35	28.88	22.37
2012	1 352.57	数据缺失	无	138.02	数据缺失	无
2013	1 500.16	32.10	2.14	158.24	数据缺失	无
2014	1 611.87	35.27	2.19	167.77	数据缺失	无
2015	1 670.80	40.91	2.45	185.39	数据缺失	无
2016	1 802.49	44.94	2.49	205.05	数据缺失	无

2）R 市普职生均教育经费比较与分析

生均教育经费是指教育财政总额分摊到在校生的数额。考察 R 市的生均教育经费增长趋势，可以发现，中等职业学校生均教育经费增长波动无规律，其在 2010 年增长率达到最高，增长率为 42.42%，在 2008 年增长率最低，为－13.08%；与此同时，普通高中的生均教育经费增长趋势较为稳定，始终呈增长趋势，增长率在 2009 年达到最高，为 85.80%，2008 年，其最低增长率也达到 33.40%，详见表 3－32。必须说明的是，2012 年之后的数据笔者没有掌握，所以数据缺失。

表 3-32 R 市普职学校生均预算内教育经费情况一览表（2007—2011 年）

年度	中等职业学校		普通高中	
	生均教育经费/元	增长比例/%	生均教育经费/元	增长比例/%
2007	3 689.4	6.73	1 255.9	50.36
2008	3 206.9	-13.08	1 675.3	33.40
2009	3 767.1	8.06	3 112.7	85.80
2010	5 364.9	42.42	4 524.8	45.37
2011	5 270.0	-1.77	6 559.1	44.96

3）普职生师比

考察 R 市的高中阶段教育生师比状况，发现中职教育的生师比最高在 2007 年，为 20.04，最低是 2016 年，为 17.23；普通高中的生师比最高为 15.26，最低为 10.68。中职教育的生师比始终高于普通高中的生师比，详见表 3-33。

表 3-33 R 市 2006—2016 年职普生师比一览表

年度	中职教育	普通高中
2006	数据缺失	15.26
2007	20.04	15.24
2008	18.57	11.57
2009	数据缺失	13.70
2010	18.83	13.33
2011	18.52	13.02
2013	19.37	13.20
2014	19.54	13.76
2015	18.68	12.94
2016	17.23	10.68

3.4.3 分析与讨论

3.4.3.1 研究结果

通过考察全国范围内以及 R 市的高中阶段教育两类学生比例、教育经费情况以及生师比情况，可以得出以下结论：

全国范围内的高中阶段教育学生比例自 2006 开始逐渐向 1:1 靠拢，但 2010 年中职学生比例升至定点之后，所占比例再次逐渐下降，普通高中始终处于优势地位；从教育经费总量上看，普通高中的国家财政性教育经费始终高于中职学校的，2007 年普通高中是中职学校的 2.46 倍，2010 年降为 1.36 倍，至 2015 年升为 1.57 倍，但由于普高学生始终高于中职学生，总量大合乎常理；从生均教育经费上看，中职教育始终高于普通高中，说明中职生培养确实比普通高中的投入大，但是超过甚少，离国际惯例尚有差距；从生师比情况来讲，普通高中生师比远远低于中等职业教育。

在 R 市范围内，高中阶段两类学生比例逐步趋于平衡，但是与全国相比较而言，还存在一定差距；全市教育经费总量呈逐年上升趋势，但离国家要求的 4%还有很大差距，从生均教育经费来看，中职学校的生均教育经费增长无规律可循，普通高中则一直呈增长趋势，至 2011 年，普通高中超过中职学校；中职学校的生师比远远高于普通高中。

将宏观数据和微观数据进行比较，就可以发现在教育结构上也存在一些共同问题。

（1）高中阶段普职比未达到 1:1，地方数据离 1:1 的要求还有很远；

（2）从教育经费总量来看，普通高中始终高于中职教育，但是生均经费则正好相反；

（3）中职教育的生师比远远高于普通高中。

3.4.3.2 讨论

许多研究结果表明，国际上许多国家的中职教育成本是普通高中教育成本的 3～10 倍，[①]我国近年来的教育经费逐渐增加，从生均教育经费上看，中职教育经费投入已经超过普通高中，但是尚不足 2 倍，离国际化还有距离。宏观数据表明，国家对于职业教育越来越重视，投资逐

① 邱小健. 构建促进教育公平的中等职业教育财政体制［J］. 教育科学，2010（4）：74–77.

渐增加。而考察微观数据则可以发现，职业教育经费投入呈现无规律波动，而地方政府对于发展职业教育并没有明确规划，其职业教育投入主要受当年国家政策影响，R 市的职业教育发展远远落后于普通高中发展。R 市是处于东部的一个地级市，该市的职业教育发展从概率上来讲应该代表了部分地级市的水平。

中职学生资助政策是对于学生家庭的直接经济补助，此项费用支出并不会导致中等职业教育经费投入的直接增加。因此中职学生资助政策对于优化教育结构的作用，主要体现为促进高中阶段职普学生比例的平衡，通过增加学生人数，促进中职教育的规模发展。但是结合前面的相关数据，笔者并未发现中职学生资助政策对于优化高中阶段教育结构的明显政策效应。究其原因，笔者未获得更加详细的有关数据，例如，西部地区、中部地区以及东部地区的分组数据，或者是西部某省市的数据，因此，无法进一步考察在中职学生资助政策范围较广的西部地区其政策效应如何。

3.5 利益相关者视角下中职学生资助政策成本—效益分析

成本—收益（benefit）分析和成本—效益（effectiveness）分析是公共政策分析的两种方法。两者的共同之处在于均既可以被前瞻性地运用，也可以被回溯性地运用。两者的起源不同，前者源于福利经济学研究，后者源于 20 世纪 50 年代早期美国国防部的工作。

成本—收益分析通过将政策的货币成本和总的货币收益量化进行比较，试图用统一的价值单位来衡量所有因素；而成本—效益分析使用不同的价值单位，成本可以用货币来计量，而效益则用单位产品、服务或其他手段来计量，成本—效益分析尤其适用于分析外部性和无形成本，且易应用。

本节将对中职学生资助政策的实施进行成本—效益分析，为了使分析更加明晰，笔者将对中职学生资助政策的利益相关者——政府、学校、受惠者三方各自的成本和收益进行分析。

3.5.1 政府的成本—效益分析

3.5.1.1 中职学生资助政策下政府的总成本分析

本研究将对政府近五年的中职学生资助政策（主要是免学费政策和国家助学金政策）进行成本—效益分析，锁定时间段为 2013 年至 2017 年（2018 年的相关数据尚未颁布）。研究中主要依据国家颁布的中职学生国家助学金政策和免学费政策相关要求对其总成本进行计算。由于政府的间接成本相对复杂，笔者在此只计算政府为资助政策投入的直接成本，不再详细计算其间接成本。

关于免学费政策的相关要求，依据财教〔2012〕376 号文件，自 2012 年秋季开始对中职学校的全部农村籍学生、涉农专业学生以及城市困难学生实施免费教育；依据《国家中长期教育改革和发展规划纲要（2010—2020 年）》，至 2020 年实现中职教育免费教育。[①]

关于国家助学金的相关要求，依据财教〔2012〕376 号文件，从 2013 年秋季学期起，将助学金政策覆盖范围调整为一、二年级涉农专业学生和非涉农专业家庭经济困难学生。中央财政按区域确定家庭经济困难学生比例，西部地区按在校学生的 20%确定，中部地区按在校学生的 15%确定，东部地区按在校学生的 10%确定。各省级人民政府应根据实际情况，合理确定本行政区域内家庭经济困难学生的具体比例。为切实减轻贫困地区中等职业学校学生的家庭经济负担，根据《中国农村扶贫开发纲要（2011—2020 年）》的有关精神，国家将六盘山区等 11 个连片特困地区和西藏、四省藏区、新疆南疆三地州中等职业学校农村学生（不含县城）全部纳入享受助学金范围。

---

① 国家中长期教育改革和发展规划纲要（2010—2020）[EB/OL]. http：//www. gov. cn/jrzg/2010-07/29/content_1667143. htm，2010-07-29.

免学费政策每年总成本=学费/生/年×享受免学费政策学生数

国家助学金政策每年总成本=助学金/生/年×享受助学金政策学生数

关于生均标准，依据相关政策可知，中职学生学费由于全国并不统一，所以，笔者采用全国平均学费水平，即每生每年 2 000 元；助学金按每生每年 1 500 元的标准计算。

关于受惠者数量，由于无法获取享受免学费政策和助学金的相关数据，只能依据文件规定进行估算，以获取直观感受。

1. 2013—2017 年政府为免学费政策投入总成本

投入总成本就是平均学费乘以享受政策学生人数。平均学费为 2 000 元/人，而享受政策学生人数需要进一步计算。计算此成本需要明确以下四个问题：

1）关于学生年级的确定

按照政策要求，“对因免除学费导致学校收入减少的部分，第一、二学年由财政按照享受免学费政策学生人数和免学费标准补助学校；第三学年原则上由学校通过校企合作和顶岗实习等方式获取的收入予以弥补，不足部分由财政按照不高于三年级享受免学费政策学生人数 50%的比例和免学费标准，适当补助学校。”所以，这里的人数依据历年教育统计数据按照比例进行计算，就可得到政策受惠学生数量。

2）关于涉农专业学生人数的确定

在实际调研中笔者发现，涉农专业学生大部分为农村户口学生，这就与农村籍学生总人数之间存在高度重复现象，因此，此项忽略不计。

3）关于农村籍学生所占比例的确定

至 2017 年全国共有中等职业学校 10 671 所，在校生 1 592.50 万人。据教育部职业技术教育中心研究所所长王继平介绍，2012 年，农村户籍学生占到中职学校在校生人数的 82%，近七成来自西部。[①]因此，笔者采用 82%的数字作为农村籍学生比例。虽然这个数字是 2012 年的数据，但是由于没有获取到其他数据，就以此数据作为参考。

① 教育部. 我国中等职业学校学生就业率超大学生［EB/OL］. http：//www.china.com.cn/education/news/2013-02/28/content_28080831. htm，2013-02-28.

4）关于城市家庭贫困生的确定

按照政策文件要求，城市贫困生的比例分别为东部5%、中部10%、西部15%，为了计算方便，笔者取其平均数字（即10%）作为全国范围内城市户籍贫困生的比例，计算方法就是用学生人数减去农村籍学生人数，然后乘以10%的比例所得出的数字。

综合以上，我们可以计算出每年享受政策的人数，进而计算出每年的免学费政策资金总数，2013—2017年合计总成本为89 022 468 000元（未考虑时间价值因素），详见表3-34。

表3-34 2013—2017年我国中职教育免学费政策资金预测

年度	一年级（1）	二年级（2）	三年级（3）	该年度享受政策的学生总数/人 [（1）+（2）]×82%+（3）×50%	免费总资金/元（2 000×人数）
2013	4 674 917	4 423 092	4 279 772	7 460 367+2 139 886=9 600 253	19 200 506 000
2014	4 327 533	4 162 894	3 995 548	6 962 150+1 997 774=8 959 924	17 919 848 000
2015	4 246 004	3 885 405	3 785 294	6 667 755+1 892 647=8 560 402	17 120 804 000
2016	4 666 663	4 148 824	3 850 271	7 228 699+1 925 136=9 153 835	18 307 670 000
2017	4 037 285	3 822 101	3 584 246	6 444 697+1 792 123=8 236 820	16 473 640 000
合计					89 022 468 000

注：① 免费资金未考虑时间价值；
② 数据来源：教育统计数据 http://www.moe.gov.cn/s78/A03/moe_560/jytjsj_2017/。

2. 2013—2017年政府为助学金政策投入总成本

关于中职学生助学金的投入资金，主要采用中国教育经费统计年鉴中的统计数据，自2013年至2017年，国家对中等职业学校的助学金投入费用分别为 12 696 668 000 元、13 456 683 000 元、9 131 550 000 元、9 504 746 000元、9 366 636 000万元，则总投入经费为54 156 283 000元。

将2013年至2017年的免学费资金和助学金资金相加，则中职学生资助政策政府总成本约为人民币143 178 751 000元。

3.5.1.2 学生资助政策下政府的总效益分析

我们不能用计算投资收益率的办法计算免费政策所带来的收益，因为，中职学生资助政策所带来的效益是无法用资金衡量的。对于政府来讲，实施中职学生资助政策将会带来以下效益：

1. 效益之一：促进经济增长

政府为中职学生提供免费教育的目的之一就是促进我国经济增长。杭永宝在其研究中发现：

（1）目前，我国经济发展仍然属于粗放式增长模式，以资源消耗为发展代价，而教育对于经济的贡献率相对较低，但是我国人口的人均受教育年限在快速增长，因此，教育对于经济发展的贡献也在不断提高。

（2）职业教育对经济增长的贡献相对份额最高，详见表 3－35，但其经费投入增长却相对较低，而且，职业教育发展较慢使其对经济增长的贡献出现下降趋势，这直接影响了教育对经济的贡献，因此，大力推动职业教育的内涵建设、提高职业教育的质量是教育经济协调发展的关键。①

表 3－35　我国各类教育对经济增长贡献率和人均教育年限

指标	小学	初中	普高	中职	高职	本科以上	教育整体
1993—2003 年贡献率/%	0.148	0.612	0.507	1.910	4.169	1.750	9.096
1993—2004 年贡献率	0.155	0.643	0.453	1.859	4.038	1.922	9.071
1993 年人均教育年限/年	5.1	1.452	0.273	0.132	0.045	0.032	7.035
2004 年人均教育年限/年	5.629	1.992	0.336	0.282	0.174	0.055	8.468
人均教育年限年增长率/%	0.901	2.916	1.906	7.145	12.946	5.069	1.700

依据以上研究结论，促进职业教育发展是提高教育对经济增长贡献率的重要措施，发展职业教育的最直接目的是满足社会经济发展的需要。政府通过大力实施中职学生资助政策，可以吸引更多的人选择接受职业教育，从而首先从数量上形成一定的规模，以满足社会对技术人才的需要。中职学生资助政策虽然对于促进经济增长没有直接性作用，但却能从根本上解决经济增长中人力资本欠缺的问题。

① 杭永宝. 职业教育的经济发展贡献和成本收益问题研究［M］. 南京：东南大学出版社，2006：106.

2. 效益之二：人力资本素质的提高

在经济高速发展的过程中，人们越来越重视人力资本投资。我国自20世纪90年代以来，虽然逐渐加大了对教育的直接投入，也制定了相应的教育经费投入目标（占国家GDP的4%），多年过去了，已完成国家提出的目标，而这个目标与发达国家相比较，并不属于高水平。目前我国各行各业的发展需要大量的中等或高等职业技术人才。依据制定教育投资政策要联系社会需求的原则，我国的教育投资应向初等教育、中高等职业教育倾斜，但实际情况是，近些年国家大力投资发展高等教育，教育投资在初等、中等、高等三级教育中输送的比例严重失调。①

目前，我国的人力资本状况主要有以下几个特征：

1）人力资源总量较大，但是人力资本水平较低

依据2000年全国人口普查的有关数据，可以发现在我国接受高中及以上教育的人口仅占14.76%，在全国15～59岁的劳动年龄人口中，初中以下的劳动力比重高达91.2%，至2005年，初中以下的劳动力比重为73.2%，人力资本水平仍然处于较低水平。

2）城镇居民和农村居民之间的人力资本差异较大

依据第五次人口普查的有关数据，“在我国农村劳动力人口中，具有高中及以上受教育水平的人口比重仅为8.46%，与城市人口相比，低了35%，整体说来，城市人力资本积累目前基本处于中等和高等教育阶段，而农村人力资本积累尚处于基础教育和初等教育阶段。”②

3）人力资源结构性比例失衡

按照一般的国际标准，国家现代化的标志是：“一是十二年义务教育；二是高中阶段教育的入学率达到80%～90%。高中文化程度人口比例偏低是教育两极分化的预警信号，必须防止高中教育成为人力资本结构性比例失调的分水岭。”③

① 石践，罗佳. 中国教育投入回报率及与其他发展中国家的对比［J］. 华章，2011（13）：123.

② 我国首次公布教育与人力资源报告［EB/OL］. http://www.edu.cn/zong_he_news_465/20060323/t20060323_67918.shtml，2003-02-14.

③ 孔铮. 教育对人力资本积累及就业的影响［J］. 教育与经济，2008（1）：12-16.

4）农村人力资本存量严重不足

一直以来，我国的教育投资政策在城乡之间存在巨大的差异性，同时随着我国城市化进程的速度加快，农村劳动力不断涌向城市，由于这种人口流动属于单向流动，导致农村人力资本存量进一步下降，同时，农村缺乏留住人才的机制和环境，使得农村经济建设相对滞后，越是经济不发达的地区，人力资本越少，越是经济发展较快的地区，则人力资本越多。

这些特征（既存问题）导致我国人力资本无法跟上社会经济发展的步伐，导致我国劳动力整体素质及水平过低，若要解决以上问题，就离不开中等职业教育的介入。

（1）人力资本水平过低以及人力资源结构性比例失衡都需要提高我国人民的受教育年限，而中等职业教育作为高中阶段教育中的重要组成部分，是政府发展教育必不可少的环节。结合前面的研究，中职学生资助政策对于往届毕业生以及社会人员的吸引力较强，再加上中职入学的零门槛，可以让许多失去高中阶段教育入学机会的人重返校园，接受继续教育，这对于人力资本的发展无疑具有巨大的推动作用。当中等职业教育能够吸引更多的往届毕业生以及社会人员进入学校接受再教育时，中等职业教育在提高我国从业人员的基本素质和技能水平方面的作用是普通高中无法比拟的。

（2）我国农村人力资本的存量不足且城乡差异过大，而保证农村人力资本的正常发展，进而减少城乡差异的重要措施就是发展职业教育。通过中职学生资助政策将更多的农村人口吸引到职业教育领域，对其进行正规的素质培养和技术训练，一方面，可以提高农村人口的整体受教育水平，为当地经济发展提供更高素质的人力储备；另一方面，当地经济发展了，就会吸引更多的劳动力留在本地寻求发展，从而形成良性循环，进而可以减少城乡差异。

3. 效益之三：降低青少年的犯罪率

中等职业教育的生源主要是 15～22 岁的青少年，而这部分青少年的学业成绩并不理想，或者说他们本身对学习并不感兴趣，这部分孩子到社会上，由于其心智并未成熟，很容易走入邪路，从一定程度上来讲，是社会的一大隐患。

笔者在东西中部的调研中，很多教师谈到了这个问题，浙江省某中职学校的一名教师在谈到中职教师的成就感时说道："在中职学校做老师，根本就不太会有成就感，学生的基础太差，也不愿意学习，我觉得我们就是来看孩子的，我们的任务就是看着这批孩子，别出事就行。社会和政府应该感谢我们，因为，我们降低了社会犯罪率。"

这位教师的看法获得了很多教师的认同，无论年龄，无论地域。贵州省某中职学校负责学生管理的教师，在谈到家长送孩子就读职业教育的初衷时说："我们这边老百姓很穷的，在免学费之前，家长出于经济原因的考虑，他们会让孩子打零工，这样既可以省下学费，还可以挣点钱补贴家里；中职实行免费之后，很多家长会选择将孩子送到学校读书，因为免除学费，家里的负担就小一点了，哪有家长不愿意孩子继续读书的。而且，把孩子送到学校之后，学校帮家长看着孩子，家长更加放心。"

由此可见，中职学生资助政策通过对家长进行经济补贴，增加了家长送孩子进入中职学校的入学意愿，间接降低了社会上青少年的犯罪率。当然，关于这部分研究还需要更多的证据进行证明，而这又是一个比较复杂的研究问题。

3.5.2 个人的成本—效益分析

3.5.2.1 中职学生资助政策下中职学生及其家庭的成本分析

这里讨论的成本不是中职学生接受教育的全部成本，而是学生及其家庭在学生就学期间所要承担的教育成本，即个人承担的教育成本。这部分成本可以包括学生及其家庭为了完成教育培养所支付的所有费用，既包括直接成本，也包括间接成本。

1. 直接成本

直接成本又称为显性成本，是指在教育过程中直接发生的、由接受教育的个人及其家庭所支付的投资成本，例如支付的学费、住宿费、生活费、教材费、实习实验费，等等。

依据以上定义并结合实际情况，我们可以得知直接成本的计算公式如下：

直接成本=学费+住宿费+生活费+教材费+其他

1）在中职学生资助政策实施之前的教育成本支出计算

学费：由于全国的学费水平不一样，东部一般每年的学费水平都高于 2 000 元，而西部每年的学费水平往往不足 2 000 元，因此，为了方便计算，学费水平取全国标准，即每年 2 000 元；

住宿费：这个费用各个学校之间不一样，在笔者调研中，东部地区的住宿费一般在 800 元/年左右，而西部的住宿费往往在 400 元/年左右，为方便计算，这里取其平均数即 600 元/年计算；

生活费：在调研样本中，学生每月生活费分布情况如表 3－36 所示，58.9%的学生其每月生活费用在 150（含 150）～500 元，有 31.1%的学生每月生活费在 150 元之下。为方便研究，在此笔者取众数作为学生的每月生活费，即 150（含 150）～500 元，为了统一计算单位，笔者再取 150（含 150）～500 元的中位数 325 元作为学生每月的生活费，再将其乘以 10 个月，就是其在校期间的每年生活费，即 3 250 元整。

表 3－36　中职学生每月生活费

样本类型	每月生活费/元	频次	百分比/%	有效百分比/%	累积百分比/%
有效样本	150 以下	685	31.1	31.3	31.3
	150（含 150）～500	1 299	58.9	59.3	90.6
	500（含 500）～800	169	7.7	7.7	98.4
	800（含 800）～1 000	20	0.9	0.9	99.3
	1 000（含 1 000）以上	16	0.7	0.7	100.0
	合计	2 189	99.3	100.0	—
缺失样本	—	15	0.7	—	—
总计		2 204	100.0	—	—

教材费：教材费学校之间、专业之间均不同，但是每年学生上交的教材费大约为 200 元，因此，教材费按照 200 元/年计算。

其他费用：除以上主要费用之外，学生在中职学校就读期间，为了完成教育，还需要为此支付一些不经常发生的费用，例如，技能培训费、实验实训耗材费等，当然这部分费用因学校和专业不同而不同，并没有固定的数字，依据访谈中的结果，暂取 100 元/年计算。

中职学生资助政策实施之前的直接成本=2 000+600+3 250+200+100=6 150（元）

以上费用是学生及其家庭为接受职业教育所支付的直接成本。学费支出占据全部支出的 31.5%，生活费支出占据全部支出的 51.2%。

依据 2017 年我国统计数据，我国城镇居民家庭人均可支配收入约为 36 396.2 元，农村居民家庭人均纯收入约为 13 432.4 元，一个中职学生一年的教育直接成本占到城镇居民人均可支配收入的 16.9%，占到农村居民家庭人均纯收入的 45.8%。而依据调研结果，样本中有 92%的学生为农村户口，由此可知，中职学校的学生每年所支付的直接成本已经为大部分学生家庭带来了负担。

2）在中职学生资助政策实施之后的学生直接成本

2012 年秋季，政府在扩大免学费政策范围的同时，将助学金政策的享受范围重新做了界定，教财〔2012〕376 号文件中明确规定：“从 2013 年秋季学期起，将助学金政策覆盖范围调整为一、二年级涉农专业学生和非涉农专业家庭经济困难学生。”由此可见，助学金政策的享受范围大大缩减，逐渐回归其助学的本意，因此，不享受与享受助学金政策的学生所支付的直接成本计算公式如下：

① 中职学生资助政策实施之后的每生每年直接成本=600+3 250+200+100=4 150（元）

② 中职学生资助政策实施之后的每生每年直接成本=600+3 250+200+100－1 500=2 650（元）

注意：① 为不享受助学金政策的学生所支付的直接成本；② 为享受助学金政策的学生所支付的直接成本。

其中，① 所占据的比例西部约为 80%，中部为 85%，东部为 90%；② 所占据的比例西部约为 20%，中部为 15%，东部为 10%。

2013 年之后，对于全国 85%的学生来讲，他们在接受中职教育时需要支付 4 150 元的直接成本，这个数字比免学费之前的 4 650 元降低了 500 元；对于全国 15%的学生来讲，他们所要支付的直接成本为 2 650 元，这个数字比免学费之前的 4 650 元降低了 2 000 元，且实际上这部分学生的比例远远超过了政府规定的比例，因为很多地方政府均扩大了免学费和助学金范围。①和②分别占到城镇居民人均可支配收入的 11.4%和 7.3%，占到农村居民家庭人均纯收入的 30.9%和 19.7%，与资助政策实施之前相比较，有明显下降，尤其对于 15%的特困生来说，明显降低了其经济负担。可以说，单从直接成本来看，国家推行中职学生资助政策明显降低了中职学生及其家庭所承担的教育成本。

2. 间接成本

间接成本又称为隐形成本。在本研究中，主要是指中职学生选择接受职业教育而放弃的其他收入，即所谓的机会成本。中职学生面临的机会成本主要有两种情况：一种是选择中职教育而放弃就业的机会成本；另一种是选择中职教育而放弃进入普通高中就学的机会成本。

1）选择中职教育而放弃就业的机会成本

这部分机会成本发生在大多数中职学生身上，即在就读中职学校和踏入社会工作之间进行选择。因此，初中毕业生的年收入就是此机会成本。依据相关研究，初中毕业生的年收入大约在 14 000 元，即可将此看作是选择职业教育的机会成本。①

2）选择就读中职教育放弃进入普通高中的机会成本

这部分机会成本只发生在极少数中职学生身上，即那些学习不错，但是由于各种原因（例如经济原因）而放弃了普通高中，从而进入中职院校就读的学生身上。这部分机会成本较难用货币单位计算，因为这里面牵扯到更多的可能性选择，具体见表 3－37。

---

① 孔杰. 救助政策下的中职教育成本—收益分析［D］. 武汉：华中科技大学. 2008：25.

表 3－37　选择中职教育和普通高中教育之后的发展图表

时间	中职教育			普通高中教育			
3 年后	工作	升入高职/5%		升入高等教育/40%			
3 年后			工作	高职学生工作	继续就读		
4 年后					工作	硕士研究生	
3 年后						工作	博士研究生
3 年后							工作

由于第二种机会成本过于复杂，而且这种情况在中职学生中只占极少数，因此，笔者将这种机会成本忽略不计。

通过对直接成本和间接成本的计算可以获知，中职学生选择中职教育的成本大约为直接成本（每生每年 4 150 元或 2 650 元）加上间接成本（14 000 元），其总成本每生每年约为 18 150 元或 16 650 元。

3.5.2.2　中职学生资助政策下学生及其家庭的效益分析

1. 效益之一：学生家庭获取直接经济补贴

免学费政策和助学金政策是对学生的直接资助，按照政策规定，资金是通过学校直接划拨到学生手中的，这种直接资助可以切实减轻学生家庭的经济负担，对于老百姓来说，是最直接的经济效益。

2. 效益之二：学生继续接受教育，提高整体素质

中职学生资助政策可吸引学生进入中职学校就读，继续接受教育，虽然中职教育目前还存在很多问题，例如教学质量不高、师资水平较差等诸多问题，但是学生在学校里面毕竟可以接受较为正规的素质教育和专业训练，这对于提高学生的综合素质大有裨益。这一点通过和学生的访谈可以得到验证，有同学认为，“三年的在校生活，虽然表面上总觉得没有学到东西，但是等到了毕业的时候才发现，在（学校）里面潜移默化地还是学到了很多，例如怎么和人打交道，而且在专业方面也有了很大的提高。现在想想，如果当初在社会上混，可能就找不到方向，就是瞎混，而现在毕竟有自己的专业，起码挣钱养活自己是没问题的。”

3. 效益之三：可以促进学生更好地就业

就业是民生之本。2012 年 2 月 27 日，教育部发布《中国中等职业

学校学生发展与就业报告》，这是国内第一份专门聚焦中职学生发展和就业情况的报告，报告显示，中职毕业生就业率超过95%，已经高于目前大学生的就业率。[①]

“2007－2011年，中职毕业生就业率一直保持在95%以上，高于普通高校毕业生的平均就业率（根据人力资源和社会保障部的统计，2009年、2010年、2011年普通高校毕业生的平均就业率分别为87%、90.7%和90.6%）”。[②]2015年，全国中等职业学校毕业生为515.47万人，就业人数为496.42万人，就业率为96.30%。对口就业率为77.60%。[③]可以说，中职毕业生的就业形势发展良好，就业前景远远好过大学生，这对于选择中职教育的学生来讲是一大优势。

但是就业率的统计指标仅仅为是否就业，而就业质量如何还需要进一步分析。就业质量不高的主要表现在于：“绝大多数毕业生是低薪就业，部分学生经过学校多次安置后，学校不再承担安置责任，学生再就业困难等。”[④]究其原因，主要还是因为中职教育的培养质量问题，中职毕业生所掌握的理论知识不足，实践技能缺乏，无法达到用人单位的要求，且中职教育缺乏对学生的个性化培养，这些都导致中职学生就业质量偏低。

3.5.3 实施中职学生资助政策之后中职学校的成本—效益分析

3.5.3.1 中职学校的成本分析

1. 因为实施中职学生资助政策而增加的人力资本和管理成本

中职学生资助政策的使用资金属于政府教育投资，从原则上讲，中

① 2012全国中等职业学校学生发展与就业报告［EB/OL］. http：//cq.people.com. cn/news/2013318/2013318942229787382. htm

② 同上。

③ 2015全国中职就业率达96. 3%［EB/OL］. http：//www. moe. gov. cn/jyb_xwfb/s5147/201602/t20160226_230668. html

④ 中职何以就业率高认可度低？［EB/OL］. http：//www. anhui. cc/news/20130301/842995. shtml，2013-03-01.

职学校不需要投入任何资金。学校的投资主要是为了贯彻中职学生资助政策而进行的人力资本投入和管理成本的增加。

助学金政策和免学费政策并不是简单地学生一入学即实施，而需要经过以下流程：上报学生名额→主管部门审批→制定分配制度→学生名额分配→筛选→公示→上报→审批→拨款。这些环节均是学校的主要工作，从管理制度的制定到落实，均不可避免地由学校教师承担，为教师增加了额外的工作量。同时，由于直接涉及资金资助，学生及家长对该政策的敏感度和关注度较高，这也加大了学校的管理责任。

2. 中职学生资助政策实施之后学校办学成本增加

依据笔者对几所学校的调查，中职学生资助政策实施之后，为学校带来了更多的学生，招生规模逐渐扩大，必然导致教育资源消耗的增加。学校为了应对此种情况，并保证教育教学质量，必然要扩张师资队伍、建设实训基地等，而这些均是不小的开支和投入，增加了学校的办学成本。

3.5.3.2 中职学校的效益分析

1. 效益之一：通过实施中职学生资助政策，稳定招生规模

对于中职学校来讲，实施中职学生资助政策最直接的效益就是促进招生。中职学校将中职学生资助政策和助学金政策等重要资助政策在招生时予以宣传，确实取得了一定的成效，这在笔者的校长访谈中得到了证实，详见第 4 章第 3 节。虽然在全国范围内学生人数下降，但是学校数量也在减少，中职学生资助政策虽未能促进中职学生总量扩大，但是对于学校来讲，算是稳定招生的重要因素。

2. 效益之二：通过实施中职学生资助政策，促进了校企合作和工学结合

在中职学生资助政策中，除去国家助学金和免学费政策外，通过工学结合、校企合作等获取经济收入也是其重要的组成部分，这就要求学校要积极促进校企合作，为学生创造实习机会，进而提高学校的实践教学质量。

3.6 本章小结

本章主要对中职学生资助政策实施以来是否实现了其政策目标和政策目的进行实证分析。

1. 考察中职学生资助政策是否实现了其政策目标的实证分析

由于收集数据较为困难，笔者主要以 R 市以及 R 市的 Z 学校为例进行分析。结果显示，免学费政策的政策目标从未完全实现到基本实现，历经从制度缺失到不断完善的发展历程。前期的政策目标未实现，其主要原因在于政府经费拨放不足和学校执行不到位，其根本原因在于缺乏制度规范。随着资助政策的不断完善，政策目标也基本实现。

2. 考察中职学生资助政策是否促进了职业教育吸引力的实证分析

笔者主要从两个方面（既有吸引力和潜在吸引力）对中职学生资助政策是否提高了职业教育吸引力进行分析，对于既有吸引力的测算主要是考察职业教育学生的增长程度，研究发现，中职学生资助政策对于初中应届毕业生生源的政策效应并不显著，而对于非应届毕业生的生源则更具有吸引力。对于潜在吸引力的测算主要考察中职免费教育对于初三学生的吸引力程度，调研发现，免费职业教育对于初三毕业生的吸引力并不强。总体说来，免费职业教育对于农村籍学生、成绩较差学生具备较强吸引力。

3. 考察中职学生资助政策是否促进了教育公平的实证分析

笔者主要从两个维度进行考察：维度一：中职学生资助政策是否促进了教育机会公平；维度二：中职学生资助政策是否体现了弱势群体补偿原则。关于维度一的研究显示：中职学生资助政策会增加适龄学生进入高中阶段教育的机会，尤其是会促进低阶层学生的高中阶段教育入学率，但是，即便中职学生资助政策已经全面实施，即便全国仍旧实施普职比相当的政策，但是中职教育依然是弱势一方，自 2013 年以来，中职生规模在高中阶段中的占比逐渐降低；普高学生与中职学生在由高中阶段升入高等教育的机会方面差异较大，存在明显不公平，但是中职学生资助政策无法改变这种现状。关于维度二的研究显示：中职学生的父母亲所属阶层主要以中下层和底层为主，属于相对弱势群体，因此，如果中职学生资助政策主要补偿的是弱势群体，可以说，中等职业教育学生资助政策体现了教育公平中的弱势补偿原则，促进了教育公平。

4. *考察中职学生资助政策是否优化了教育结构的实证分析*

笔者主要从宏观和微观两个层面考察高中阶段教育学生比例、教育经费投入以及生师比三个方面的数据。从全国范围来看，在政策推行之初，高中阶段职普学生比例曾经趋近于1:1，但是自2012年之后，普职之间比例差距逐渐拉大，2017年趋近6:4。从R市的数据看，离1:1的要求还有很大的距离；从教育经费投入总量看，普通高中始终高于中职教育，但是生均教育经费则呈相反状况；从近几年的生师比数据看，中职教育的生师比远高于普通高中。中职学生资助政策是国家对于学生的直接经济补助，并不会引起教育经费投入的直接增加，从目前看来，中职学生资助政策对优化教育结构并没有明显的效果。

5. *从政府、学生和中职学校三个角度对中职学生资助政策进行成本—效益分析*

实施国家助学金和免学费政策，政府需要为此支付大笔资金，2013—2017年，大约需要投资人民币共89 022 468 000元；而政府的效益主要是：通过提高人力资本素质，进而促进我国的经济增长，同时，可以降低青少年的犯罪率，提高社会治安。对于个人来讲，实施国家助学金和免学费政策之后，学生个人的直接教育成本明显下降，大约为每人4 150元或2 650元，而间接成本主要表现为直接就业的机会成本，约为每生每年14 000元，其总成本约为每生每年18 150元或16 650元；个人的效益（此处效益与收益同义）主要是：学生家庭可以获取直接经济补贴，即学费资金补贴，学生可以继续接受教育，提高个人总体素质，同时，通过中职教育可以促进学生更好地就业。对于学校而言，实施助学金和免学费政策之后，其所付出的成本主要是人力资本和管理成本，以及由于政策效果（增加学生招生人数）所增加的办学成本；其最大效益就是稳定招生规模。

4　中职学生资助政策的依赖性分析

政策的合法性和可行性，都要依赖于人和组织，对政策的依赖性进行分析的目的是通过辨别不同的参与者并获取他们对于政策的支持意愿，以确保政策的合法性，确保政策的实施可以获得合作和协调。

政策的实施依赖于整个政策实施过程的参与者，不同的参与者或组织有自己的价值观以及分辨轻重缓急的标准，他们对某个政策的接受程度和着急程度会依据其投入的资源或者可以获得的利益而不同，政策的成功实施依赖于他们的合作意愿和能力。同时，政策是实施在某些人或某些组织的身上，这些人和组织就是政策的承受者，成功的政策实施依赖于这些人和组织的适当反应。

中职学生资助政策的利益相关者主要包括政府、学校、学生、教师，政策实施是否达到既定目标和目的，取决于他们对于政策的理解程度、接受程度和认可程度。本章主要考察政策参与者教师和学校对于中职学生资助政策的接受程度和认可程度，考察政策的受惠者中职学校学生对于中职学生资助政策的认可程度。由于获取资料的途径有限，教育行政管理人员不在考察范围之内，但是在其他章节的论述之中，会有相关论述。鉴于获取资料的方式不同，本章将采用不同的研究方法对不同群体进行分析。

4.1 中职学校学生对中职学生资助政策的支持度分析

中职学校学生是资助政策的承受者，是该政策的直接受惠者，他们对于资助政策的认可程度直接关系到政策存在的合法性。本节主要分析和讨论中职学校学生群体对于资助政策的认可程度。

4.1.1 研究方法

4.1.1.1 研究目的和抽样方法

为了调查中职在校学生对资助政策的认可程度，笔者采用整群抽样的方法对 8 所中职学校的在校生进行了问卷调查，共发放问卷 2 210 份，回收有效问卷 2 204 份，其中，男生 975 人，占据 44.2%，女生 1 229 人，占据 55.8%；东中西部的样本分布情况如表 4－1 所示。

表 4－1　中职学生地理位置分布情况

地区	问卷/份	百分比/%	有效百分比/%	累积百分比/%
东部	1 420	64.4	64.4	64.4
中部	299	13.6	13.6	78.0
西部	485	22.0	22.0	100.0
总计	2 204	100.0	100.0	

4.1.1.2 问卷设计与处理

对中职学生的调研问卷，主要包括两大部分：第一部分为调研对象的基本信息，即其背景变量；第二部分是学生对资助政策的态度，采用李克特 5 级量表形式，主要调查中职学生对于中职学生资助政策的支持程度（以下简称支持度）。对于调研结果，笔者采用 spss20 统计软件以及 Excel2010 表格软件进行统计分析。

4.1.2 统计结果与分析

4.1.2.1 样本基本信息

1. 农业户籍与非农业户籍学生比例

在样本中，农业户籍学生共 2 026 人，占据样本总量的 91.9%；非农业户籍学生仅有 178 人，占据样本总量的 8.1%。

2. 中职学生家庭收入状况

在此项目中，有效样本为 2 179 人，有 25 人未填写。在有效样本中，按照占据比例从大到小的顺序排列：家庭月收入在 1 000（含 1 000）～3 000 元的共有 1 141 人，有效比例为 52.4%；家庭月收入在 1 000 元以下的共有 693 人，有效比例为 31.8%；家庭月收入在 3 000（含 3 000）～5 000 元的共有 242 人，有效比例为 11.1%；家庭月收入在 5 000 元以上的共有 102 人，有效比例仅为 4.7%，详见表 4－2。

表 4－2 中职学生家庭月收入情况

样本类型	家庭月收入/元	问卷/份	百分比/%	有效百分比/%	累积百分比/%
有效样本	1 000 以下	693	31.4	31.8	31.8
	1 000（含 1 000）～3 000	1 141	51.8	52.4	84.2
	3 000（含 3 000）～5 000	242	11.0	11.1	95.3
	5 000（含 5 000）～7 000	63	2.9	2.9	98.2
	7 000（含 7 000）～10 000	22	1.0	1.0	99.2
	10 000（含 10 000）以上	17	0.8	0.8	100.0
	合计	2 179	98.9	100.0	
缺失样本		25	1.1		
总计		2 204	100.0		

3. 中职学生父母亲的学历情况

在中职学生父母亲文化程度一项中，学生父亲的文化程度主要集中分布于初中，其有效比为59.5%。详见表4－3；母亲的文化程度主要集中分布于初中和小学，有效比例分别为52.3%和37%，详见表4－4。

表4－3　中职学生父亲文化程度

样本类型	学历	问卷/份	百分比/%	有效百分比/%	累积百分比/%
有效样本	小学及以下	356	16.3	19.4	19.4
	初中	1 094	49.6	59.5	78.9
	高中	331	15.0	18.0	96.9
	大专	41	1.8	2.3	99.2
	大学本科及以上	16	0.7	0.9	100.0
	合计	1 840	83.5	100.0	
缺失样本	—	364	16.5		
总计		2 204	100.0		

表4－4　中职学生母亲文化程度

样本类型	学历	问卷/份	百分比/%	有效百分比/%	累积百分比/%
有效样本	小学及以下	678	30.8	37.0	37.0
	初中	959	43.5	52.3	89.3
	高中	174	7.9	9.5	98.7
	大专	14	0.6	0.8	99.5
	大学本科及以上	9	0.4	0.5	100.0
	合计	1 834	83.2	100.0	
缺失样本	—	370	16.8		
总计		2 204	100.0		

4.1.2.2　对学生资助政策的支持度

在对中职学生资助政策的态度方面，对该政策的推行持完全支持态度的有1 719人，有效比例为78.7%；持比较支持态度的有172人，有效比例为 7.9%；还有 10.2%的人持不确定态度；其余持不支持态度的仅占 3.2%。从总体来看，学生对资助政策的支持率较高。为了了解不同的学生群体对资助政策的态度，以及哪些因素造成了态度差异，笔者主要从户籍、家庭月收入、地理位置等因素进行统计分析。

1）考察性别因素是否是造成学生对资助政策支持度差异的影响因素

通过对样本进行独立样本 T 检验，发现男女生之间存在显著性差异（方差不齐性，T=－2.726，Sig=0.006＜0.05，详见表 4－5），由此可知，性别因素是学生对资助政策支持度的影响因素，女生对资助政策的支持度更高。

表 4－5　学生问卷性别变量独立样本 T 检验

项目	Levene's 方差齐性检验		均值差异 T 检验						
	F 值	显著性（Sig）	T 值	自由度	显著性（双尾）	均值差	标准误	95%置信区间	
								下界	上界
假定方差齐性	31.507	0.000	－2.785	2 166	0.005	－0.103 57	0.037 19	－0.176 50	－0.030 64
不假定方差齐性			－2.726	1 846.845	.006	－0.103 57	0.038 00	－0.178 09	－0.029 05

2）对农业户籍和非农业户籍的支持度进行差异检验

通过对样本进行独立样本 T 检验，笔者发现农业户籍学生和非农业学生之间不存在显著性差异（方差齐性，T=－735，Sig=0.463＞0.05），由此推断户籍因素并没有影响到中职学生对资助政策的支持度选择。

3）对不同家庭月收入群体进行差异检验

通过对样本进行单因素方差分析，笔者发现不同家庭月收入学生群体之间存在显著性差异（F=2.710，Sig=0.019＜0.05，详见表 4－6），由此可知，经济因素是影响中职学生对资助政策态度的因素之一。对样本进行 LSD 检验，发现家庭月收入在 1 000 元以下的样本与家庭月收入在 3 000（含 3 000）～5 000 元、5 000（含 5 000）～7 000 元、10 000（含

10 000）元以上的样本均存在不同程度的差异，月收入在 1 000（含 1 000）～3 000 元的样本与 5 000（含 5 000）～7 000 元的样本存在差异。

表 4－6 不同家庭月收入之间的单因素方差检验

项目	平方和	自由度	均方	F 值	显著性
组间	10.093	5	2.019	2.710	0.019
组内	1 606.020	2 156	0.745		
总计	1 616.113	2 161			

4）考察地理位置不同的样本之间的差异情况

通过对东中西部三个群体进行单因素方差检验，发现其存在显著性差异（F=3.322，Sig=0.036＜0.05），详见表 4－7，由此可知，地理位置成为影响中职学生对资助政策支持度的影响因素。进一步对各组间进行两两比较，采用 LSD 检验方法可知，东部地区和西部地区的支持度存在显著性差异，东部地区的中职学生对资助政策的支持度更高。

表 4－7 地理位置因素的单因素方差检验

项目	平方和	自由度	均方	F 值	显著性
组间	4.926	2	2.463	3.322	0.036
组内	1 617.844	2 182	0.741		
总计	1 622.771	2 184			

4.1.3 分析与讨论

4.1.3.1 中职学生对于资助政策的整体支持度较高

统计结果显示，中职学生对于全面推行资助政策的支持度较高，可以说，中职学生资助政策获得了目标群体的大力支持，这为政策实施提供了强有力的合法性保障。通过对样本的人口学统计变量进行分析，笔者发现，中职学生的父母社会阶层普遍处于中下层，其家庭经济收入不高，且父母接受教育的时间较短。这些均可以说明，中职学生资助政策的实施不仅有利于促进职业教育的发展，而且已成为国家对于弱势群体的经济补偿政策，这也加强了中职学生资助政策的合法性。

4.1.3.2 影响中职学生认可度的因素分析

依据以上统计结果可以发现，性别变量、家庭经济收入变量以及其所处地理位置是影响中职学生认可度的因素。女生的支持度比男生更高，可能是由于性别先天性差异，女生对于经济方面的事务更加细致，而男生相对粗放，因此，遇到有利于自己的政策，女生更敏感，认可度更高。

户籍因素并没有造成认可度的显著性差异，通过进一步分析笔者发现，农业户籍和非农业户籍之间的经济收入不存在显著性差异，这也可以解释为什么户籍因素并没有成为认可度的影响因素。而经济收入不同的家庭，对于中职学生资助政策的认可度则显著不同，家庭收入低的学生对政策的支持度较高，由此可以推断，经济因素是影响其态度的主要因素，中职学生资助政策吸引了更多的家庭经济困难学生。

而学生所处的地理位置也成为认可度的重要影响因素，统计结果显示，东部地区的学生和西部地区的学生之间存在显著性差异，东部地区的学生对于中职学生资助政策的支持度更高。究其原因，可能源于东西部地区的社会差异问题。东部地区的贫富差距更大，就读职业学校的学生更多地处于社会底层，因此，这部分学生对于免费政策的感受更强烈；而西部地区的免费政策范围较大，大部分学生均可以享受该政策，因此，感受并不强烈，同时，西部地区的贫富差距相对于东部来说较小，进入中职学校就读的学生家庭经济收入与当地平均水平相比差距较小，因此，对于免费政策的感受可能相对微弱，这些因素影响了他们对于中职学生资助政策的认可度和支持度。

4.2 中职学校教师对中职学生资助政策的认可度分析

中职学校是中职学生资助政策的具体执行组织，而具体的执行人则是学校教师。从资助政策的具体执行情况来看，该政策并不会牵扯到教师的直接利益，作为直接执行人，教师对于该政策的态度更趋向于中立和客观，因此，了解中职教师对于中职学生资助政策的认可度更有利于促进该政策的改进和完善。

4.2.1 研究方法

4.2.1.1 研究目的和抽样方法

本节主要考察中职学校教师对中职学生资助政策的认可度。笔者对8所中职学校的教师进行了问卷调查，共发放问卷450份，回收问卷437份，其中，男性195人，占据44.6%，女生242人，占据55.4%；东中西部的样本分布情况如表4－8所示。

表4－8 教师地理位置分布表

地区	问卷/份	百分比/%	有效百分比/%	累积百分比/%
东部	266	60.9	60.9	60.9
中部	58	13.3	13.3	74.1
西部	113	25.9	25.9	100.0
总计	437	100.0	100.0	

4.2.1.2 问卷设计与处理

本次调研采用自编问卷，问卷分为两大部分：基本信息和态度调研。

基本信息部分主要包括年龄、性别、职位、是否为班主任等。问卷主体部分采用李克特 5 级量表，并对该问卷进行信效度测量。

对该量表进行统计分析，方差分析表明，F = 82.640，Sig=0.000＜0.000 1，详见表 4－9，即该量表的重复度量效果良好；经 Hotelling's T－Squared 检验可知，该量表的项目间平均得分相等性好，即项目具有内在的相关性，详见表 4－10；在量表的信度检验中，Cronbach's Alpha= 0.798，标准化 Cronbach's Alpha 系数= 0.819，详见表 4－11，说明该量表具备较高的信度。

表 4－9　教师问卷方差分析

项目		平方和	自由度	均方	F 值	显著性
组间		1 875.665	389	4.822		
组内	项目间	964.350	12	80.362	82.640	0.000
	残差	4 539.343	4 668	0.972		
	合计	5 503.692	4 680	1.176		
总计		7 379.357	5 069	1.456		

Grand Mean = 4.051 9。

表 4－10　教师问卷 Hotelling's T－Squared 检验

Hotelling's T－Squared	F 值	自由度 1	自由度 2	显著性
557.286	45.127	12	378	0.000

表 4－11　教师问卷可靠性分析

Cronbach's Alpha 系数	标准化 Cronbach's Alpha 系数
0.798	0.819

对该量表进行探索性因素分析，笔者发现其因素载荷量均超过 0.3 标准。对 13 个测量题目进行 KMO 与 Bartlett 球形检验，KMO 值为 0.833，球形检验达到显著水平（0.000＜0.05），说明本量表适合进行因素分析。对量表进行主成分分析，笔者发现可以抽离出三个主要因素，经过正交旋转之后，三个变量共可以解释 55.594%的变异量，属于因素一的有第

1、2、3、4、13 题，共 5 个题；属于因素二的有第 5、8、11、12 题，共 4 个题；属于因素三的有第 6、7、9、10 题，共 4 个题。依据题目特性，可以分别命名为对中职学生资助政策的总体态度、负面评价、正面肯定。

综合以上分析，笔者认为该量表具有较高的信度和效度。

4.2.2 统计结果

4.2.2.1 样本基本信息

1. 样本的年龄和教龄分布情况

样本中教师的平均年龄约为 39 岁，年龄最大的为 58 岁，最小的 22 岁。教师的平均教龄为 16 年，最长教龄为 40 年，最短教龄为 1 年。

2. 样本的职位分布情况

此次调研以一线教师为主，共 346 人，占据有效比例为 83.8%；其次为行政管理人员，共 30 人，占据有效比例为 7.3%；第三是教学管理人员，共 26 人，占据有效比例为 6.3%；最后是学生管理人员，共 11 人，占据有效比例为 2.7%。

3. 班主任分布情况

在样本中，担任班主任一职的共有 173 人，有效比例为 42.7%。

4.2.2.2 对中职学生资助政策的具体分析

1. 教师对中职学生资助政策的支持度分析

在中职实施免费教育政策的支持度方面，有 331 位教师持完全支持的态度，占有效比例 75.9%；44 位教师持比较支持的态度，占有效比例 10.1%；持不确定态度的有 37 位教师，占有效比例 8.5%；持不支持态度的为 24 人，仅占有效比例 5.5%。总体而言，教师对于中职实施免费教育的政策大部分持支持态度。进一步考察教师对中职学生资助政策态度的影响因素可以发现，在性别、职位、是否为班主任等背景变量下并不具备显著性差异，但是学校所处地理位置则存在显著性差异，中部教师对于实施中职学生资助政策的支持态度更强烈，其次为西部教师，最后为东部教师。

2. 教师对中职学生资助政策态度的特点分析

通过因素分析，本量表可以抽取出三个因子，分别为总体态度、负面评价和正面肯定。以这三个维度为因变量，分别对性别、职位、教龄、是否为班主任和地理位置等人口统计学变量进行方差分析。结果显示，在性别变量上，男女教师在对政策的负面评价和正面肯定方面存在显著性差异，女性教师在这两个维度上的得分明显高于男性教师；在是否为班主任变量上，三个维度均不存在显著性差异；在不同的职位变量上，教师们在负面评价维度上存在显著性差异；在地理位置和教龄两个背景变量上，教师们在总体态度和负面评价维度上存在显著性差异，结果见表 4－12。

表 4－12　不同背景变量下的教师态度方差分析

变量		人数/人	总体态度	负面评价	正面肯定
			M±SD	M±SD	M±SD
性别	男	166	－0.08±1.07	0.19±0.96	－0.15±1.17
	女	224	0.06±0.94	10.15±1.01	011±0.84
	F 值		1.792	11.375	6.715
	P 值		0.181	0.001	0.010
班主任	是	155	0.00±0.99	－0.11±1.06	－0.09±0.95
	否	210	－0.01±1.05	－0.01±0.94	0.03±1.06
	F 值		0.015	0.960	1.234
	P 值		0.902	0.328	0.267
职位	教师		0.02±1.04	－0.11±1.01	0.00±0.98
	教学管理人员		－0.47±1.05	0.15±0.98	－0.24±1.22
	学生管理人员		－0.06±0.96	0.41±0.77	－0.16±1.21
	行政管理人员		0.05±0.65	0.47±0.77	0.11±1.09
	F 值		1.820	3.932	0.626
	P 值		0.143	0.009	0.599

续表

变量		人数/人	总体态度	负面评价	正面肯定
			M±SD	M±SD	M±SD
地理位置	东部	234	−0.19±1.05	0.17±0.91	−0.04±1.07
	中部	57	0.94±0.22	−1.31±0.43	−0.13±0.40
	西部	99	−0.08±0.85	0.35±0.84	0.18±1.05
	F 值		35.448	83.007	2.262
	P 值		0.000	0.000	0.106
教龄	10 年以下	86	−0.33±1.05	0.12±0.95	0.04±1.05
	11～20 年	180	0.19±0.95	−0.24±1.04	0.01±0.91
	20 年以上	124	0.12±0.95	0.27±0.89	−0.04±1.09
	F 值		8.417	10.961	0.175
	P 值		0.000	0.000	0.839

对相关数据进行事后检验可以发现（LSD），在对资助政策的总体态度维度上，教师得分明显高于教学管理人员；中部地区教师明显高于东部和西部地区教师；教龄在 11～20 年的教师得分明显高于教龄在 20 年以上的教师，而教龄在 20 年以上的教师得分明显高于教龄在 10 年以下的教师。

在负面评价维度上，教师得分明显低于行政管理人员；中部教师的得分明显低于东部和西部教师；教龄在 11～20 年的教师明显低于教龄为 10 年以下以及 20 年以上的教师，教龄在 20 年以上的教师在此维度上的得分最高。

在正面肯定维度上，所有变量均显示不存在显著性差异。

4.2.3　分析与讨论

1. 中职学生资助政策得到了教师们一致性的正面肯定

研究结果显示，在不同背景变量之下，教师们对于中职学生资助政策的正面肯定均不存在显著性差异，趋于一致。由此可见，中职学生资助政策所发挥的正面效应获得了教师们的认可。

2. 在对中职学生资助政策的总体态度上，中部地区教师更倾向于支持资助政策

究其原因可能在于中部地区的资助政策享受范围处于东部与西部之间，正在慢慢扩大，教师在实践中看到了资助政策产生的政策效应，他们希望这种效应继续持续和扩大。

3. 在中职学生资助政策的负面评价方面，在不同背景变量之下存在较多的差异性

究其原因可能在于，不同地区、不同教龄、不同职位等因素导致教师们工作经历不同、工作态度不同，因此他们看待问题的角度也不同，从而导致对政策有着不同的理解和态度。

4.3 政策执行组织（学校）对中职学生资助政策的态度分析

中职学校是教育系统中的基层组织，因此，很多政策依赖于学校的执行力度和效度，在中职学生资助政策实施过程中，它们是该政策的具体执行组织，它们对该政策的态度和评价直接关系着该政策的推行和效果。

在既有的关于中职学生资助政策的研究文献中，学者们大多从宏观层面探讨中职学生资助政策的功能和效果，也有从受惠者视角探讨对于免费政策的接受程度的，但是鲜有从政策的具体执行组织——中职学校角度深入探讨中职学生资助政策的执行情况的。

本节以了解中职学校对于中职学生资助政策的理解程度和认可程度为主要研究目的，将研究问题聚焦于以下两点：第一，免费政策的实施对于学校产生了哪些影响？第二，如果是负面影响，中职学校是如何应对的？

4.3.1 研究方法和研究过程

4.3.1.1 研究方法

本节笔者选用质的研究方法，该方法要求研究者必须与研究对象有直接的接触，在当时当地面对面地与其交往，“研究者本人就是研究工具，通过实地进行长期的观察，与当地人交谈，了解他们的日常生活、他们所处的社会文化环境以及这些环境对其思想和行为的影响。”[①]

质的研究的主要目的是对被研究者的个体经验和意义建构做解释性理解，对当事人看问题的视角十分重视，这可以帮助笔者从研究对象的角度了解他们对于政策的理解。同时，质的研究允许选择较小数量的样本，这使笔者可以集中精力对研究对象进行个案研究，从而更深入地探究“他们的生活细节、复杂的内心世界以及他们所生存于其中的纷繁变化的文化氛围。”[②]

4.3.1.2 研究过程

1. 样本选取与资料收集

中职学校是一个组织，理解组织的行为或者态度，调研组织的管理者是最直接的方法，因此，校长的态度最能反映学校的行为。因此，本研究主要选择中职学校校长作为研究对象。研究样本来自东部某市五所中职学校的分管学生管理工作的副校长以及西部两所中职学校的分管学生管理工作的副校长，在本研究中分别以 A、B、C、D、E、F、G 等指代称呼，前五位校长位于东部地区，后两位校长位于西部地区。

本研究主要采用访谈法收集相关信息，访谈采用半结构化访谈形式，采用一对一的访谈方式，访谈内容主要分为两大部分：第一部分介绍学校的基本情况；第二部分围绕中职学生资助政策进行交流和咨询，

---

① 陈向明. 质的研究方法与社会科学研究［M］. 北京：教育科学出版社，2000.

② 陈向明. 旅居者和“外国人”——留美中国学生跨文化人际交往研究［M］. 北京：教育科学出版社，2004.

主要涉及免费政策的具体执行情况、对中职学生资助政策的态度以及评价三个内容。

2. 对访谈资料的初步整理与分析

本次调研主要收集了七次访谈录音资料和学校的相关介绍等文本资料。对每次访谈，笔者都逐句进行了整理，并对获取的文本资料进行了类属分析，按照不同的生存领域进行分类。同时，对于访谈资料，笔者还进行了情境分析，即“将资料放置于研究现象所处的自然情境之中，按照故事发生的时序对有关事件和任务进行描述性分析。”①

3. 资料登录以及类属分析的结果

笔者对文本资料进行整理分析之后的结果如表 4－13 所示。

表 4－13　校长访谈记录类属分析表

序号	类别	态度和评价
1	整体评价	非常好的政策，应该实施，但是要进行改进
2	正面肯定	对学生有好处，对招生有好处，有利于非成年人进入学校接受教育，促进社会稳定
3	负面评价	给学校工作带来了难度；学校需要补贴多余学费；学校收入降低；操作程序繁杂；资金有操作空间，有套用资金现象。其他效应：成为班主任奖励学生的手段、成为村干部要求缴纳相关费用的筹码等
4	政策建议	要免全免；按照国家规定免费，简化程序，入学即免

4.3.2　分析与讨论

通过与七位校长的交流与访谈可以发现，他们对于中职学生资助政策的看法基本一致，当然在一些细节上也存在一些不同的观点，但是正好互为补充、互相印证。

4.3.2.1　对中职学生资助政策的整体评价

对中职学生资助政策本身的看法，七位校长的态度是一致的，都持

①陈向明. 质的研究方法与社会科学研究［M］. 北京：教育科学出版社，2000.

支持的态度。但是西部地区的两位校长比东部地区的五位校长支持度更高，整体评价更高，西部地区学校的 F 校长评论说："总的感觉是非常好的政策体系。"东部地区的校长在谈到中职学生资助政策的时候认为："对于学生来讲，这些政策是有好处的。"相比较而言，东部地区的校长对于该政策的肯定性评价加入了更多的限制性条件。

由于国家在政策上对西部地区倾斜，使西部地区中职学校的学生享受免费政策的比例大大高于东部地区的学生，"从去年年底（指 2011 年秋季）开始，整个农村开始实施免费政策。"也就是说，西部地区学校的学生享受免费政策的范围扩大，据 G 校长介绍，他们学校的学生 80%的可以享受免费政策，而东部地区的学校严格按照 5%的比例实施，东西部差距较大。同时，西部学费相对较低，笔者调研的两所学校，其学费分别为每人 1 200/年和每人 1 400/年，依据国家政策要求，西部地区中央与地方的分担比例为 8∶2，即中央提供的免费资金为每生每年 1 600 元，这个数额远远高于西部的学费水平，西部学校不会面临学生资助资金不足的问题，东部学校的学费数额一般为每生每年 2 300～2 500 元，而国家补助的资金仅仅为 60%，即每生每年 1 200 元，这个数额仅为学费水平的一半左右，剩余的需要省、市、县三级政府分担，而到了地方，资金往往很难到位。可以说，资金问题成为东西部学校校长态度不同的主要影响因素，这个问题在接下来的分析中会进一步得到验证。

4.3.2.2 中职学生资助政策的优势

中职学生资助政策自实施以来，取得了一定的效果，从校长们的谈话来看，主要集中于两个方面：

1. 中职学生资助政策确实给学生带来了好处

在与校长们的交流中笔者发现，一提到中职学生资助政策，所有的校长几乎首先回答的是："对家庭困难生确实有好处""对学生家庭来讲，可以减轻他们的负担""这个政策对学生是很好的"，等等。由此可见，从学校角度来看，中职学生资助政策确实属于"有利于学生的好政策"，主要体现在：中职学生资助政策可以帮助家庭困难生完成学业，即便某人不属于家庭困难生，但是，“如果家庭出现变故，这个钱也可以帮助他们完成学业。”

2. 中职学生资助政策对促进招生确实有好处

校长们均认为中职学生资助政策在促进学校招生方面确实起到了很大的作用，但是具体说来，东西部地区可能存在差异。

对于西部学校而言，中职教育实施免费政策之后的吸引力大大增加了。G 校长说：“中职教育（招生）实际上很大一部分是招那种差生，（他们）既然考不上高中，（家长）找一个地方把他们约束起来，能学多少，就学多少，就算学不到什么，起码可以不用在社会上瞎混。如果不免费，家长就把学生送到各个地方打工了，就不会浪费这两年的时间。学生的父辈们大多没有知识，没有文化，他们认为：‘我有力气，只要出去打工，应该可以赚到钱，没有必要送到学校里浪费时间，给家里的经济造成负担。’如果不免费，可能有一半的学生不会再进入学校学习。”由此可知，对于西部学生家庭来讲，免费教育具有较强的吸引力，是他们在上学或者不上学之间进行选择的关键因素。因此，在西部实施中职学生资助政策对于促进招生有很大作用。

对于东部学校而言，实施中职学生资助政策之后确实提高了职业教育的吸引力，“但是吸引力有多大不好说，比如，高中阶段教育国家要求普职比例为 5∶5，但是实际上的比例可能 7∶3 都不到。”对于东部学生家庭来讲，“真正上不起学的，农村多点，但也不是特别多，除非特别困难的，也就约占 5%。”由此看来，中职学生资助政策并不是他们选择职业教育的关键因素，但是中职学生资助政策肯定促进了学校招生，这是毋庸置疑的。

4.3.2.3 中职学生资助政策的缺陷

对于中职学生资助政策的具体执行情况，校长们谈得较多，尤其是东部地区的校长。综合考察校长的访谈，中职学生资助政策实施以来存在的缺点，主要集中在以下几个方面：

1. 中职学生资助政策的具体操作流程较为烦琐

这是东西部学校校长谈到的共同点。免费程序要求学生先交纳学费，然后通过层层审批之后再返还学费，在谈到这种先交再退的操作方式时，很多校长认为不太合理。家庭困难生由于有比例限制，牵扯到评定问题，因此，先交再退是可以的，但是涉农专业由于不存在比例限制问题，这样做可能存在问题。A 校长说："涉农专业，国家要求先交再退。但是为了吸引学生就读该专业，学校的做法是他们一入学就免了，只交书本费用等，然后等国家拨了钱，学校再收回学费。这样才能让真正上不起学的学生到职业学校上学，如果不这样，学生会存在一定的疑虑：交了学费，但还不知道什么时候才会返还？但是学校这样做了之后，留下了很多后续问题。国家把钱拨下来之后，有的学生就会认为这是国家给他的钱，还要要回来，这很麻烦，另外，国家财政规定：要求把钱直接给学生，否则是违规的。"

关于这种先交再退的方式，尤其是针对涉农专业来说，很多校长都有意见。有的学校为了减少家长疑虑，实施入学即免的方式(例如 A 校)；有的学校可能遵循了国家要求（例如 B、F、G 等校)，但是无论其选择如何，校长们一致认为：这么做过于麻烦，既给学校造成了工作困扰，也增加了学生和家长的疑虑。

对于中职学生资助政策的这种操作流程，不仅仅学校校长有意见，笔者在调研中通过和学生交流发现，学生对于这种方式也颇有意见，很多学生在上交的问卷中写明了这种情况，表达了自己的疑虑，代表性意见如："学校领导说免费，可是到现在都没有看到现金，是不是说话不算数啊？"

2. 学校需要补贴免费资金，学校学费收入降低

对于东部学校来说，其学费水平高于国家拨款的学费标准（2 000 元/生/年），由于免费资金是中央、省、市、县四级政府按比例分担的，存在免费资金拨付不足的问题。资金拨付不足的原因之一在于：市里决定的拨付标准过低，例如，对于 R 市 W 县来说，市财政按照 1 900 元的学费标准拨付资金，这个标准本身就低于学费水平；原因之二在于：

出于种种主客观原因，县级政府并没有承担应该承担的资金责任。因此，学校的选择只有两种：要么降低学费的享受范围，要么自己补贴不足资金。

东部学校的校长在谈话中均提到了资金不足的问题，A 校长说："学费不足的部分，学校只能硬撑着补上，因为这个学生资助政策，让学校折了不少学费。"C 校长是行业所办学校，他认为："中职学生资助政策资助的比例太少，而且免费政策导致学校收入减少。"持相同观点的还有 E 校长，他说："实施中职学生资助政策之后，导致学校的学费总收入降低，而学费收入对于中职学校来说是大头。"

3. 其他效应

通过交流，笔者发现，中职学生资助政策的实施还产生了一些意想不到的效应。由于中职学生资助政策的操作程序规定，学生必须持相关证明上报才能享受免费政策，在西部地区，出现了有的学生为了开相关证明需要贿赂村干部的现象，因为，若没有村委会开的贫困证明，便无法享受免费政策，学生要在免费金额和贿赂金额之间作出选择；还有的村干部以开贫困证明为手段要求学生家庭上交其他费用。此外，在学生管理中，有的班主任将中职学生资助政策作为奖励政策，对于表现好的班干部和学生，班主任会以此作为奖励，以加强学生管理工作。

以上这些可能是中职学生资助政策制定者和实施者均没有想到的额外效应（负效应）。

4.3.2.4 对于中职学生资助政策的建议

针对中职学生资助政策在实施过程中出现的问题，校长们主要提出了以下几点建议：

1. 中职学生资助政策应该全面实施

对于中职学生资助政策，校长们的共同建议是要免全免。对于东部学校来说，免费比例过低，效果有限，而对于西部学校来讲，免费比例较大，效果明显。由此也可以推断，若全面推行免费政策，将大大增加职业教育的吸引力。

2. 简化政策操作流程，入学即免

中职学生资助政策操作流程过于繁杂，且先交再退的方式给学校带来了很多不便。程序复杂往往容易导致很多不可控因素，会降低政策效应。因此，简化政策操作流程，实施入学即免的方式，会加强政策效应。

3. 免费资金由中央和省级政府按照国家标准共同承担

由于实施中职学生资助政策给学校带来的最大麻烦是资金不足问题，因此，校长们，尤其是东部校长强烈要求，这部分资金最好由中央承担，或由省级政府承担。因为从目前看，学费仍然是学校收入的大头，如何保证学校的正常收入以促进发展，已成为校长们主要考虑的事情，尤其是在 2012 年农村籍学生全部被纳入中职学生资助政策范围之后，学校面临的资金压力更大。

4.3.3 基于校长行为的学校态度分析

校长是在中职学生资助政策执行过程中直接与目标群体互动，并且享有一定政策裁量权的一线基层官员，他们对于政策的认知态度会影响其行政行为。在此需要说明，将学校校长看作是政府机关的基层官员，这是基于我国的实际情况而认定的，我国各级学校的校长具备行政级别，并由上级任免，因此将其认定为政府机关的基层官员是合适的。

在对政策执行的研究中，基层官员的重要性一直未被重视，直到利普斯基才开始关注基层官员对于公共政策执行的深远影响。依据利普斯基的看法："基层官员其实才是真正的政策制定者，如果机关首长未能将法律与计划的内涵通过沟通机制让那些负责提供服务或管制公民行为的基层官员有所了解，则所有的良法美意都将流于空谈。"①事实上，许多学者的实证研究经验显示："在许多不同的专业领域与公共计划中，基层官员确实经常扭曲政策目标的本质，社会福利与青年就业计划的个

① 李允杰，丘昌泰. 政策执行与评估［M］. 北京：北京大学出版社，2008：30.

案都说明了这个事实。”①

在中职学生资助政策执行中，职业学校的校长并没有权力制定政策，而且也不掌控资源，在这样的情况下，一方面，他们要指导学校完成政策目标；另一方面，他们迫于目标群体的需求，作出符合其要求的决定，处于这样的冲突之中，必然导致基层官员在政策执行中出现相当矛盾的性格。这种矛盾性格导致校长们在不同的时间内作出不一样的行为选择。

当处于招生阶段时，校长会作出有利于学生和家长的行为选择。例如，为了将免费政策的效用扩大，学校会修改政策操作流程，使其更加符合学生及家长的需求，例如对涉农专业的学生实施入学即给予资助的政策，以满足学生和家长的需要，吸引他们来本校就读。

在招生结束之后，校长会逐渐回归工作常态，在保证自己利益的同时，更倾向于作出与上级要求相一致的行为选择。当他们面临资金来得太慢，而且不足的情况，此时若面对学生和家长的质疑，他们便会选择对抗策略，例如不提供执行进度的相关信息，要求学生等候，对学生施加压力等。这些策略往往能够奏效，其原因在于中职学生资助政策的目标群体属于弱势群体，缺少向上沟通的渠道，缺乏话语权。

校长的行为选择会影响学校的态度，同时，学校又是政策执行的基本单位，因此，笔者将在下一节基于学校的政策执行进行分析。

4.4 中职学生资助政策的政策执行分析

4.4.1 政策执行的概念

政策执行通常被视为政策合法化之后的实施阶段，颜国梁指出，“教

① S. Winter. Studying Implementation of Top–Down Policy From the Bottom Up: Implementation of Danish Youth Employment Policy [A]//R. C. Rist. Finding Work: Cross–National Perspectives on Employment and Traing[C]. London: The Falmer, 1986: 109–133.

育政策执行是指某项教育政策经过合法化后，负责执行的教育机关与教育人员，结合各种教育资源，采取适当有效的行动策略，并在执行过程中，因应对外在环境，不断进行协商和修正，使教育政策付诸实施，以达成教育政策目标的过程。”[①]简言之，政策执行是指将良善的目的转换成有效的施行。

4.4.2 政策执行的过程与模型

教育政策执行的过程按照时间顺序包括：了解政策特色与环境、研究可行的执行方案、决定执行方案、拟定详细的执行细则、争取实施对象的支持、评估执行结果、修正执行方案。

有学者在政策执行模型中提出了六个与政策执行有关的因素（见图 4-1），这些因素包括：政策标准与目标；政策资源（例如财源或其他诱因）；组织沟通及执行活动；执行机关的特性；经济、社会及政治条件（例如政策执行中的经济资源、舆论、利益团体的支持度）；以及执行人员的意向。

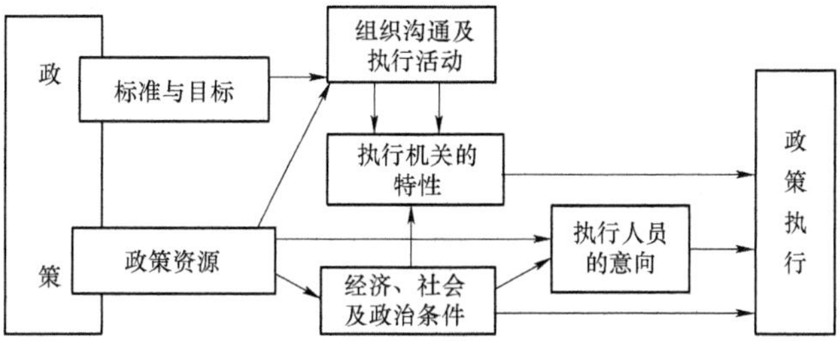

图 4-1 政策执行过程模型

（资料来源：引自陈恒钧译，公共政策——演进研究途径，Lester & Stewart 原著）

影响教育政策执行的因素有政策内容与政策系统两个方面，其中政策内容包括政策的明确性、政策资源、理论的适切性与技术有效性、政策类型等；政策系统则是指政策执行中赖以运行的条件，例如，执行人员的意愿、执行人员与目标群体之间的关系等。

---

①刘仲成. 教育政策与管理［M］. 高雄：高雄复文图书出版社，2005：24.

4.4.3 中职学生资助政策执行过程分析：学校行为分析

4.4.3.1 职业学校组织的特性：作为科层组织和经营组织的职业学校

职业学校作为学校中的一类，其主要特性体现在两个方面：政府化和市场化，这两种特性是不同社会价值取向对学校渗透的结果。

1. 职业学校的政府化特性

与其他学校组织相同，职业学校是具有双重系统（行政系统和专业系统）的组织，其与社会具有很强的同构性，属于教育系统内部的基层组织。职业学校的组织特性并不好理解，或者说，从不同的视角审视会发现具有不同的特性，正如波·达林所阐述的："没有任何一种组织的观点能概括出学校组织的所有特点，但每一种观点都有助于我们理解学校组织，无论是结构主义的观点、人本主义的观点还是政治学或符号学的观点。"

纵观学校组织理论，科层组织理论是学校组织理论中最重要的一支，科层组织有许多层次的决策水平和高度集中（一元）的中心，其合理性体现在权力集中，围绕清晰的目标最大限度地利用资源，这是韦伯思想的产物，即坚持明确的制度规章和程序以确定标准和指导行为，颁布明确的计划和日程供学校人员遵守等。可以说，科层化是我国学校包括职业学校的主要特性，无论是学校的组织架构还是内部职能分工，无不反映着科层组织理论对学校的影响。

学校单位化（学校单位说）是计划经济和政治集权的产物，是中国学校特有的现象，它最为明显的体现是学校生活无机化、学校部门机关化、管理职能行政化、人员固定化、权力威权化。①

学校单位化是我国特有的现象，是我国政治体制在教育领域方面的反映，其结果就是学校作为单位存在，将专业性和政治性高度整合在一

① 张天雪. 校长权力论：政府、公民社会和学校层面的研究［M］. 北京：教育科学出版社，2008：92–99.

起，反映在行为取向上，体现为长官意志和党的意志高度融合。学校是政治的产物，而不是社区和经济发展的产物。学校即便是实行了校长负责制，也依然没有摆脱党政不分、政教不分的单位所有制形式。[①]

科层化组织与学校单位化结合在一起，便构成了我国学校独有的政府化特性。这种特性既遵循了科层制度的形式，又继承了长官意志的内涵，学校与主管行政部门之间形成了依附的关系，学校在很大程度上并不具备自主权，学校发展在很大程度上依赖于上级部门，从而导致学校的行政化越来越重，专业化越来越轻。职业学校作为教育组织中比较弱势的一类，其对于上级的依附性则更强，尤其是在当下职业教育发展处于低谷的时候。

2. 职业学校的市场化特性

在我国，市场化运作最先开始于民办学校，后波及公立学校。自20世纪90年代我国全面实行市场经济之后，学校也逐渐被卷入其中。作为与市场和社会直接对接的组织，职业学校首当其冲。1991年开始实施收取学费制度，将职业学校推入市场，自此，其内部管理开始实行渐进性的市场化改革，如实行评聘分开、实行有偿办学、倡导校长职业化，等等。在当下，职业学校在某种程度上已彻底沦为经营组织，每年一度上演的招生大战，已经成为学校和教师的噩梦，其目的仅仅是为了学校的生存。为了生存，职业学校不得不取悦家长和企业，其人才培养越来越远离人的发展目标，而渐进于工具性目标。面对来自市场的压力，职业学校的教育性被逐渐压制，“与其说是教书育人的组织，毋宁说更像是调节劳动力市场的社会机构，像是赞成社会不平等制度的合法机构，学校成了十足的学生工厂，成为市场经济条件下的特殊企业。”[②]

---

① 张天雪. 校长权力论：政府、公民社会和学校层面的研究［M］. 北京：教育科学出版社，2008：92–99.

②勒德尔. 现代学校的改革与对现代学校职能的认识［J］//刘同兰，译. 教育学文集：教育与社会的发现［M］. 北京：人民教育出版社，1993：100–102.

4.4.3.2 职业学校在中职学生资助政策执行中面临的双重困境

职业学校在中职学生资助政策的实施过程中处于承上启下的位置，但同时也处于上与下的双重夹击之中。

1. 政府化特性决定职业学校必须迎合政府

该政策的目标是政府制定的，其相关资源也控制在政府手中，学校虽然是政策执行机构，但是并没有参与政策的制定，同时也不具备支配资源的权力，中职学生资助政策的实施程序也是政府制定的，政府并没有过多地考虑职业学校在执行时的实际难处，或者换句话说，中职学生资助政策的制定是基于理想化的假设，假设各级政府能够很好地履行其应担的责任，政策文件并没有说明如果资金不足应该如何应对的问题。职业学校目前面临的最大问题就是资金不足问题，但是其政府化的特性决定了学校只能在既有条件下执行政策，这直接关系到学校的发展。为了执行政策，校长负责制下的职业学校只能想尽办法落实政策，既然资金问题是无法解决的，那么就只能在政策的具体实施中寻找变通，例如，削减政策享受范围，这种做法是对上有了交代，对下也有了说法。

2. 市场化特性决定职业学校还要迎合目标群体

中职学生资助政策虽然属于惠民政策，但是具体的政策制定和实施方式并没有征求过目标群体的意见，如同其他政策一样，政策制定是政府的事情，大多数政策的利益相关者并没有话语权，政策制定者基于其想当然的假设以及自认为的关怀制定了相关的政策文件并付诸实施，并没有征求目标群体的真实想法以及他们是否想要这样的关怀。作为具体执行者的职业学校，却不得不直接面对政策的目标人群，其市场化特性决定了职业学校不得不尽量地满足学生和家长的要求，招生之前要面临家长对于中职学生资助政策先交再退的疑虑，招生之后要面对学生提出的质疑：“为什么到现在都不发现金，是不是说话不算数？”为了应对家长的疑虑，有的学校作出了不同于上级要求的实施方式，但是这种执行方式徒然为自己增加了麻烦，因为这种方便受惠者的实施方式无法获得上级的认可，政府并不会依据实际情况调整政策实施方式。

4.4.3.3 从中职学生资助政策看我国的教育政策执行模式

从中职学生资助政策执行的例子可以看出，在我国，公共政策执行一直都是采用由上至下的模式，即政府将政策执行看作是科层制的控制过程。在这样的模式中，“政策与执行是相互独立、上下从属的关系，上层为负责设计与规划决策的政策制定者，下层为负责实现政策目标与贯彻政策意图的执行者，这是一种计划与控制模式，其基本立场是以政策本身的内容为核心的。”[①]在这样的政策执行模式中，政策制定者认为，只要进行了全面的政策规划，政策执行者就必然会执行到位。实际上，这种模式的实施是以以下要素为前提的：对政策方案进行多方论证，广泛吸取各方利害关系人的意见，并具备明确的政策目标和目的。很显然，中职学生资助政策的制定并没有广泛听取职业学校和目标群体的意见，政策制定过程中的信息缺失及沟通不畅，直接影响到中职学生资助政策的实施效果。笔者通过对免费政策的执行过程进行分析，发现我国政策在制定及执行中存在一些问题，政策制定缺乏公众尤其是利益相关者的参与，计划与控制是推行政策的主要手段，政策执行单位在实施过程中，会采用隐蔽的方式或方法对抗政策要求，因为，政策执行本身缺乏有效的监督机制和反馈机制。

4.5 本章小结

政策的合法性和可行性都要依赖于人和组织。本章主要对中职学生资助政策的依赖性进行分析，其目的在于辨别政策参与者对该政策的支持意愿，进而确保政策的实施可以获得合作和协调。本章主要考察政策

① 李允杰，丘昌泰. 政策执行与评估［M］. 北京：北京大学出版社，2008：10.

的直接受惠者学生、政策参与者学校和教师对于中职学生资助政策的接受度和认可度，鉴于获取资料的途径有限，笔者采用不同的方法对不同群体进行调查研究。

为了调查中职学生对于中职学生资助政策的认可度，笔者采用整群抽样方法对 8 所中职学校的在校生进行了问卷调查。统计结果显示，总体看来，学生对于全面推行中职学生资助政策的支持度较高，性别变量、家庭经济收入变量以及其所处地理位置变量成为其对政策认可度的影响因素：女生支持度比男生高；家庭经济收入越低，其支持度越高；东部地区的学生对于中职学生资助政策的支持度更高。

中职教师是中职学生资助政策的直接执行人，为了考察中职教师对中职学生资助政策的态度，笔者对8所中职学校的教师进行了问卷调查。通过对问卷进行因子分析，抽取出三个因子，分别为对政策的总体态度、正面肯定和负面评价。统计结果显示，中职教师对于中职学生资助政策高度认可，中部教师在总体态度方面优于东部和西部的教师；而且在不同的背景变量之下，其对于政策的正面肯定均不存在显著性差异，趋于一致；在对于政策的负面评价方面，由于教师们的个人背景变量不同，评价有所不同。

对于学校的态度调查，主要是基于七位校长的深度访谈，采用质性研究方法进行研究。对于中职学生资助政策的整体态度，七位校长均持支持态度，其理由是中职学生资助政策确实资助了中职学生，同时对于学校招生大有裨益；同时，中职学生资助政策也存在一些缺陷，例如操作程序过于烦琐，由于资金不能及时到位导致学校学费收入减少等。中职校长是中职学生资助政策执行的最基层官员，校长行为决定了学校态度。

中职学校是政策执行的基层单位，其对于政策的态度是影响政策实施效果的主要因素之一。作为科层组织和经营组织的职业学校，具备政府化和市场化两种特性，这两种特性决定了中职学校不仅要迎合政府，还要迎合目标群体，在执行政策的过程中，这两种特性随着环境的变化而交替呈现。从中职学生资助政策的执行来看，暴露了我国政策在制定及执行中的一些问题，政策制定缺乏公众尤其是利益相关者的参与，计划与控制是推行政策的主要手段，政策执行单位在实施过程中，会采用隐蔽的方式或方法对抗政策要求，因为，政策执行本身缺乏有效的监督机制和反馈机制。

5　中等职业教育学生资助政策的价值分析

价值是政策的伦理性基础，分析和解释政策蕴含的价值，有助于深层理解政策。本章主要对中职学生资助政策的实践进行价值性评价，即对该政策价值进行理性检验。

5.1　教育政策的主要价值分析

5.1.1　教育政策价值分析的必要性

人们的见解、信念和观点，无论是深思熟虑、持久坚持，还是漫不经心，都是人们所拥有的价值的体现；这既包括高度抽象的价值，例如平等和自由，也包括较少抽象的理念，例如每个人都希望有丰衣足食的生活、平等的经济参与机会以及享受信息自由的权利，它们代表了人们的生活哲学、伦理原则和道德承诺。[①]政策科学相关理论对价值分析做

① ［加］梁鹤年，政策规划与评估方法［M］. 丁进锋，译. 北京：中国人民大学出版社，2009：21.

了许多限定，R·M·克朗认为，“价值分析在于确认值得为之争取的某种目的，采取能够被接受的手段以及促进系统获得良好的结果。”[①]陈庆云认为，“公共政策中的价值分析，主要是决定某项政策的价值，提供的信息是评价性的。”[②]无论其具体概念如何，毋庸置疑的是：政策评价的重要内容之一就是对该政策的内在价值进行剖析和解读，唯有如此，才是对政策的完整性评价。

在教育政策分析中，存在着两种方法，即实证—经验的方法和意义—阐释的方法。实证—经验的方法与科学工具主义观点相对应，其哲学基础是科学实证主义。持科学工具主义观点的人认为，政策分析方法是“价值无涉”（或“价值中立”）的，可以被与政策问题无利害关系的分析者使用，事实与价值在分析政策的过程中应严格分开，因此，政策评价的作用仅在于检验政策执行是否实现了政策目的。随着后实证主义的发展，自20世纪80年代以来，在政策研究领域内出现了一些观念和方法的转变，意义—阐释的方法得到了发展。学者们不再认同政策分析的起点是“价值无涉”的，他们验证政策目标与手段之间的因果关系是存在“价值依赖”的，他们强调从政策的价值取向出发，深入探索根植于有关政策中的价值和信念。政策问题的定义一般依赖于不同政策利益相关者所持有的价值观，同样的信息之所以可以用来支持不同的政策主张，是因为存在不同的价值假设。简而言之，“政策评价是价值依赖的，同时也是价值批判的，这意味着价值和事实都可以被理性地讨论。”[③]

价值分析的对象是政策及其相关问题，依据价值分析对象的不同，价值分析的路径主要有两种：一是基于静态层面的，其分析对象主要集中于公共政策评价的价值标准和价值选择；二是基于动态层面的，其分析对象主要集中于政策的执行过程，依据政策的有效性对政策的价值选择进行分析。在本研究中，笔者遵循价值依赖的方法论，从静态和动态

---

① [美] R·M·克朗. 系统分析和政策科学 [M]. 陈东威，译. 北京：商务印书馆，1985：50.

② 陈庆云. 公共政策分析 [M]. 北京：中国经济出版社，1996：82.

③ [美] 威廉·N·邓恩. 公共政策分析导论 [M]. 谢明，杜子芳，等，译. 北京：中国人民大学出版社，2010：104.

两个层面对中职学生资助政策进行价值分析。在本章中，笔者主要将焦点集中于人的需要、价值观念，探询中职学生资助政策所蕴含的价值观及其最终的价值选择。

5.1.2 教育政策中的主要价值

5.1.2.1 价值的概念

在政策分析中，关于价值的定义多种多样，威廉姆斯认为，“价值是关于理想状态的观念，作为选择的标准，或者作为预期或实际行为的理由。”[①]杰克伯、弗林克和舒曼认为，“价值是规范标准，影响人们在其所知的和可供选择的行为中作出选择。”[②]哈里森认为，“价值是作为个人、团体或组织所想达到的显性或者隐性的期望，并以此为标准，从不同的可供选择的行动中选择出行动的手段和目的。”[③]陈振明认为，“价值是由复杂的历史、地理、心理、文化和社会经济因素所决定的超理性或非理性的既成的东西，而不是合于理性的思考结果，生活环境、家庭、学校、生活圈子、文化、职业范围、社会联系等是价值观形成的土壤。”[④]本章所讨论的价值即采用陈振明所界定的概念。

5.1.2.2 教育政策中存在的主要价值

在20世纪50年代，功利主义哲学逐渐成为潮流，影响了一批学者，功利主义者认为，人类的行为选择受到个体切身利益的支配，反映在政策中，他们认为政策价值选择的依据就是政策能否促进某个具体的人或

---

① Robin M. Williams. Indivedual and Group Values [J]. The Annals of the American Academy of Political and Social Science，1967（37）：20–37.

② P. E. Jacob，J. J. Flink，H. L. Shuchman. Values and Their Functions in Decision Making [J]. American Behavioral Scientist Suppl.，1962.

③ E. Frank Harrison. The Managerial Decision–Making Process [M]. Boston：Houghton，1975：32.

④ 陈振明. 公共政策学：政策分析的理论、方法和技术 [M]. 北京：中国人民大学出版社，2004：123.

群体利益的增长。[①]不过，随着时代发展，自20世纪80年代起，众多的政治科学家逐渐对功利主义的观点提出质疑，并以自己的研究成果来充分地说明并非只有促进利益增长的价值才对政策选择起作用，其他价值同样影响人们的政策选择行为。

弗朗西斯·C·福勒就提出，“人类的行为选择不仅受到自身利益的影响和制约，还会受到其他价值的影响和制约，例如宗教、哲学以及意识形态等赋予个体的内化义务和秉承原则。”[②]所以，我们在分析教育政策主张的价值以及其背后的价值因素时，不应忽视个人利益，同时也要关注其他价值，包括政策相关者普遍的信念体系，以此确认某一个政策背后的观念体系。依据福勒的结论，教育政策中主要蕴含着如下三类价值：

1. 个人价值

1）经济利益

人的很多行为是其自身经济利益或其所在的团体经济利益促使而成的，而且，一般说来，人们总是在认真考虑某一行为将会对其自身经济情况产生何种影响之后再作出是否行动的选择。因此，在进行教育政策分析时，就应该回答以下问题：谁将会从此项政策中获益？谁又将会受损？政策受惠者可能是具体的个人，也可能是某一群体。就某一项具体政策而言，其中的经济利益受惠者或者是经济利益受损者，既可能是清晰可辨的，也可能是模糊不清的，这需要经过充分的思考和验证才能进行正确的辨别。

2）权力

权力一直是个人或团体追求的主要目的之一，也是人们行为选择的主要影响因素。教育政策的制定和颁布本身就涉及对权力的分配，因此，在进行教育政策分析的时候，必须回答的问题就是：谁在本项政策之中

① Frances C. Fowler. The Neoliberal Value Shift and its Implications for Federal Education Policy Under Clinton［J］. Educational Administration Quarterly，1995（31）：38–60.

② Frances C. Fowler. Policy Studies for Educational Leaders：an Introduction［M］. New Jersey：Upper Saddle River，2000：109.

获得权力？谁又将因此项政策失去权力？权力是如何发生转移的？由于权力的行使通常隐蔽在表面上呈中性的政策之中，因此回答以上问题需要谨而慎之地思考，方能透过表面看到权力的本质。

2. 民主价值

1）自由（liberty）

自由是民主的一项基本原则。我国宪法明确保障公民的基本自由权利，包括言论自由、出版自由、集会自由，等等，[①]这些自由权利奠定了我国政府的形式和运作基础。

关于自由的概念始终存在争论。罗尔斯认为，“自由是制度的某种结构，是规定种种权利和义务的某种公开的规范体系。”[②]自由总是和限制联系在一起，无论什么社会，都不存在绝对的自由，所有不同形式、不同内容的自由都必须在宪法及法律的允许范围之内开展。

自由是教育政策的一种主要价值基础。我们必须评估某项教育政策是如何影响到自由价值的，例如，在美国，20 世纪 80 年代，许多人支持择校政策，认为择校政策是父母在抚养子女时自由权利的组成内容，但是择校自由也有限制，家长没有让子女不接受教育，也不能把子女送到让其身心受到伤害的学校。同样，教师有宗教信仰的自由，但是教师不能用自己的宗教信仰改变学生的宗教信仰；学生有人身自由，但是不能在教师授课时破坏课堂的正常秩序。教师和学生的自由是受到保护的，前提是他们在行使自由时没有对别人行使自由构成障碍。

2）平等（equality）

平等是民主的中心价值之一。法律面前人人平等，每个人都享有自由选择法律允许下的生活方式的权利。

关于平等的讨论很多，且颇有争议。波尔认为，“归根结底，很难针对平等提出一种总体的理论的原因在于，平等本身作为一种目标，不再是一个统一的概念；尽管它在不同方面都分享了一个核心理想的重要

① 中华人民共和国宪法[EB/OL]. http://www. gov. cn/gongbao/content/2004/content_62714. htm.

② [美] 约翰·罗尔斯. 正义论 [M]. 何怀宏，等，译. 北京：中国社会科学出版社，1988：200.

成分，但是它们相互之间无法保持一种不变而稳定的平衡。而在公众生活中，从未到达终点，与已经取得的相比，总是有更多需要做的事情。”

参照人类平等观念和实践的历史，可以将平等分为以下五种形式：

（1）最优先的是生命权的平等。任何人生下来就享有平等的生命权。

（2）人格平等，或者说是获得基本尊重的平等。

（3）法律—政治平等。每个公民都享有平等的权利，享有政治上的平等。

（4）机会平等。

（5）精神上的平等。

关于前三种形式，不做赘言，在此重点说明后两种形式的平等。

持机会平等观念的人认为，收入和其他生活条件的不平等是一种自然状态，但同时也认为，这种不平等可以是暂时的，社会底层的人可以通过自己的努力（勤奋、毅力、才智和正当手段等）使自己的经济和社会地位得到提升，实现向上一个阶层的跨越。

我们可以对机会平等做进一步的分析，即可以把机会平等再分为作为平等利用的机会平等（以下简称利用平等）和表现为平等起点的机会平等（以下简称起点平等）。作为平等利用的机会平等，意味着在进取和升迁等方面没有歧视，为平等的能力提供平等的进取机会，即只有实际的成就才能得到承认和奖励，因而导向在功绩、能力或才干方面的平等；而表现为平等起点的机会平等，则意味着如何平等地发展个人潜力。

以上两种机会平等实际上没有矛盾，从规范意义上讲，先有起点平等，然后才有利用平等。但是从经验来讲，这个顺序往往颠倒了，原因在于，利用平等无须再次分配，难度小，代价低，而起点平等则正好相反。

精神上的平等是美国学者福格尔提出的。福格尔认为，当今美国在精神（或非物质）上的不平等相当于甚至大于物质上的不平等，无论是对个人还是对企业来讲，决定市场竞争是否成功及普通人生活条件的因素都取决于那些非物质资产的数量和质量，如今主要的资本不是以房屋、机器设备和输电网等形式存在的，而是以劳动者的技能，即经济学家所称的人力资本或知识资本的形式存在的。[①]

这些国家面临的主要问题是贫困者对主流社会的精神疏远。尽管物质上的帮助是战胜精神疏远的一种重要手段，但是，当人们认为物质条件的改善会自然而然地导致精神状况的改善时，那么这种帮助就将偏离目标。物质条件的改善不能导致人们精神上的革新，个人潜能的实现必须通过一系列的选择来实现，个人选择的质量和范围恰恰依赖于个人所拥有的精神资源的多少。

在教育政策中，追求机会平等一直是其主要的价值基础。评估教育政策是否促进了平等、实现了什么形式的平等以及其对待平等的方式如何是教育政策评价的基本任务之一。

3）博爱（fraternity）

博爱是民主价值之一。博爱是指将社会的其他成员视作自己的兄弟姐妹，当他/她遇到困难时，为其提供力所能及的帮助。博爱是平等的爱，不因等级、差别而有所改变。博爱一直是教育政策的中心价值目标。在博爱正在受到多种社会变革趋势影响而弱化的一个特别时代，评价教育政策是否促进了友爱以及在何种程度上促进了友爱的形成具有特别重要的意义。

3. 经济价值

1）效率

从最基本的层面来理解，效率就是在投入一定的成本下所获取的最大回报。奥肯认为效率就是多多益善，但这个“多”须在人们所愿购买的范围之内。[②]在教育系统中，如果能够以最小的支出培养出最为优秀的人才，那么就意味着此教育是有效率的。

追求效率一直是我国最主要的经济价值，其对于教育政策的影响颇为深远。在教育系统中，效率一直以来都是最重要的价值目标，或者说，效率是衡量教育质量的主要指标。无论是政策制定部门还是政策执行部

① [美] 罗伯特·威廉·福格尔. 第四次大觉醒及平等主义的未来 [M]. 王中华，译. 北京：首都经济贸易大学出版社，2003.

② [美] 阿瑟·奥肯. 平等与效率：重大抉择 [M]. 北京：华夏出版社，2010：3.

门，都高度关心教育成本以及教育产出，效率意味着在教育管理中采用可量化的措施，通过各种指标的数据统计，使教育成效一目了然。

2）经济增长

经济增长本身是主要的经济价值之一。教育的重要使命之一就是为经济增长提供优良的劳动力，同时，教育本身也成为经济增长的一部分，例如接受教育的学生本身是实际存在的巨大消费群体，他们为经济增长提供了巨大贡献。从以上意义来讲，经济增长是许多教育政策尤其是职业教育政策的价值基础。

5.2 价值分析之一：基于政策制定者的中职学生资助政策价值分析

5.2.1 中职学生资助政策制定者所持的人性观假设分析

5.2.1.1 分析政策制定者的人性观假设（以下简称人性假设）的必要性

“关于人与人性的假设是建构社会科学各个学科体系的基石，任何一门社会科学学科的理论分析，都是以人类社会活动特定主体行为的某一基本假设作为其分析的基本前提的。”[①]在理论中如此，在现实中也是如此，“现实生活中的制度安排、管理规则、纪律规章等无一不是以一定的人性假设为前提的，如在管理活动中，西方的泰罗制是以‘经济人’这种人性假设为前提的，而日本的终身雇佣制是以‘社会人’这种人性假设为前提的。”[②]政策作为国家政权机关为了实现既定目标而制定的国家行动准则，在其背后必然存在着对人性的假设。尤其是就政策制定者

① 刘志伟. 论政治人理性：从经济人理性比较分析的角度［M］. 北京：中国社会科学出版社，2005：7–8.

② 冯务中，李义天. 几种人性假设的哲学反思［J］. 社会科学家，2005（03）：7–11.

而言，他们对人性的基本看法即其所持有的人性假设是影响政策制定的基本因素：政策制定者对于政策受惠者的基本人性假设影响政策基本目标的制定；政策制定者对政策执行者的基本人性假设影响政策基本措施的制定。因此，分析政策制定者的人性假设是政策价值分析的必要环节。

5.2.1.2 基于经济人假设的学生资助政策制定

在第 2 章中，笔者谈到中职学生资助政策拟解决的政策问题是：希望通过经济资助的方式促进职业教育学生数量规模发展，或者说，资助政策是增加职业教育吸引力的一个重要环节，其所要解决的基本问题是增加职业教育学生规模，其根本问题是促进职业教育的发展。促进职业教育吸引力的措施有很多，但是就中职学生资助政策而言，其对于受惠群体的人性基本假设即遵循了经济学中的经济人假设。

经济人假设是迄今为止对人类社会最有影响的人性假设。一般认为，“经济人就是追求财富最大化的人”，经济人的人性假设来自亚当·斯密，亚当·斯密通过对市场经济和市场经济行为主体所展现的人性基本特征的分析，最早揭示了经济人的人性基本特征和对市场经济的巨大推动作用，亚当·斯密对于人类的贡献不仅在于他提出了“看不见的手”的理论，同时也在于他对人性的深入考察，深刻揭示了市场经济与经济人的人性的必然联系，亚当·斯密对于人性的描述说明了经济人的本质特征——自利性。其后，西尼尔提出了个人经济利益最大化。约翰·穆勒在此基础之上提炼出经济人假设。经济人主要包括两个方面的含义：首先，人的目标是追求自身利益的最大化，是自私自利的经济人；其次，人的行为选择是基于理性的而非随机的。

中职学生资助政策正是基于经济人的假设而制定的，主要表现在政策目标和政策实施要求两个方面。就政策目标而言，其基本目标是通过经济资助形式提高中职学生规模。依据经济人假设，中职学生资助政策的政策制定者相信，只要给予政策目标群体一定的经济资助，必然会刺激该群体对中等职业教育的消费需求。纵观中职学生资助政策的相关文本，除了需要受惠群体提供相应的材料证明之外，并不需要付出任何其他代价，这对于家庭贫困的大多数学生来说，确实具有很大的吸引力。政策制定者相信，如果他们是理性的，就绝对不会放过免费入学的机会。当然，政策制定者也不是只通过经济手段来提升中等职业教育的吸引力，无论是在政策文件中，还是在政府领导人的讲话中，均不断提到，在实行中职学生资助政策的同时，中等职业教育还要通过改革和创新，全面提高教育教学质量，以提升中等职业教育的吸引力。政府将经济手段与质量手段放在一起，再通过不断加大宣传，使政策目标群体不断获得关于中等职业教育的正面信息，以促使目标人群作出理性选择。

政策制定者对执行者——尤其是中职学校——的人性假设也是基于经济人的假设，这主要体现在中职学生资助政策的具体实施要求上。例如，财教〔2009〕449 号文件以及财教〔2012〕376 号文件均规定，“公办中等职业学校不得因学生资助而提高其他收费标准，或擅自设立收费项目乱收费。”并均提出“加强学校审计制度”“要严格规范中等职业学校学生学籍管理工作”等，这些规定一方面是为了促进中职学生资助政策的有效有序实施，但同时也是将学校作为严格的防范对象，防范其从中职学生资助政策中套取国家资金，防范其将学生的补助占为校有。在政策制定者看来，学校作为政府教育系统的基层单位，是被管理者，每个学校均可以看作是独立的个体，独立个体的选择目的也是个体利益最大化，因此，学校作为执行者，可能会从中牟利，鉴于此，该政策实行校长负责制，将责任与校长个人挂钩，当个人与学校产生利益冲突的时候，作为理性的经济人，必然会选择学校的利益，从而减少甚至避免出现违规现象。

通过对政策目标以及政策实施要求的审视，笔者可以得出结论，经济人假设是中等职业教育学生资助政策制定者所持有的基本人性假设。

5.2.2 中职学生资助政策制定过程分析

政策的制定明显是一件价值选择的事情，价值选择就涉及选择谁的价值、谁来选择价值以及价值选择的标准是什么的问题。价值选择是一种博弈的过程，是可操作的过程，因此，政策分析者的注意力就会集中到政策对于价值的配置方面，并审视政策是如何对价值进行权威性配置的。[①]教育政策不只是反映了某一个阶层的利益，也不是只对精英阶层的利益作出直接反映，它更像是对一个复杂的、多种组成成分的组合体作出的反应。[②]

教育政策制定是政府行为。政府是负责日常事务的、具有公共机构特征的实体，也是一个具有一组功能的实体。政府是权力和支配的中心，但其表达方式及调和机构，随着社会政治的发展变化而变化。政府不能有主观意图，它是一种机器，它多少与自己的命运有关，它是管理主义和官僚主义的，它极大地专注于短期的危机管理。但这并不意味着政府就是中立的，当它与阶级关系脱离时，局部的利益明显地反映在它的政策中，或者由于直接代表的作用，或者是对政府有影响的举措的作用。

在关于教育政策制定的研究中，有学者在各种意识形态及其影响之间进行比较精确的匹配分析，索尔特和塔伯认为，“教育行政管理者可以称为教育官僚，他们关心的并不是教育事务以及其产生的影响，也不会过于关注对其自身的影响，他们主要关心的是对于各项事务的控制度以及管理制度的有效性问题。由于对于学校的控制权几乎全都集中在他们手中，因此，教育官僚就成为有能力直接影响教育政策的群体”。[③]

依据以上相关研究基础，笔者对我国中职学生资助政策制定过程进行分析。

在中职学生资助政策制定中，政府部门秉承其一贯的国家主义意识形态，采用自上而下的政策制定及执行模式。政策的制定明显是集权化的，教育政策的制定主要在政府上层（中央政府部门）之间产生博弈，中层和基层政府部门在政策制定中的作用微乎其微。作为政策的直接执

① J.J. Prunty. Signposts for a Critical Educational Policy Analysis［J］. Australian Journal of Education，1985，29（2）：133–140.

② H. Svi Shapiro. Education and the State in Capitalist Society：Aspects of the Sociology of Nicos Poulantzas［J］. Harvard Education Review，1980，50（3）：321–331.

③ Brian Salter，Ted Tapper. Education，Politics and the State［M］. London：Grant McIntyre，1981：26.

行人——学校是没有多少发言权的，而作为政策的直接受益者——学生和家长的参与则几近于零。

在这里，笔者将从教育政策制定的三种层次或三种维度来分析中职学生资助政策制定者所持有的特定价值观念，这三个层次分别是经济的、政治的和意识形态的。对经济的考察导致对教育基金和教育对生产力所作贡献的关注，就是对教育与资本的关系进行定位；对政治的考察导致对教育管理形式的思考以及对教育政策如何维护社会和政治秩序的关注；对意识形态的考察导致对政策形成过程及方式的思索以及对教育产生重要影响的是何种主流文化的探讨，如图 5－1 所示。

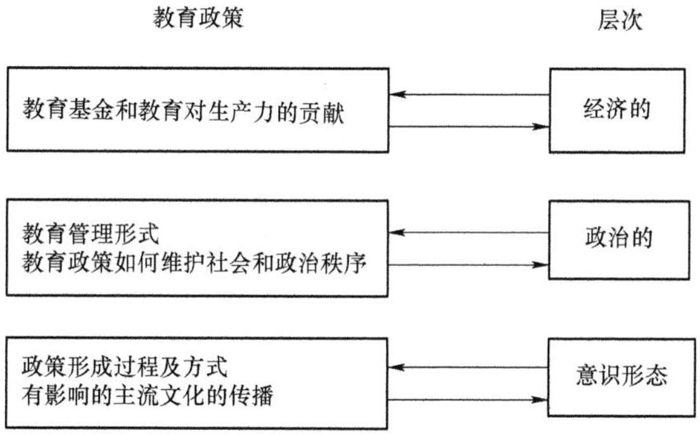

图 5－1　教育政策的层次分析框架

从经济方面来说，随着我国经济增长渐趋平缓，就业形势不容乐观，鉴于我国当下的政治体制和经济体制改革的难度，大众将关注目标转移到教育，认为教育无法适应当下社会发展的需要，教育体制及教育发展现状成为大众抨击的对象，教育代替政治和经济成为众矢之的。随之而来的是职业主义的兴起，职业主义认为，教育应该教会学生有关劳动领域或社会行业的基本技能以及基本素质，这些后备劳动力是社会上创造财富的源泉。这种观点反映在教育政策中，就是大力提倡行业技能教育和素质教育，首先在职业教育领域，职业主义在职业教育领域得到了很好的诠释，中职学生资助政策的出台正是政府全面扶持职业教育的重要措施之一。同时，从中职学生资助政策的制定过程可以看出，政府对于经济和教育的关系秉持以下观点：政府认为只要提供合适的教育，就能促进经济发展，政府强调职业和科学定向的教学，这表明它认识到教育系统能够很好地满足经济的需要。

从政治方面来看，中职学生资助政策的制定并没有经过大规模或大范围的讨论和论证，政策制定之前的论证和讨论均在小范围内进行，外界所知的仅仅是结果。由此可以看出，中职学生资助政策的出台是中央集权化的产物。反映出我国的政策决策还未完全走出想当然的模式。有基层管理人员这么评价："免学费政策的出台和助学金政策的出台，对于职业教育的发展和促进学生就学当然是好事。但是这两个政策的性质是不同的……上面在做政策决策时，根本就没有调研过，或者也就是走走过场而已，有的就是想当然而已。"（资料来源：笔者的基层调研资料。）

这位基层管理人员的评价可能有些偏激，但是从侧面反映了我国某些教育政策的出台模式，政策决策呈现高度集中性，就算是到下面调研，听取的也是一面之词，且调研意见是否能够准确完备地反映给决策层，有待商榷。这是政治运行秩序在教育领域的反映。

由中职学生资助政策所反映的中央、省、市三级政府的作用可以表述为：中央政府是决策层，关注的是在全国范围内推行该政策，并不关注实施质量和效率；省级政府负责传达并贯彻中央意图，关注的是如何确保下级政府完成既定任务，意在控制；市级政府则负责具体执行，关注的则是如何在不损害自身利益的前提之下完成任务。而作为教育领域中的基层单位——学校，对于政府来讲，则是作为工具存在的，其主要任务就是保证将免掉的费用返还给学生。我国教育政策具有这种制定模式的根本原因在于我国强大的集权化政治体制，以及唯上唯官本位的潜在政治运行制度。

从意识形态来看，中职学生资助政策是我国教育政策中的一项，从该政策来看，国家对于职业教育的政策导向已经由市场力量提供支持逐渐转向政府逐步承担的方式，将职业教育重新纳入国家供给范畴。职业教育政策始终是和社会经济政策紧密相连的，市场力量可以促进职业教育发展与社会需求的匹配，但是鉴于我国目前市场经济体制的不完善，无法为职业教育的自主发展提供良好的社会环境，从而导致中等职业教育的衰落。为了促进职业教育发展，政府由交予市场转而纳入国家调控是必然的选择。

5.2.3 政策制定者推行中职学生资助政策的特性分析

纵观中职学生资助政策的发展历程，其政策的实施过程体现出了较为明显的渐进主义倾向。政治学家查尔斯·E·林德布罗姆首次提出了渐进主义模型，渐进主义把公共政策视作政府对过去行为活动的延续，其中伴随着渐进的调整与修正。渐进主义认为，政策制定是保守的，因为它以现行的项目、政策和支出为基础，只是把注意力集中于新的项目和政策对现行项目与政策的增加、减少或修正，决策者通常都会接受现行项目的合法性，并默许继续执行原来的政策，如图 5－2 所示。

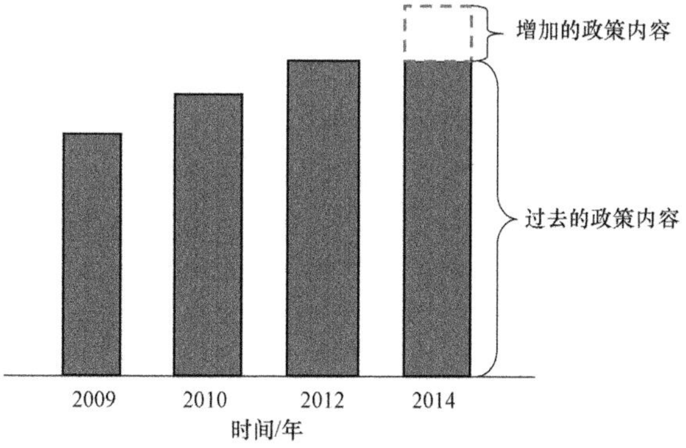

图 5－2　政策制定的渐进主义模型

中职学生资助政策的政策目标呈现逐渐扩大趋势。在该政策的实施过程中，政府并不关心前期政策的实施效果如何，其默认前期政策是合法有效的，并以此为基础继续推行至终极目标。政府之所以愿意采用渐进主义的做法，主要有以下三个方面的原因：

（1）政府没有足够的时间、信息和金钱对当下政策的实施情况进行调查。即便是在计算机时代，信息畅通，进行全国性的调查也是耗时耗力的。

（2）政府将中职学生资助政策看作是直接面向受惠者的教育资金投入项目，政策具备惠民性质，政府认为在全国范围内推行这样的政策符合当下关注民生的政治主题。

（3）渐进主义是政治上的权宜之计，在政策制定的过程中，当分歧与争论紧紧围绕着预算的增加或减少，以及对现行政策是否调整时，才更容易达成一致。一旦决策涉及重大的政策转变，牵扯到巨大的收益或损失，冲突就会加剧。中职学生资助政策改变了中职教育供给的性质，且在全国范围内推行将涉及巨大的资金投入问题，由于其意义重大，政策在推行中的利益冲突会不断增加。从这个意义上讲，渐进主义对于减少冲突、维护稳定、保持政治体系自身秩序都是特别重要的。

5.2.4 中职学生资助政策的主体价值分析：基于政策制定者立场的分析

政策制定者出台中职学生资助政策是秉承了一定的价值观的，而且，其价值观会反映在政策文本中。在前一节我们谈到过，教育政策的主要价值包括三个方面：个人价值、民主价值和经济价值。中职学生资助政策作为一项独立政策，其所蕴含的价值是有限的，是主次分明的。接下来，笔者将依据此框架分析中职学生资助政策的主体价值，或者说基于政策制定者的立场分析政策应有的价值。

5.2.4.1 中职学生资助政策的个人价值：促进个人经济利益的增长

中职学生资助政策最主要的个人价值就是促进中职学生个人经济利益的增长。其最终的政策目标是对所有中职学校的学生实施免费教育，降低学生的个人教育成本，增加其个人收益。从政策的实施程序来看，政策规定以直接资助作为实施方式，即直接将经济补贴以现金形式返还给学生，其目的还是保障学生个人经济利益的增长。

5.2.4.2 中职学生资助政策的民主价值：促进教育平等

民主价值主要包括平等、自由、博爱，但是反映在中职学生资助政策中，可能最主要的民主价值就是追求教育公平。公平和平等这两个词汇既有联系又有区别，在普世价值中，强调更多的是平等，但是在我国教育政策中，强调更多的则是公平。在《现代汉语词典》中，公平的概念是指“处理事情合情合理，不偏袒哪一方面”，平等是指“人们在社会、政治、经济、法律等方面享有相等待遇”或“泛指地位相等”。①公平和平等之间的联系在于两者均属于价值观的范畴，且它们的内容有部分重叠或交叉，例如，机会平等、规则平等属于公平的范围。两者之间的区别在于，公平是以承认差异为前提的，公平体现着人们要求种种利益分配的合理化，而平等强调的是“同”。日本学者高坂健次教授在分析从理想的平等社会到公平社会时，将平等和公平两个概念组合为四个单元，如表 5-1 所示，他认为在这四个单元中，人们容忍的是 1 单元和 2 单元，不能容忍的是 3 单元和 4 单元。②

表 5-1　公平与平等的交叉关系

概念	平等	不平等
公平	1	2
不公平	3	4

虽然我国学术界关于教育公平的界定和讨论众说纷纭，但是教育公平的核心是平等，这是毋庸置疑的。

人们可以把平等理解为机会平等和结果平等。机会平等是指不分种族、性别、年龄等，在接受教育和寻找职业时，享有平等的机会。在机会平等真正存在的情形下，不平等的结果主要起源于个体自控的其他一些变量，包括努力程度和额外学习的时间。结果平等唯有在两极差距相对较小的情况下才会存在。

结果平等意味着“人类不应当有差别，而且应当复原到早期的无差

① 现代汉语词典编写组. 现代汉语词典［M］. 北京：商务印书馆，1983.

② 郑杭生. 社会公平与社会分层［J］. 江苏社会科学，2001（3）：29-34.

别状态，要想得到结果平等，我们就要受到不平等的对待。”①在结果平等与对待平等之间存在着博弈，为了追求更多的结果平等，则会有更少的对待平等；反之，如果追求更多的对待平等，那么就要允许存在不那么多的结果平等。我们需要认识到的关键问题是：追求结果平等将损害对待平等，以至于无法实现追求平等的目标。

依据以上理解，中职学生资助政策追求的平等属于机会平等，教育政策制定者的本意就是为众多上不起学的学生提供更多的接受高中阶段教育的机会，促进教育公平，这也是中职学生资助政策的重要目的之一。

5.2.4.3 中职学生资助政策的经济价值：促进国家经济增长

经济价值主要包括效率和经济增长。中职学生资助政策作为教育政策，政策制定者赋予该政策的直接期望是促进个人经济利益的增长和教育公平，而促进国家经济增长可以看作是其间接期望价值，因为促进国家经济增长是通过促进职业教育来实现的。

5.3 价值分析之二：受惠者眼中的中职学生资助政策——免费教育与个人期望的冲突分析

自 2009 年国家在中等职业学校推行中职学生资助政策以来，政策范围逐渐扩大，国家投资金额不断增加。关于中职学生资助政策的研究也在不断增多，但是大多是站在政府及学校的立场探讨该政策的实施过程、实施效果以及应如何更好地完善该政策（王蓉，2012；赵永辉、沈红，2011；杨丽萍，2010；等），而鲜有站在受惠者——学生的立场上对中职学生资助政策进行分析和解读的。可以说，现有的研究缺少对“为什么中职教育吸引的多数是中下阶层家庭子女”的深入解读，缺少对满

① ［美］萨托利. 民主新论［M］. 冯克利，阎克文，译. 上海：上海人民出版社，2008.

足中职学生向上层社会流动的期望值考量，更缺少对因此引发的社会阶层世袭和固化问题以及由此引起的不公平现象的深入分析。

5.3.1 研究目的和研究方法

本节研究属于质性研究，关注受惠者及其家庭对于中职学生资助政策的感受以及理解，通过当事人的描述来透视中等职业教育学生资助政策带给受惠者的冲击和期望，并试图对当事人的选择进行原因分析及深度解读。

在本节研究中，笔者主要采用访谈法，研究对象主要为东部某中职学校的三位在校生（两名女生、一名男生，分别称其为甲同学、乙同学和丙同学），甲、乙同学为二年级学生，丙同学为一年级新生，均为建筑设计专业。甲同学来自农村家庭，为往届毕业生注册入学，入校时间为 2010 年，年龄为 16 岁；乙同学和丙同学为初中应届毕业生，入校时间为 2010 年，入校年龄 15 岁。

笔者分别对三位同学进行了深度访谈，时间大约为 60 分钟。通过对访谈资料进行整理，找到了中职学生对免学费政策的态度与感受的很多本土概念，例如，“为家里省钱、迷茫、找工作、评选不公平、不关心、不喜欢学习”等，见表 5－2。

表 5－2 中职学生对免学费政策的态度与感受

态度		支持、好事
感受	正面感受	省钱、对表现好的学生的奖励
	负面感受	评选不公平、手续麻烦、与学习无关、与我无关、关注就业、关注将来发展

中职学生资助政策本身具备一定的限制范围（自 2009 年以来，享受范围一直在不断扩大），且有具体要求（需要提供相关证明材料）；而“评选不公平、迷茫、与我无关”等感受则体现了中职学生本人内心的不满，而这可以归结为其内心困惑。高中阶段教育并非义务教育，中职学生资助政策可以看作是国家与个人之间的一项社会契约。这项契约从

表面上来看是免费而且无偿的，但是如果深入分析，则会发现，表面上的免费实际上是以学生将来很难向上层社会流动为代价的，政策实施与学生个人期望之间产生了冲突，这些冲突影响了政策实施效应。

5.3.2 免费教育与个人期望的冲突分析

5.3.2.1 政策实施受限与政策高期望值之间的冲突

在对三位中职生的访谈中笔者发现，同学们对于中职学生资助政策并没有一个恰当的认识。

首先，有学生认为，“免学费政策不仅我们中职学校有，他们上高中的也有这项政策。”

其次，有学生认为“助学金是要参加评选的，想要申报免学费，必须提供一堆文件材料，要去村里盖章，要提交户口本，关键是提交之后还不一定能评上……再说了，评选也就是走个过场，关键还是班主任说了算，就说我吧，我是班长，平时帮老班干活多，老班就给我弄了个免费名额。”

再次，中职学生资助政策虽然对增加中职教育的吸引力起到了一定的作用，但并不是学生们选择上职校的主要原因，有学生就说：“我选择上这所学校还是想要学点东西的。”

同学们的这些看法与政府推广中职学生资助政策的意图不符合。首先，中职学生资助政策的实施并没有让学生感到这是一项面向中职学生家庭的惠民政策，而仅仅是把它当作普通教育政策的一项，这与政府宣传惠民政策的本意不符合；其次，中职学生资助政策并没有起到应有的政策效应，并没有完全实现对家庭特困生的资助，而成为有些老师手中的奖励条件。

在调研中笔者发现，虽然中职生对于中职学生资助政策的认识不足，但是他们对于实施免费教育的支持度很高。“能够免费当然好了，可以为家里省下一笔钱了。”依据笔者的问卷调查，学生们对于全面实施中职学生资助政策的支持度较高(详见 4.1 节)。从学生个人利益来讲，中职学生资助政策确实获得了学生们的认可。但是中职学生资助政策目前呈现的城乡差别、区域差别并不能完全满足中职生上学的需求。

5.3.2.2 政策效应的短期性与个人长期发展的冲突

从个人角度来讲，中职学生资助政策为学生提供了短期的经济效益，这种经济效益成为学生选择中职教育的促进力量之一，但是一旦学生享受之后，中职学生资助政策就不会对其有其他的作用。“免学费之后，我觉得就是省钱了啊，但并不会给我的生活、学习带来什么影响啊。”可以说，中职学生资助政策只能为学生带来短期经济效益，而不会为其长期发展提供过多帮助。按理说，学生应该因感谢政府的免费政策为其解决了一定的经济困难而更加努力学习，但大部分中职生本身就是学习习惯不好的学生，哪有这样的感恩觉悟，所以，这种冲突就在所难免。

学生们更加关注自己的长期发展，关注到中职学校念书是否可以学到东西？是否可以为将来的就业增加筹码？就读职业教育能够为学生的将来带来什么回报，是学生关注的焦点。从长远目标看，学生就读职业教育的根本需求就是为了促进自身的长期发展，而非获取短期经济效益。

免费政策效应的短期性与学生关注长期发展的需求之间存在错位，这也成为很多人不赞同全面推行中职学生资助政策的原因之一。

5.3.2.3 政策的模糊性与个人公平期望的冲突

中职学生资助政策的模糊性主要体现在两个方面：

1. 政策内容的不完善性

中职学生资助政策是在不断调整的，其政策目标群体范围在不断扩大，政策变动周期较短。同时，除了有相对明确的政策目标之外，并没有统一的政策实施程序和实施标准，这为中职学生资助政策的公平实施带来了一定难度，尤其对于有名额限制的东部地区来说更是如此。

2. 政策性质的模糊性

从理论上来讲，中职学生资助政策从国家角度来看主要包括助学金和免学费两项，它们构成了中职学生资助政策体系的主体。目前看，两项政策都是针对规定目标群体的政策。如果政府将其中的免学费政策的目标群体扩大为全体学生，那么，这将从根本上改变中等职业教育的性质，中等职业教育就会由准公共产品变为公共产品。但是，自 2012 年颁布财教〔2012〕372 号文件之后，该政策的目标群体始终是农村户口及家庭贫困生学生群体，虽然该群体已经占据全部学生的九成左右，但这使得免学费政策始终是资助政策，尚未改变中职教育的教育性质，中职教育还属于准公共产品一类。

5.3.3 分析与讨论

虽然三位学生的样本非常小，不具备推广性和代表性，但是调查结果对了解中职学生资助政策的实施效果还是具备一定启发性的。基于此研究结果，笔者主要从国家、学校和个人角度进行思考和讨论。

1. 从国家角度来讲

（1）中职学生资助政策内容不完善是造成政策效应不足的主要原因之一。条件受限、程序烦琐、政策性质不清等均对目标群体清楚理解该政策形成了障碍，而且，中职学生资助政策并没有很大地提高中职教育吸引力的原因也在于此。

（2）中职学生资助政策属于解决中职教育入口问题的政策，若要其发挥更好的政策作用，需要同时加强中职教育其他方面的建设。中职学生资助政策为学生提供的是短期经济利益，而在人们日渐理性的当今社会，仅仅依靠短期经济利益吸引人们选择职业教育是行不通的。

（3）中职学生资助政策可以吸引那些既考不上高中，又不愿意学习且家庭贫困的学生继续接受职业教育。现在，在中职学校，很多学生属于往届毕业生，在社会上有工作经验，他们选择再次回到学校读书，其原因有两点：其一，学校教育毕竟比社会上的要更加系统，“虽然我没有学到老师教给我的东西，但是我学到了我没有想到的东西。”前者即为专业性知识，后者即为社会性知识。中职学校教育虽然在专业性知识的传授方面存在缺陷，但学校集体生活会让学生学到很多社会性知识。

其二，学校相对于社会是比较安全的，学校成为尚未完全成年的学生们的避风港，经过在学校的成长之后，再次踏入社会，会让他们更加从容和自信，有利于社会安定和个人成长。

2. 从学校角度来讲

学校应该认识到中职学生资助政策是直接面向学生的经济再分配政策，学校不应该将此作为加强学校管理的手段。学校应该加强政策执行力度，在政策资金充足的前提下，尽量完成其政策目标。

3. 从个人角度来讲

学生应该认识到中职学生资助政策仅仅是提供了入学机会，将来的个人发展还需要个体努力。无论哪一项政策，也只能解决一方面或几方面的问题，不可能是万能之匙。

5.4 价值分析之三：中职学生资助政策的权力结构分析

权力现象是一种贯穿于人类社会始终，渗透于人类社会生活的各个方面，并对人类社会历史发展进程产生重大影响的社会现象。在人类现实社会生活中，人们为争夺权力或者巩固权力，上演了一幕又一幕历史的话报剧。权力成为人类在社会生活中任何时候都无法回避、任何地方都能感受到其强大影响力的一种社会现象。在政治生活中，权力也是主导政治进程一切方面的核心要素。作为政治活动中的必要组成部分的政策，其肩负着调节权力和利益的重任。因此，以权力为出发点来研究政策及其运行，是必要和可行的。

5.4.1 权力的内涵

权力在词源上对应的拉丁语或英语词汇大致上有两种取向：一种是拉丁语中的 potere，原意为能够；另一种指具有做某事的能力，后派生出英文 power。《现代汉语词典》以及《社会学词典》都将权力作为一种力量来看待，认为“权力是一个人依据自身的需要影响乃至支配他人的一种力量。”《辞海》关于权力的条目有“权，势也，权力，即势力。”

考察已有关于权力的研究，笔者发现，关于权力的概念界定并不一致，例如，帕森斯“将权力看作是一种在社会相互作用的过程中使其他单位、个人或者集体的行为发生改变的特殊机制。”①马克斯·韦伯认为，“权力是将某人之意志强加于别人行为之上的可能性。”②迈克尔·曼认为，“在最一般的意义上，权力是指通过支配人们的环境以追逐和达到目标的能力。”③……鉴于这种研究现状，有学者认为，“权力的概念被称为一种‘在本质上可争议的概念’。”④

尽管关于权力的概念并不统一，但这些观点也有相同点，即认为权力是一种力量或者能力，且所有关于权力的讨论其内隐的基本思想都是 A 通过一定的方式影响 B，因此，本书认为“权力是权力主体通过一定的方式作用于权力客体的力量或者能力，权力主体和权力客体既可以是个人也可以是组织，作用方式可以是暴力的，也可以是非暴力的。”⑤

5.4.2 中职学生资助政策中的权力关系分析

对于权力的分析可以有两种角度：一种是传统研究的角度，即应然研究，主要侧重于价值判断、结构或构造的设计；一种是现代研究的角度，即实然研究，主要侧重于实证研究，关注权力运行机制等问题。本节主要进行的是实然研究，考察中等职业教育学生资助政策实施过程中

① [美] 史蒂文·卢克斯. 权力——一种激进的观点 [M]. 彭斌，译. 南京：江苏人民出版社，2008：20.

② [美] 莱因哈特·本迪克斯. 马克斯·韦伯思想肖像 [M]. 上海：上海人民出版社，2002：53.

③ [美] 迈克尔·曼. 社会权力的来源（第 1 卷）[M]. 上海：上海人民出版社，2007：8.

④ [美] 史蒂文·卢克斯. 权力——一种激进的观点 [M]. 彭斌，译. 南京：江苏人民出版社，2008：18.

⑤ 俞启定，王喜雪. 基于学术权力的高职院校制度建设研究 [J]. 湖南师范大学教育科学学报，2012（6）：107–112.

的权力关系。

5.4.2.1 三种权力类型分析

权力是人类社会特有的现象，“其表现形式是多样的，但归根结底是一种支配与服从的关系，如果从谁支配谁的意义上说：权力主体处于支配的地位，权力客体处于服从的地位，依据支配手段的不同，权力可以分为强制型权力、报偿型权力和信仰型权力三种类型。”①

三种权力类型的内涵不同，主要是因为其各自的支配手段各异。强制型权力是指权力主体依靠实施惩罚或者是威胁等手段以赢得权力客体的服从，因此又称为惩罚型权力；报偿型权力是指权力主体通过提供给或者是许诺给权力客体所需要的利益，以赢得他们的服从；信仰型权力则是指权力主体通过对权利客体进行意识形态的教育以培养其认为自己有责任服从的内在观念，从而换取他人心甘情愿地服从。强制型权力与报偿型权力均可以看作是权力主体通过一定的回报来获得权力客体的服从，其区别在于前者的回报属于否定性，而后者的回报属于肯定性。

权力主体支配权力客体的手段及方式的不同，导致权力客体服从的心理状态和效果也不一样。在强制型权力关系中，权力主体是依靠强制力量迫使权力客体服从他们的意愿的，权利客体自身的意愿并不会被考虑其中，而权力客体迫于压力，也只能选择服从，无论愿意与否。从本质上来说，它属于单方面行为，在这种权力关系中，强制力又是客体行为产生的主要基础。强制力以暴力为基本形式，但是，在公共政策推行中，强制型权力所使用的惩罚手段包括暴力但不仅限于暴力，其惩罚手段除去最原始的暴力形式之外，还包括经济惩罚、政治惩罚等多种形式。从这个意义上讲，强制所导致的服从是一种非自愿的服从，权力客体因为害怕受到惩罚从而导致自己的利益受到损害，所以选择了服从，可以说，这种服从是建立在双方差别很大的基础上的。

拥有权力客体所需的资源是报偿型权力关系中主体维持其权力的

① 周光辉，张贤明. 三种权力类型及效用的理论分析 [J]. 社会科学战线，1996（3）：52-57.

前提条件。也就是说，在报偿型权力关系中，权力客体服从的原因是权力主体可以为其提供一定的利益回报，这是一种出于某种利益的诱导而作出的选择。利益补偿弥补了服从所带来的心理或者物质上的损失，从某种意义上来讲，报偿型权力类型可以看作是一种社会交换，其根源在于单方面的依赖，一个人通过向他人提供其物质需要或精神需要，就建立了对于他人的权力，如果这些物质需要或精神需要是他人不能从别处轻易获取的，那么，他人就会对这个人产生依赖和感激，并表现为服从，以免其不再继续满足他们的需求。

为权力客体构建一套信仰体系是信仰型权力关系中权力主体维持权力的基本前提，权力主体通过这套信仰体系使权力客体从主观上认同现存的秩序，进而自愿服从主体的意愿。从本质上来讲，这套信仰体系是权力主体为自己的权力所构建的合法性基础，正如意大利思想家莫斯卡曾经指出的“统治阶级并非只靠实际占有权力来证明权力的正当性，他还试图为权力找到道德和法律的基础。”[①]

从上面的分析中可以看出，权力关系的本质即为支配和服从的关系，由于凭借的手段不同，三种类型的权力也存在不同。“从权力主体保持支配地位的基本方式看，分别是暴力强制、利益诱导和道理说服；从权力客体之所以服从的心理来看，则分别是被迫、被迫与自愿相结合和完全自愿。”[②]权力主体选择不同的权力类型的依据主要在于其所掌控的资源不同，换句话说，其所掌握的资源形式决定着其对于权力类型的选择，这里所说的资源，包括经济资源、政治资源、社会资源以及文化资源等多种资源形式。需要加以说明的是，在现实行动中，三种权力类型往往并不是单独行使的，而是呈现同时使用的状态，只不过可能某一种权力类型更加明朗化。

5.4.2.2 中职学生资助政策实施过程中的权力关系分析

中职学生资助政策在实施过程中，涉及多方主体，主要包括以下几

---

① 王烈. 国家的文化意识形态职能［J］. 文史哲，1944（6）：51–56.

② 周光辉，张贤明. 三种权力类型及效用的理论分析［J］. 社会科学战线，1996（3）：52–57.

个主体：

（1）全国中职学生资助政策制定者：中央政府部门；

（2）地方中职学生资助政策制定者：省级政府部门；

（3）中职学生资助政策执行者：省级、地市级、县级政府部门和中等职业学校；

（4）政策受惠者：学生。

中职学生资助政策在实施过程中，多个主体之间存在的权力关系主要体现为以下几个层面：各级政府之间的权力关系、地方政府与其所属中职学校之间的权力关系、中职学校与学生之间的权力关系。多个主体主要以组织形态存在，仅有受惠者以个体形态存在。

前面谈到过，权力关系主要是以拥有资源为前提的，权力的大小取决于资源规模的大小，控制更多的资源，就可以拥有更大的权力。而组织是一种资源的配置方式，组织拥有的资源多少及资源类型就决定了一个组织的生存及其权力的走向。也就决定了组织与组织之间的相互分化及各种权力之间的相互补充和竞争。

在中职学生资助政策涉及的多个主体之中，由于不同的组织具备不同的组织特性，导致其拥有的资源不同，从而影响其权力关系类型。接下来，笔者主要考察以下各主体间的权力关系，从组织特性入手，分析其在中职学生资助政策推行中拥有资源的情况，判断其权力关系类型，并进而分析其权力实施效果。

1. 各级政府之间的权力关系

在各级政府之间的权力关系中，上级政府处于权力主体地位，下级政府则处于权力客体地位。

政府是基于政治权力的政治家领导的行政组织，具有鲜明的行政性，行政的基础是政治权力。政府拥有异质性的政治家人力资本，能行使权力为人民提供服务，这种权力属于公权性质，是人民让渡了部分私权出来使之为人民谋福利的。

现代社会的政府均采取官僚制度。马克斯·韦伯认为，“大规模的现代国家是绝对地立足于官僚制度的基础之上的。”①官僚制体现的是一种现代社会的理性，政府的层级结构、专业技术文官队伍、自上而下的命令等是其主要特点。

政府具备垄断性和强制性。政府是提供强制性公益的组织，因此，政府行为具有强制性的约束力量，一旦政府作出某个决策，凡是在其行政管辖区域之内的相关组织，无论其愿意与否，都必须服从政府的这一决策。

在中职学生资助政策推行过程中，作为政策制定者的中央政府，由于掌控多种资源（包括政治资源、经济资源、暴力资源、文化资源等），从而拥有绝对权力，中职学生资助政策制定之前的阻碍主要来自中央政府内部部门之间的博弈。在博弈结束，政策形成且颁布实施，地方政府必须加以执行，这一方面是政府的性质及其官僚制特性决定的，另一方面是由于我国政府实行中央集权制度，中央对于地方具有强大的力量。在各级政府关系中，上级政府拥有绝对权力，而这种权力既包括强制型权力，也包括报偿型权力，当然也有信仰型权力的存在。三种权力类型交织在一起，导致下级政府对上级政府的服从。

中职学生资助政策所涉及的资源主要为资金问题，所需资金在政策中规定由各级政府按比例分担，上一级政府所承担的资金为下一级全面履行政策提供了经济支持，可以看作是一种经济报偿；同时，下一级政府也必须承担一部分资金，两种来源的资金合在一起，才为全面有效地实施中职学生资助政策提供了必备的经济保障。上一级政府提供的资金使其支配权力类型体现为报偿型，而下一级政府必须自己承担的资金属于硬性规定，表现为强制型权力类型。在政策实施中，两种权力类型共同发挥作用，但是其效果却是不同的。

在实际考察中笔者发现，具体到学校执行层面，中职学生资助政策并没有完成政策目标（详见第 3 章第 1 节），通过数据资料和访谈笔者发现，主要问题在于政策资金不足。上一级政府提供的资金作为一种政

① ［德］马克斯·韦伯. 论官僚制度［J］//［美］R·J·斯蒂尔曼. 公共行政学：观点与案例［M］. 北京：中共中央党校出版社，1997：100.

策控制手段，可以很好地获得权力客体的支持和服从，但是由于报偿型权力主体掌握资源的有限性，从而导致其效用的有限性，这种有限性反映在中职学生资助政策中，就体现为资金不足。政策中规定的下一级政府所必须承担的资金属于强制性规定，无论政府财政状况如何，按规定是必须承担的。此时，上一级政府对下一级政府所行使的是强制型权力，这种强制型权力所依靠的力量不是惩罚力量，而是政府的权威力量，而这种权威力量又来自下一级政府对上一级政府的权力合法化的认同。虽然下一级政府对上一级政府是绝对认同的，但是这种强制型权力由于缺乏有效的惩罚措施，导致下一级政府在执行政策的时候会更多地依据自己的利益作出行动选择，同时又会尽量避免让上一级政府察觉真实行为，反映在中职学生资助政策执行中，就是越是层次低的政府，所提供的政策资金越是不足。

考察中职学生资助政策在推行中各级政府之间存在的两种权力类型，笔者发现报偿型权力比强制型权力的效果要好。其原因在于，报偿型权力的行使是以提供经济资源为依靠的，更会受到下一级政府的欢迎，从而保证政策的顺利推行；强制型权力的行使以政府权威为依靠，且由于缺乏监督及惩罚措施，致使其权力效用大打折扣，导致所谓的“上有政策，下有对策”。

2. 地方政府与中等职业学校之间的权力关系

在地方政府与中等职业学校的权力关系中，政府处于权力主体地位，学校处于权力客体地位，他们之间的权力关系类型以报偿型权力为主，以强制型权力为辅。

在地方政府和中等职业学校之间存在一种依附性关系。地方政府是中等职业学校的主办单位，政府处于权力支配地位，学校处于服从地位，这种服从是建立在以下两种基础之上的：

（1）地方政府拥有学校发展所需要的主要资源，其最主要的表现就是财政权，虽说学校财务独立，但是其拨款权还是由地方政府掌控。

（2）地方政府拥有对于中职学校的行政控制权力，其最主要的表现就是人事权，中职学校的领导人事任命权在地方教育行政部门，中职学校并不是自治单位。人事权和财务权两种最重要的权力掌控在地方政府手中，中职学校对政府的相关决策只能采取服从态度。权力主体（地方政府）凭借自己的资源配置地位对权力客体（中职学校）行使相应权力，其权力类型体现为报偿型权力和强制型权力两者的结合。

但同时学校又属于独立法人组织，具备一定的独立自主性。从学校总体来讲，中职学校是一个松散型系统，但是其内部结构又是科层制度，且学校具备自己的独立发展目标及教育目标。因此，从这个意义上讲，学校对于地方政府的服从又是有限的。地方政府和中职学校具备不同的组织目标，两种组织目标之间的差异性导致地方政府和中职学校对相同政策的态度和行为也是不同的。

3. 中职学生资助政策实施中的权力流动

资金是中职学生资助政策的核心要素，在政策执行过程中，随着资金的转移，权力也在不断地产生流动和更迭。围绕着中职学生资助政策的推行，主要有政策制定权力、资源配置权力、资源使用权力、政策监督权力，这些权力的行使直接影响到政策实施效果。

中职学校是中职学生资助政策的最基层政策执行单位，政策实施效果主要受制于四个方面：一是资金是否充足；二是学校对于中职学生资助政策的态度；三是学校执行程序是否公平；四是政策监督体系是否完善。

中职学生资助政策中的资金掌控权在各级政府手中，而各级政府的资金层层划拨最终落到县级政府，在资金不断转移的过程中，最终的资金掌控权落到了县级政府，县级政府对于中职学生资助政策的重视程度决定了该地域中职学生资助政策的资金充足程度。县级政府将各级政府的资金汇总，并最终依据学生名额划拨到各个中职学校，因此中职学生资助政策的资金使用权在中职学校手中。在中职学生资助政策缺乏政策实施监督体系的情况下，学校对于中职学生资助政策的认同态度将直接影响政策实施效果。依据实际调研情况笔者发现，中职学生资助政策远远没有实现其规定的政策目标，原因有两点：第一，政府划拨资金不足；第二，资金使用有结余。政府部门利用手中的资源配置权力并没有按照政策规定划拨资金，中职学校利用手中的资金使用权力并没有将所有的资金分配到位。地方政府的资金配置权力和中职学校的资金使用权力直接关系到中职学生资助政策目标的实现与否，或者说是目标中量的部分的实现。

而中职学校在政策执行过程中的公平性又直接影响到中职学生资助政策目标中的质的部分。虽然中职学生资助政策正在逐渐推开，但是作为采取了渐进主义的中职学生资助政策，在推进过程中应不断反思和改进，以逐渐完善政策，才会体现渐进的价值所在。而实际情况恰恰相反，中职学生资助政策缺乏监控制度，从调研情况来看，即便是省级政府想要了解全省的中职学生资助政策的全面情况，也是最终不了了之。其原因在于：首先，中职学生资助政策的资金是其核心要素，各级政府是免费资金的全部来源，政府会利用自己的资源配置权力为自己寻求最佳利益，而在我国，由于缺乏政府行为监督机构，让政府自己查自己，显然不会起到监督应有的作用；其次，学校利用自己的资金使用权力为自己谋求最佳利益，这种行为是建立在政府资金划拨不足的基础之上的，政府划拨资金不足本身就是一种负面信号，有人会因此认为该政策并不重要。因此，让没有完全履行职责的政府监督同样没有完全履行职责的学校，本身就是一个悖论，已经失去了监督的合法性。

政府不仅享有资源配置权力，也享有政策实施监督权力，集运动员和裁判员于一身，那么政策实施效果就有待进一步商榷。

从政策制定来看，政策文件本身可以看作法律契约，法律契约在制定之初，“应当被设想为一种工具，使没有计划的政治权力为非政治的（私人的）目的服务。”[①]从中职学生资助政策文件来看，存在很多漏洞，缺乏有效力，且由于我国行政行为缺乏法治精神，俗称“上有政策，下有对策”，这样的思维惯性给政策贯彻实施带来了过多的阻力。

在中职学生资助政策的各个主体的权力关系中，主要以强制型权力和报偿型权力为主，两种权力类型的执行效果不同，总体说来，报偿型

① ［德］尼克拉斯·卢曼. 权力［M］. 瞿铁鹏，译. 上海：上海人民出版社，2005：103.

权力取得的政策效果更为稳定。围绕着资金的层次流动，中职学生资助政策在实施中权力主体对权力的不当使用导致其政策目标并未全部实现，政策效果不尽如人意。

5.5 价值分析之四：平等与效率的冲突分析

关于中职学生资助政策，有学者认为，“我国中等职业学校学费水平过高，且社会分层等因素阻碍了我国中等职业教育的发展，与我国经济和社会发展的要求存在较大差距，因此国家应逐步实行中等职业教育免费制度。”[①]也有学者提出应暂缓执行中职学生资助政策，认为该政策并没有取得应有的政策效应，“不赞成近期内以实施全面免费为加大中等职业教育财政投入的优先选项。”[②]对于同一个政策有两种不同的观点：一方更关注平等；另一方更关注效率。由此所引发的讨论就是：资金使用是应该用于促进平等还是应该用于提高其使用效率？

5.5.1 平等视角下的中职学生资助政策

关于平等，笔者在前面已经做过概念说明。为了更深入地分析，我们应该回答以下问题：应将平等作为一种规则还是作为一种地位？在民主社会中，占据优先地位的具体的平等是什么？如果再深入分析，则还需要明确一个问题：在当下社会中，占据优先地位的具体的平等应该是什么？实际是什么？

平等的概念具备两面性，即平等是被理解为相同性还是公正的平

① 杨丽萍. 我国实施免费中等职业教育制度的可行性研究［J］. 教育理论与实践，2010（1）：18–20.

② 王蓉. 应放缓全面实施中等职业教育［J］. 教育与经济，2012（2）：1–6.

等。“只要看看平等如何与自由发生关系，就可以证明这一点，因为平等既可以成为自由的最佳补充，也可以成为它最凶狠的敌人。平等越是等于相同，被如此理解的平等就越能煽动起对多样化、自主精神、杰出人物，归根结底也就是对自由的厌恶。”①

萨托利将机会平等划分为利用平等和起点平等。这两种机会平等之间没有矛盾。一旦每个人被给予最大可能的公平起点，在这个起点之后就应当让个人通过自身的奋斗和能力争取上进。实际上，这也是把以上两种情况都称为机会平等的缘由。不过它们的逻辑关系要求先有起点平等，然后才有利用平等。但实际上，这个顺序被颠倒过来了，原因很简单：较之使起始条件平等的手段，实现利用平等的难度小，代价也小得多。开放利用的机会无须再分配，而平等起点则大家都需要。

如果，平等起点的机会与提供给平等才干的平等机会大不相同，那么它的经济相同性也大不相同。显然，再分配和剥夺都意味着，国家或政府必须不断进行干预，就是说，政治权力的插手具有决定性意义。不过，这种干预常以十分不同的方式出现，并且抱有十分不同的目标，即可以赋予每个人以足够的权力（平等的权力资源），使之享有平等的进取机会，也可以以平等本身为由剥夺每个人的一切权力。这两种方法是完全不同的，前者是在保障所有人的权利之下，提供给其平等的上升机会，后者则是将人的权利践踏于脚下，强行追求一种结果上的平等。

在我国当下社会中，由于长期实施计划经济，权力得不到有效遏制，导致社会上存在严重不平等的现象，这种不平等现象首先是以不平等的结果显现的，但是并不是说这种不平等的结果属于平等对待的正常发展。社会中存在着特权阶层、既得利益集团，这种不平等的结果是由于不平等的对待所导致的，因此更加让人无法忍受。平等的重要标准之一是对所有人一视同仁，显然，这个标准并没有得到很好地尊重和利用。

平等应该作为一种规则，而不是作为一种地位。追求平等的地位意味着追求结果平等，而追求结果平等可能会导致更大的不平等。平等作

---

①［美］乔万尼·萨托利. 民主新论［M］. 冯克利，阎克文，译. 上海：上海人民出版社，2008：374.

为规则，意味着无论你处于什么样的阶层，都会获得平等参与的机会，然后依据大众通常所接受的标准进行公平竞争，其最终导致的结果可能是不平等的，但是只要这样的结果是用来鼓励个体努力和进步的，就是可以接受的。

笔者认为，中职学生资助政策很显然属于政府介入的经济再分配政策，其所要实现的平等主要应从以下几个角度来分析：

从政策制定者的出发点来讲，实施中职学生资助政策是为了促进受教育权利的平等。一方面，是为了吸引家庭经济困难的学生继续留在校园。由于经济差距越来越大，很多家庭的孩子因上不起学而辍学，这在我国欠发达地区尤其严重。上不起学的孩子早早就踏入社会，开始打工生涯。我国《劳动法》明确规定，“未成年工指年满 16 岁未满 18 岁的劳动者。”[①]但是从我国的教育阶段来看，初中毕业生的一半年龄应在 15 岁左右，根本不具备独立工作的能力，其本应该在学校读书。中职学生资助政策就是为弥补这种经济上的不平等而实施的经济再分配政策。另一方面，是为了吸引更多的学生就读职业教育，但是这一目标从实证分析来看明显没有达到（详见实证分析章节）。

从政策导致的结果来讲，实施中职学生资助政策在吸引更多的家庭经济困难生就读职业教育之外，可能会导致其世代社会阶层的不断复制，这又会造成新的不平等。关于职业教育与社会分层的研究很多，有学者依据阶级复制理论和社会排斥理论，认为“教育分流是跨时代复制社会不平等的机制所在。”[②]众多国家的研究证明分流确实阻碍了教育与就业机会平等的实现。社会底层的学生通常被分流到较低的教育层次，从而使其上大学、加入专业领域、获得受人尊重的职业的希望变得越发渺茫，鲍尔斯和金蒂斯认为，“分流实际上通过对不同社会阶层社会化

① 中华人民共和国劳动合同法［EB/OL］. http：//www. gov. cn/jrzg/2007-06/29/content_667720. htm，2007-06-29.

② 莫琳・T・哈里楠. 教育社会学［M］. 傅松涛，等，译. 上海：华东师范大学出版社，2004：577-578.

过程的区别对待促成了阶级不平等的复制。”[①]我国诸多学者也在国内职业教育与社会分层的互动作用方面进行了相关研究。“在我国体制改革过程中，进入中高级白领职业阶层的教育标准，经历了由中等职业技术教育向高等职业技术教育再向正规高等教育逐步强化的过程。”[②]

总体说来，期望中职学生资助政策的实施可以促进教育公平的学者，更多的是从社会学意义上看待该政策，关注的核心问题是社会公平。自我国改革开放以来，“效率优先，兼顾公平”一直是我国进行现代化建设的指导思想，由于过于关注经济效率，忽视了公平，从而导致目前我国在各个领域存在不同程度的不公平现象，例如城乡差距、区域差距等，这种差距已经成为社会发展的重要阻力，职业教育与其他类型教育的差距也属于其中之一。中职学生资助政策的支持者正是希望通过该政策能够关注社会弱势群体，关注弱势教育，以促进教育的均衡发展。

关注教育平等，更多的是基于个人主义立场，个人主义者认为，“社会由个人组成，不能脱离个人而存在，因此，社会之欲求应取决于该社会中个人之欲求，社会的终极目标也应视该社会中个人的终极欲求而定。”[③]中职学生资助政策是对学生个人的经济补助，增长的是学生的个人收益率，从这个意义上讲，该政策促进了教育公平。

5.5.2 效率视角下的中职学生资助政策

认为应该延缓全面推行中等职业教育学生资助政策的学者们，更多的是从经济学角度看待该政策，关注的是效率问题。

对经济学家来讲，效率意味着从一个给定的投入量中获得最大的产出，生产中的投入包括人的努力、机器、厂房等实物资本的服务，以及

① 莫琳·T·哈里楠. 教育社会学［M］. 傅松涛，等，译. 上海：华东师范大学出版社，2004：578.

② 刘精明. 教育与社会分层结构的变迁：关于中高级白领职业阶层的分析［J］. 中国人民大学学报，2001（2）：21–25.

③ 黄有光. 效率、公平与公共政策：扩大公共支出势在必行［M］. 北京：社会科学文献出版社，2003：46.

像土地、矿产等自然资源的贡献，产出则是成千上万不同种类的商品和劳务。[①]资金的使用肯定要放在能够获得最大产出的项目上，中职学生资助政策由于涉及大量资金投入，因此，如何保证该资金的使用获得最大的效率，也是政策评价者应考虑的问题。

有学者认为，中等职业教育学生资助政策存在政策失灵现象，而导致政策失灵的因素有多种，其中，中职学校在专业设置、招生就业、教育质量等方面的失范性行为是导致政策失灵的主要原因之一。鉴于免费教育并不能增强职业教育的吸引力，因此，他们建议应把资金投到能提高中等职业教育办学质量的项目上，提高其教育教学质量，从而提高中职学生的个人收益率，进而达到发展中等职业教育的目标。而单纯靠降低学生的个人教育成本，并不一定是有效的激励机制。可以说，这种观点关注的是投入与产出的比例，期望高投入能够有高回报。

关注经济效率，更多是基于整体主义的立场，看重社会的整体收益率。整体主义者认为，“社会是先于任何具体个人行动的存在，在一定程度上把社会这个模型看作是历史的产物，社会秩序对于新生的个体来讲，是外在于他的既定事实。任何个体行动都会受到先前存在的导向力量的作用，在他们看来，经济决定个体行动者的经济行为的方向，而不是企业家创造了经济。”[②]关注资金投入和产出效率，通过提高中职教育教学质量自然会引领个体的行为选择，从而吸引学生就读中职教育。

5.5.3 平等与效率的选择

平等和效率均具有价值，哪一个更重要，其实取决于政策选择者的偏好，另外，也取决于当时的政策环境。在选择过程中，“无论哪一方都对另外一方没有绝对的优先权，因此在它们冲突的方面就应该达成妥协。这时，为了效率，就要牺牲某些平等，并且为了平等，就要牺牲某

① [美] 阿瑟·奥肯. 平等与效率 [M]. 王奔洲，等，译. 北京：华夏出版社，2010：3.

② [英] 冯·哈耶克. 个人主义与经济秩序 [M]. 邓正来，译. 北京：生活·读书·新知三联书店，2003：8.

些效率，然而，作为更多的获得另一方的必要手段，无论哪一方的牺牲都必须是公正的，尤其是允许经济不平等的社会决策，必须保证此项原则。”[①]关于中职学生资助政策的平等与效率的选择问题，笔者认为，在此问题上，平等优先于效率。

中等职业教育一直以来都是弱势教育，与义务教育、高等教育以及同阶段的普通高中教育均无法相提并论，其资源占有率远远不足以支持其发展。虽然国家一直在扶持职业教育，但是鉴于各种因素，职业教育始终得不到社会认可。同时，接受中等职业教育的学生大多数来自中下阶层，关于中职教育的社会分层功能已经引起越来越多学者的关注。依据约翰·罗尔斯的补救原则，公平显然不能解释为对贡献的奖励。中等职业教育全面实施免费制度之后，就意味着其获得了消耗资源或使用资源的权利，以一种平等的资助来寻求缩小收入水平差距的途径，扩大了中职教育使用资源权利的内容。

选择中职教育的人多数为中下层居民，且大多家庭经济困难。中职学生资助政策的本意正是通过免除其入学费用以增加其经济收益，进而促进更多的因家庭贫困而辍学的学生返回校园。从目前中等职业教育所处的社会环境以及将来的个人回报来看，中职学生资助政策的经济效应对于学生家庭来讲无疑是短期行为，因为，在当下社会歧视中职生的环境下，学生一旦进入中职学校就读，就意味着更难进入中等以上阶层。可以说，在机会均等方面，一步错过，步步错过，人们一旦被排挤出好的职业之外，便丧失了提高自身社会地位的动力和机会，非效率是按照复利形式增长的。那么，既然如此，是不是免除学费这种短期经济利益便无法吸引学生选择中职教育呢？事实也并非完全如此。爱德华·班菲尔德已经正确地强调了较低收入阶层的现实导向，他把现实导向当成心理学问题。[②]而阿瑟·奥肯认为，爱德华·班菲尔德把现实导向当成心

① [美] 阿瑟·奥肯. 平等与效率——重大抉择 [M]. 王奔洲，等，译. 北京：华夏出版社，2010：106.

② [美] 阿瑟·奥肯. 平等与效率——重大抉择 [M]. 王奔洲，等，译. 北京：华夏出版社，2010：95.

理学问题是错误的，许多穷人做起事来就好像没有明天似的，这是因为对他们来说，最重要的问题是今天该怎样活下来，他们的费用仅仅用于维持生存，储蓄和投资根本无从谈起，这样做的最重要的后果就是穷人家庭子女的人才资源得不到充分开发。这种现实导向正是促使家庭贫困的学生选择中职教育的有力解释。

政策的目标设定往往体现的是部分人的价值观，一般说来，在基本目标的选择上，富人更倾向于增长效率，而穷人更倾向于公平和社会福利。就中职学生资助政策来讲，对于学生个体来讲，保证其个人的收益增加比促进整体的效率增加更受欢迎。波尔提出，“在任何特定的历史时期，利益分配（包括教育、家庭背景和衡量智力的证据）本身代表着过去分配结果的严重不平等。”[①]作为惠民政策的中职学生资助政策，其再次分配是以资助弱势群体为目标的。

中等职业教育曾经有过辉煌的时刻，其转折点在于，自 20 世纪 80 年代之后，政府将教育逐渐推向市场，由市场“这只看不见的手”对教育领域进行调节，教育领域越来越注重效率，在此背景下，教育发展失衡现象严重，教育公平问题遭到各方诟病，中职教育自此逐渐走入没落，直至 21 世纪初逐渐引起政府的关注。

为什么追求效率的结果并没能使中职教育走上发展之路，反而逐渐衰落？其原因是多方面的，我国目前市场经济体制的不完善，政治体制的相对落后是其根本原因。在教育领域，在各方制度尚存在严重缺位、缺乏严格执法意识的当下，教育投资是否可以取得其本应有的经济效率就是个未知数，与此相比，将投资用于提高学生个人的经济收益反而是值得选择的行为，通过投资给个人，提高其受教育水平，进而会以更高的效率、更多的平等给社会带来益处。

在平等和效率之间，中职学生资助政策更关注平等。所以，基于中职教育的弱势地位、选择人群的底层化以及政治经济体系环境的综合考虑，全面推行中职学生资助政策是促进教育平等的正确举措。

---

① ［英］波尔. 美国平等的历程［M］. 张聚国，译. 北京：华夏出版社，2007.

5.6 本章小结

对政策进行价值分析是政策评价的主要内容之一，在教育政策中主要存在个人价值（经济利益、权力）、民主价值（自由、平等、博爱）和经济价值（效率和经济增长）三方面的内容，笔者从不同的立场和视角对中职学生资助政策进行价值分析。

1. 基于政策制定者的立场对中职学生资助政策进行价值分析

政策制定者（政府）是基于经济人假设制定中职学生资助政策的，并反映在政策实施目标以及实施要求上，从政策制定过程来看，我国中央政府一贯秉承国家主义意识形态，采用自上而下的政策制定模式，且表现出了较为明显的渐进主义倾向。从政策制定者来看，中职学生资助政策主要是为了促进个人经济利益增长，促进教育平等，促进国家经济增长等。

2. 基于受惠者对中职学生资助政策进行价值分析

笔者运用质性研究方法，深入分析了免费教育与个人期望之间的冲突主要表现在政策实施范围限制与个人对政策的高期望值之间的冲突、政策效应的短期性与个人长期发展之间的冲突以及政策的模糊性与个人公平期望之间的冲突。

3. 从权力的视角对中职学生资助政策进行价值分析

对权力的研究可以分为应然和实然两种，笔者主要从实然角度考察中职学生资助政策在实施过程中的权力关系。依据支配手段的不同，权力可以分为强制型权力、报偿型权力和信仰型权力三种类型。中职学生资助政策涉及多重主体，在各级政府之间主要是以强制型权力和报偿型权力为主，在地方政府和中职学校之间以报偿型权力为主，以信仰型权力为辅。在中职学生资助政策执行中，资金是核心要素，随着资金的转移，权力也随之不断地流动和更迭，政府不仅享有资源配置权力，也享有政策实施监督权力，两者集于一身，政策实施效果有待商榷。

4. 基于平等与效率的冲突分析

中职学生资助政策属于政府介入的经济再分配政策。从平等的角度看待中职学生资助政策，政策目的是促进教育机会平等，从政策制定者的角度看，是促进受教育权利的平等，但从政策导致的结果来讲，可能会导致社会阶层的不断复制，从而造成新的不平等。从效率的角度看待中职学生资助政策，由于其存在政策失灵现象，政府的高投入并不能获得高收益，效率不高。关注平等更多的是基于个人主义立场，关注效率更多的是基于整体主义立场。在平等与效率的选择中，基于中职教育的弱势地位、选择人群的底层化以及政治经济体系环境的综合考虑，将投资用于提高个人的经济收益反而是值得选择的行为，通过投资给个人，提高其受教育水平，进而会以更高的效率、更多的平等给社会带来益处。

6　中职学生资助政策的规范性分析

6.1　关于中职学生资助政策存在的问题分析

中职学生资助政策自 2007 年实施以来，在推行期间，政策目标几经修改，政策范围不断扩大，受惠群体不断增多，在社会上产生了一定的影响。但是，通过对政策的多元视角的审视和评价，笔者发现中职学生资助政策在制定、执行等方面存在一定的问题。主要包括以下几个方面：

6.1.1　政策制定过程封闭化

政策制定过程是政府决定解决或不解决某一特定问题的整个决策过程。关于政策的决策模式的研究，学界已经有多种理论进行解释。鉴于获取资料的欠缺，笔者在此不予讨论中职学生资助政策制定所采用的模式和方法，而主要将焦点集中在政策利益相关者的决策参与程度上。

政策的制定本质上是多元化的，不同的利益群体对于同样的政策会有不同的利益诉求。“具有共同态度的集团，它向社会中的其他集团提出一定的要求。当它通过任何政府机构或者向任何政府机构提出要求时，它就变成了公开的利益集团。”①考察中职学生资助政策的制定过程，笔者发现缺乏利益相关者的参与，其制定过程基本上是封闭的，社会相关群体参与的很少，尤其是直接参与的极少。

从政策利益相关者个人来看，中华人民共和国在成立之初，由于政治经济体系的建立，逐渐形成了单位归属制度，个人的利益表达均是通过单位发出声音的。近 20 年来，随着市场经济的发展、改革的深入，单位归属制度除了在公共机构部门以及大型国企中还继续存在外，在大部分单位已逐渐瓦解，而各种因共同利益需求而形成的社会组织由于种种原因尚未建立，因此，个人的利益需求已经没有了诉求渠道，反映在政策的制定上，则各利益相关者仅仅是一个潜在的群体，始终无法形成正式的利益集团，各利益相关者组织化表达自身诉求的道路也尚未建立。

从政府内部来看，决策权始终掌握在中央政府相关部门的精英手中，中央政府实行集权制度，制定的政策采用强制手段要求地方政府实施。地方政府虽然不能参与到政策制定中去，但并不意味着对于可能会损害自己利益的政策就会严格执行，“上有政策，下有对策”，这在有些地方政府已经成为公开的秘密。究其原因在于，我国行政管理制度尚需进一步完善，尤其是政策执行监督机制；从另一个角度来讲，这种制度缺失成为导致地方政府不会积极通过相应途径去参与政策决策过程的因素之一。

政策制定的封闭化和集权化会导致政策的认同度降低，会产生政策执行的偏差，政策目的或目标无法全部实现。

6.1.2 政策工具使用单一化

政策工具是指政府推行政策所采用的手段，政策手段的选择往往受具

① ［美］杰伊·沙夫里茨，等. 公共政策经典［M］. 彭云望，译. 北京：北京大学出版社，2008：73.

体环境因素的影响。政策工具依据不同的标准可以进行不同的划分，迈克尔·豪利特将政府提供物品与服务的水平作为分类标准，将政策工具分为三类：自愿性政策工具、混合性政策工具和强制性政策工具。① 见图 6－1。

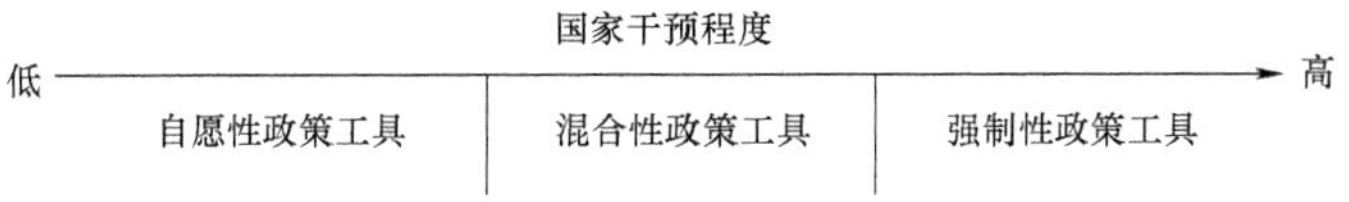

图 6－1　政策工具分类图

在中职学生资助政策中，中央政府直接提供资金，迫使下级政府和利益组织（中职学校）不得不执行该政策，并未给其留下回旋的余地，政府通过规制（“规制是由政府制定的，并且所指对象必须贯彻执行法规，如果失败，则往往需要受到处罚”②）来推行政策，规制的依据就是政策文本。政府运用规制作为政策工具具备一定的优点，例如，规制的管理比其他政策工具更有效率；规制所需的信息量较少，其成本更低；规制具备较强的可预见性。但是在中职学生资助政策的推行中，应用规制作为政策工具，存在一些问题。最根本的一点是，规制的依据是政策法规，如果未贯彻执行政策法规，往往需要受到处罚，但是在中职学生资助政策的推行中，仅仅要求贯彻执行该政策，却并没有相应的处罚措施；另外，政策的推行是强制性的，但是其文本却又为此留有余地，没有硬性规定，尤其是在资金的分配方面，导致当最终落实到县级政府这一级时，资金的提供往往不足，而学校在执行中也存在篡改政策的现象。规制的效果由于缺乏明确的规定和处罚措施而变弱。

6.1.3　政策执行过程偏差化

政策目的或目标是否实现，除了受制于政策制定的合理化和可行性

① 迈克尔·豪利特，M·拉米什．公共政策研究：政策循环与政策子系统［M］．庞诗，译．北京：生活·读书·新知三联书店，2006：144.

②迈克尔·豪利特，M·拉米什．公共政策研究：政策循环与政策子系统［M］．庞诗，译．北京：生活·读书·新知三联书店，2006：152.

之外，还主要受制于政策执行，可以说，政策执行决定着政策的实施效果。而政策方案的选择和政策的实施是分离的，实际情况通常是在政策执行阶段出现偏差。

1. 政策目的未能完全实现

通过对近几年中职学生资助政策的实证分析我们可以发现，该政策的政策目的并未完全实现。中职学生资助政策并未提高职业教育吸引力，也并未实现教育结构均衡发展。

从基层政府来讲，政策要求资助资金由各级政府分担，各省市也均出台了分担比例，作为基层的县级政府出于各种原因，或者是由于财政吃紧，或者是由于不重视职业教育等，资金往往不能按照要求拨付到位，而往往采用所谓的“兜底”策略，即按照学校上报人数，缺多少补多少，当然所补的资金远远不足应付比例。

2. 政策实施过程存有不公平现象

由于政策范围受限（主要在中东部学校），所以学校必须对贫困生进行遴选，而遴选的标准和程序均由学校学生管理部门操作，最终具体落实到班主任或辅导员个人身上，笔者通过调研发现，有些教师将助学金政策作为奖励手段来鼓励班干部为班集体所做的贡献，手段和目的本身都没有问题，但是联系在一起就形成了不公平。这种不公平损害了家庭贫困生的利益，并且从根本上改变了资助政策的本意。

以上所提到的在政策执行过程中所出现的偏差，是导致政策效应不足的因素之一。

6.1.4 政策实施环境复杂化

中职学生资助政策的实施面临的政策环境非常复杂，社会对教育的诟病和谴责越来越多，越来越尖锐，教育公平首当其冲。当下中国正处于转型期，政治环境、经济环境和文化环境均发生了变化，而这些都会给政策实施带来不可预料的影响。可能会影响中职学生资助政策效应的原因主要来自两个方面：一是社会对于职业教育的认同度因素；二是劳动力市场的相关因素。前者主要作用于中职学生资助政策本身，后者则为中职学生资助政策的延续性提供保障，因为其直接影响中职教育的个人收益率。两者之间同时又是互相联系、互为因果的。目前，在劳动力市场中，中等职业教育属于低收益教育，主要原因有两点：

1. 劳动力市场中存在低学历歧视现象

在我国的劳动力市场上存在以文凭为标准界定人才的现象，越是好的工作，需要的学历越高。这可能是由于国家对于高等教育的重视日益增长，因而造成了社会上将高等学历作为找工作的资格证的趋势，但是，有相关研究证明，不断增长的学校教育个人回报率不一定会伴随着个人生产力的增加而增加，我们不能把学历证书与生产力混为一谈。[①]随着我国高校的盲目扩招，社会用人单位对学历的要求越来越高，这种低学历文凭歧视现象为接受中等职业教育的毕业生设置了进入性壁垒，具备中等职业教育学历的学生往往很难进入社会地位较高、工作待遇较好的职业。在这样的经济环境下，“学校教育成为一种分类和分配的机构；学校成为社会分层组织，用更高的证书战胜较低的证书来谋取报酬更优厚的工作。”[②]

2. 中职教育毕业生存在代际转移困难的问题

有关研究表明，“中国的劳动力市场中存在职业代际效应所造成的市场分割现象，且中国职业的代际开放性较弱，绝大部分职业拒绝父母是此职业的子女和吸纳父母非此职业的子女的可能性都较小，职业在代与代之间存在一定的流动性，但其流动范围存在一定程度的差异，高等教育对于跨越代际的作用较大，而中等教育和初等教育跨越代际效应的作用较小。”[③]和同为高中阶段教育的普通高中相比较，由于中职教育在

---

① Randall Collins. Function and Conflict Theories of Educational Stratification [J]. American Sociological Review，1971，36（6）：1002–1019.

② Spring. J. Education and Rise of the Corporate State [M]. Boston：Beacon Press，1991.

③ 郭丛斌，丁小浩. 职业代际效应的劳动力市场分割与教育的作用 [J]. 经济科学，2004（3）：74–82.

高等教育入学机会方面存在巨大差异，其实现代际转移更加困难。

社会上一直存在职业教育是底层教育的认知，而上述劳动力市场的异化进一步深化了人们对于职业教育的鄙薄和歧视，从而形成了恶性循环，这样的认知环境不仅会影响中职学生资助政策的实施效果，而且会影响职业教育的发展。

6.2 政策建议

中职学生资助政策属于公共政策，同时它是中职教育政策中的一项，政策的实施效果受制于多方面的因素，基于笔者的研究结果，并结合实际，笔者主要针对加强中职学生资助政策自身建设、加强中职教育政策环境建设和加强我国政策科学化建设三个方面提出相应的政策建议。

6.2.1 加强中职学生资助政策自身建设

6.2.1.1 完善中职学生资助政策文本

笔者在前面论述过，政策文本就是政策执行、评价和监督的标准，若政策自身要求不明确，则无法保证政策执行的正常化，因此，加强政策自身的细节建设很重要，它是政策执行、政策评价以及政策监督的根本和基础。离开了明确的标准和要求，则必然无法保证政策的有效实施。完善中职学生资助政策可以从以下几个方面着手：

1. 执行标准明确化

明确政策执行的标准和要求。

2. 行政责任明确化

明确政策执行中的负责人，包括各级政府的具体负责人、中职学校的负责人等。

3. 惩罚措施明确化

在政策文本中规定若未落实政策则需要接受的惩罚措施。

6.2.1.2 完善中职学生资助政策的实施程序

完善中职学生资助政策的实施程序，其核心在于完善各类资金的划拨及使用制度。以免学费政策为例，在东部的免费资金的责任划分中，实行的是四级财政，即中央、省、地级市、县共同分担免费资金，在调研中笔者获悉，免费资金并不能全额发放，但是由于种种客观原因，笔者无法获得资金划拨和使用的一手相关统计资料，所以，到底在哪一级财政出了问题，并非特别确切。但是，可以明确的是，进一步完善拨款制度需要解决以下两个问题：一是如何确保每一级财政都能够完全履行财政责任；二是如何确保各类资金真正惠及学生群体。

1. 实施学生入校免交学费政策

学生入校即免交学费，如此，免去将来返还资金的一道程序，不仅在管理上节省了人力和时间，同时也可以让目标群体省去疑惑，直接受益。

2. 完善贫困生认定制度

无论是之前的免学费政策还是现在的助学金政策，受惠的贫困生都需要进行认定，贫困生认定虽然有一套制度，但还是存在很多漏洞，如何使贫困生认定制度更加完善，这已经不只是教育系统内部的事了。

3. 完善资助资金转移支付制度

中职学生资助资金需要历经四级政府，实施纵向转移支付模式，这样做比较简单，可操作性强，但是透明度低，且资金容易被挪用。建议减少政府层级，以省级为统筹，实施以县级为主的财政责任制度。同时，为实现公共服务均等的目标，可以再辅之以横向转移支付制度，保证贫困地区的学生资助资金的充裕。

6.2.1.3 加强政策监督评价机制建设

在政策执行中，对执行组织和人员的监督及评价是重要一环，其中，评价标准的构建和监督措施的制定是关键的两项因素。实际上，监督评价机制构建的重要性众所周知，但是其构建往往存在困难，即便是构建了评价标准、制定了监督措施，也往往不能奏效，究其原因在于政府管理体制的问题。因此，加强政策监督评价机制的建设是与政府管理体制的改革分不开的，在我国政治民主化的进程中，会逐渐完善政策监督评价机制。

6.2.2 加强中职教育政策环境建设

6.2.2.1 提高中职毕业生的个人收益

中等职业教育在成本和收益上的特征使得它对贫困家庭缺乏吸引力，进而使这些家庭容易出现人力资本投资中断和贫困的代际转移，而突破这个瓶颈的办法就是要提高中等职业教育的收益率，使它在经济上对穷人更有吸引力。提高中职毕业生个人收益率的方法有两个：一是降低接受教育的成本；二是增加接受中职教育的收益。

中职学生资助政策降低了学生的教育成本，由于中等职业教育具有较强的外部性收益，因此在实施免费教育的同时，政府应加大投资和补贴的力度。通过这些措施可以降低学生个人的教育成本，在短期内增强职业教育对贫困家庭的吸引力。

但是仅仅降低教育成本是不够的，政府应该为教育经济功能的发挥创造条件，提高中职毕业生的个人收益。目前看来，尽管我国的劳动力市场化程度已经有了大幅提高，但仍然存在多重二元分割状态，统一开放流动的劳动力市场尚未形成，收入差距愈加明显[①]。提高中职毕业生的个人收益，可从以下两个方面入手：

1. 完善职业资格证书制度

国家明确规定：职业资格证书制度是我国劳动就业制度的重要内容，它要求按照国家制定的职业技能标准或者是任职资格条件，由政府

① 李培林. 中国劳动力市场人力资本对社会经济地位的影响［J］. 社会，2010（1）：69-87.

认定的考核鉴定机构，对劳动者的技能水平进行评价和鉴定，并授予合格者以国家职业资格证书，按照有关要求，职业资格证书是劳动者求职、任职或开业的资格凭证，也是用人单位录用劳动者的主要依据。[①]上述规定早已颁布多年，但是有些一直没有落实到位。职业资格证书制度在就业市场中的缺位，无法凸显职业教育毕业生的就业优势。完善职业资格证书制度，首先，应逐步将既有制度落实，使其发挥应有的效应；其次，逐步实现职业资格与专业资格的并轨，逐步建立学历证书和技能证书相结合的用人制度；最后，清理并规范职业资格证书市场，充分发挥行业自治效用。

2. 实现高等教育入学机会均等化

职业教育不仅具备工具价值，也具备人本价值，我国对于职业教育的发展一直以来均是充分利用和发挥其工具价值，而忽视了其人本价值。职业教育既然也是教育，其人本价值也不应小觑，所以，扩大其对于个人职业生涯发展和幸福感指数的影响力才是实现教育入学机会均等化的根本。要打通中等职业教育向上流动的通道，将选择权交给个人，由此体现对个人权利的尊重。

6.2.2.2 加强中等职业教育的内部建设

中职学生的入学选择行为基于三个方面的考虑：入学、培养过程、就业和发展。中等职业教育学生资助政策作为一项直接面向目标群体的经济优惠政策，主要是立足于中职教育的入口，力图解决的是入口不畅的问题，这种方式虽然体现了补偿弱势群体的原则，在一定程度上促进了教育公平，但是其对于增强职业教育吸引力的作用有限。前面论述的提高个人收益率的问题是立足于出口，力图解决的是学生长期发展的问题。而入学之后、就业之前的培养过程同样会对其选择行为造成一定的影响，而提高中职教育的教学质量是吸引学生的重要因素。

① 中华人民共和国劳动和社会保障部网站. http：//www. molss. gov. cn/gb/ywzn/2006-02/14/content_106387. htm

1. 加强中等职业教育师资的培养

师资队伍建设是职业教育生存和发展的关键因素，起着至关重要的作用。当下，中职学校教师的整体水平与同阶段高中学校教师相比有较大差距。目前主要存在教师学历合格率低、专业实践能力较低、专业技能缺乏、兼职教师缺乏、知识结构不合理等问题，而中职教师自身也无法从教学中获得成就感。改变中职教师的这种现状是提高中职师资水平的根本所在。可以通过以下措施实现师资整体素质的提高：

（1）切实提高中职教师的社会地位和经济待遇；

（2）加强中职教师的职业准入制度建设；

（3）建立中职教师定期培训制度；

（4）加强专兼职教师队伍建设。

2. 加强中职学校的管理制度建设

学校的管理制度是学校一切事务的基础，良好的学风和校风均是以合理完善的制度为前提的，如果说实验实训基地建设是硬件建设，那么管理制度建设就是软件建设，硬件建设看得见、摸得着，容易形成影响，往往是学校看重的部分；而软件建设则是内化的、无形的，它需要时间的积累，在运行中逐渐完善，它不仅需要领导的智慧，还需要领导的执行力。管理制度的建设是一个学校的灵魂所在。随着治理理念的引进，很多学校的制度建设由一个中心走向多个中心，由制度占有模式走向制度共建模式，这是发展趋势。制度建设本身不是目的，制度建设的目的是促进学生的学业发展，促进教师的专业发展，促进校长的专业素养发展。中职学校的制度共建主要体现在四个方面：

（1）转变校长的角色与职能；

（2）提高员工参与学校制度建设的积极性；

（3）在学校内部强调合作与服务的精神；

（4）教育行政部门适当放权，给予学校自主发展的权利。

3. 加强中职学校的课程建设

课程建设是职业教育的核心，课程建设涉及课程目标、课程计划、课程方法、课程理念、课程评价等因素，而面对文化素质整体水平较低的中职学生，课程建设就显得尤为重要。课程目标直接关系到将学生培养成什么人的问题，课程方法是保证学生可以学到知识和技能的因素。课程建设的最终目的是增加学生的知识，使学生掌握相应的技能、构建合理的知识结构体系。

课程建设与师资培养是两个不可分离的要素，师资培养是以课程为载体的，课程建设又离不开教师主导，教师通过课程体现自己的价值，因此课程建设是与师资建设紧密结合在一起的，两者相辅相成，互相促进。

6.2.3 加强我国政策科学化建设

笔者所讲的政策科学化建设包含两层含义：一是指我国的政策决策应该加强科学化建设；二是指我国的政策科学作为一门应用学科应加强其自身建设。

中职学生资助政策的个例可以反映出我国目前政策决策、政策执行的缺陷，政治体制有待进一步完善。我国的公共政策制定和执行缺乏科学化指导，主要在于我国的政策决策往往是封闭进行的，即便是专家也少有话语权。我国的有些政策决策基本上停留在经验决策的水平上，缺乏对政策本身科学的、全面的、系统的认识，有些政策无论成败与否，均不知其原因所在，这种非科学的态度，使国家和人民蒙受了巨大损失。随着全球化的发展，随着信息渠道的畅通，民主化政治成为必然的选择。发展民主化政治、实现决策科学化离不开政策科学的理论支持和分析。

政策科学是一门相对较新的学科，它产生于“二战”之后，诞生于北美和欧洲，伴随着研究政治的学者为寻求政府和公民之间关系的重新解读而生。政策科学关注的不是政府的结构、政治主体的行为，也不是政府应该或者必须做什么，它关注的是政府实际应该做什么，这种政策科学关注的是公共政策和公共政策制定。政策科学的倡导者是哈罗德·拉斯韦尔以及美国和英国的其他一些学者，拉斯韦尔提出，政策科学有三个特点，那就是多学科性、解决问题的导向性和明确的规范性。政策科学一经诞生，便以一系列独特、新颖的范式以及它对决策科学化、民主化和社会经济发展的促进作用而备受各国学界和政界的关注。

政策科学自20世纪70年代末80年代初传入我国，至今已经30多年。政策科学是决策科学化、民主化的主要支撑学科，是一门与实践结合紧密、应用性特别强的学科，发展到现在，已经初具规模，相关的知识应用已经起步，部分分析成果逐渐被重视。但是目前，一方面，政策科学的重要性还未完全显现，它对社会经济的巨大促进作用尚未被人们充分认识；另一方面，政策科学研究自身也存在研究基础薄弱、深度不够等问题。专业研究人员与实际决策官员之间存在认识上的差距，前者过于重视学术，后者过于重视实践，理论和应用之间存在脱节现象。

当下，我国政府的政策决策科学化有待进一步加强，在现如今的民主化进程中，靠经验决策、靠权力决策的政治已经不能适应社会的发展，也无法体现中国特色政治体制的先进性和优越性。政策科学直接关注政策及政策过程，重视社会所面临的真正重要的政策问题，它以改进政策制定系统、提高政策制定质量为目标，政策科学的发展有助于加强政治民主化建设。在当代，政治权力中科学成分的多少被人们看作是衡量人类文明进步水平和政治民主化程度的一个标志，政策科学的发展，无疑可以加速科学的成分进入政治权力的进程，加速我国民主政治的发展进程。加强我国政治决策科学化、民主化是保证政策质量的根本因素，而加强政策科学的学科建设为我国决策科学化提供了根本保证。

7 结 语

7.1 主要研究结论

中等职业教育学生资助政策自2007年推行以来，已有12个年头，为了把握该政策的实施效果，本研究基于政府、学校、教师、学生等利益相关者对其进行了多视角的分析与评价，从而回答以下问题：中等职业教育学生资助政策的实施效果如何？

本研究的理论意义在于：期望为以后职业教育政策研究的工作者们提供一个新的研究思路。本研究的实践意义在于：为政策制定和实施者提供信息及相关建议。

本研究主要从五个方面进行论述：

1. 对中等职业教育学生资助政策进行历史梳理和政策分析

中职学生资助政策深受政治经济环境的影响，自 1949 年至今，我国中等职业教育学生资助政策经历了“公费—自费—公费”的发展历程。该政策的演变受到政治经济环境的深度影响，公费政策的回归是基于国家发展职业教育的需要，其最基本的作用是为了解决职业教育规模不足的问题，其政策目的是增加职业教育的吸引力，促进教育公平以及优化教育结构。中职学生资助政策的合理性在于：由于职业教育的公共性逐渐增强，其产生的正外部性不断加大，理应由政府对选择职业教育的个人进行资助和补贴。

2. 对中等职业教育学生资助政策的实施效果进行评价

中职学生资助政策自实施以来，并未完全实现其政策目标，享受该政策的学生达不到政策要求。在政策目的方面，中职学生资助政策对于促进职业教育吸引力的总体效果有限，但是笔者发现该政策对于其他类生源的吸引力强过应届毕业生生源；在促进教育公平方面，该政策切实体现了补偿弱势群体的原则，且该政策促进了由义务教育升入高中阶段教育的机会均等化，但是对由高中阶段升入高等教育的机会均等化则无效应；中职学生资助政策对优化教育结构的最大贡献在于保证了高中阶段职业教育招生的稳定性，并大幅降低了个人直接教育成本。

3. 对中等职业教育学生资助政策进行依赖性和可行性的分析和评价

从政策的合法性来看，中职学生资助政策获得了学生及其家长的高度认同，但是基于不同的背景变量可能具备差异性。从政策的可行性来看，教师（具体执行人）和学校（基层执行单位）对中职学生资助政策本身持高度的认可态度，但是认为政策在执行中的要求和方法还需要进一步改进。

4. 对中等职业教育学生资助政策进行价值分析和评价

（1）从政策制定者角度来讲，中职学生资助政策是基于经济人假设，采用了自上而下的政策制定模式，且具备明显的渐进主义倾向，该政策所体现的主要价值是促进个人经济利益增长，促进教育平等以及促进国家经济增长。

（2）从政策受惠者角度来讲，免费教育与个人期望之间存在冲突，主要表现为在政策实施范围限制与个人对政策的高期望值之间的冲突，政策效应的短期性与个人长期发展之间的冲突以及政策的模糊性与个人公平期望之间的冲突。

（3）从权力的视角考察该政策中的权力关系，该政策涉及多重主体，在各级主体之间主要以强制性权力和报偿型权力为主。在中职学生资助政策执行中，资金是核心要素，随着资金的转移，权力也随之不断地流动和更迭，政府不仅享有资源配置权力，也享有政策实施监督权力，两者集于一身，政策实施效果有待商榷。

中等职业教育学生资助政策涉及平等与效率的冲突问题。在平等与效率的选择中，基于中职教育的弱势地位、选择人群的底层化以及政治经济体系环境的综合考虑，将投资用于提高个人的经济收益反而是值得选择的行为。

5. 对中等职业教育学生资助政策进行了规范性分析

通过对该政策进行全面评价，笔者发现该政策主要存在政策制定过程封闭化、政策工具使用单一化、政策执行过程偏差化、政策监督评价缺失化以及政策实施环境复杂化等问题。针对这些问题，本书主要提出了三个方面的政策建议：

（1）加强中职学生资助政策自身建设，主要包括完善中职学生资助政策文本和加强政策监督评价机制建设；

（2）加强中等职业教育政策环境建设，主要包括提高中职学生的个人收益和加强中等职业教育的内部建设；

（3）加强我国政策科学化建设，包括两层含义：一是我国的政策决策应该加强科学化建设；二是我国的政策科学作为一门应用学科应加强自身建设。

7.2 研究贡献和创新

从截至 2012 年年底的论文检索结果来看，关于中职学生资助政策的研究不少，其中有对该政策的系统性研究，但是没有对于该政策的多角度全面性实证研究，本研究主要的贡献和创新如下：

（1）基于戴维森三角关系的认识论和三角测量的方法论，借鉴已有公共政策评价的研究，本书构建了一个多元视角的教育政策评价分析框架，详见图 7－1。该政策评价分析框架适用于多数教育政策评价，历史梳理和政策分析是为了对政策进行评价所作的基础性工作，结果评价是对政策实施效果的评价，依赖性评价是对政策实施进行合法性和可行性评价，价值评价是对政策蕴含的内在价值进行剖析和解读；同时，在每一个评价环节中，评价者基于不同的立场、不同的理论对政策进行审视和解读，从而构成了对某政策的全面性、多方位的评价。最后，规范性分析是基于结果评价、依赖性评价和价值评价所进行的工作，其目的是促进政策更好地实施。

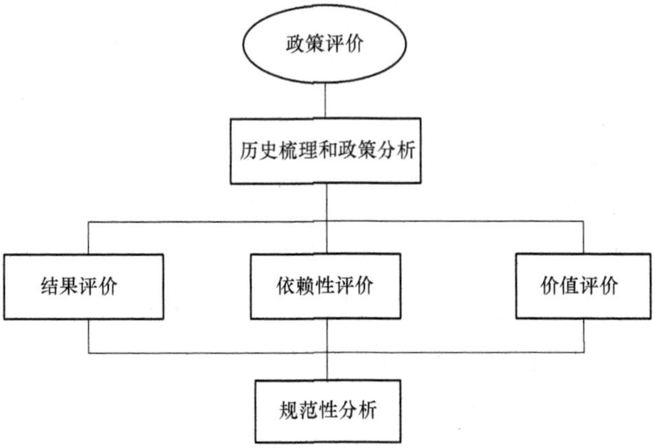

图 7－1　教育政策评价分析框架

（2）本书系统地梳理了 1949 年以来中职学生资助政策发展的历程，对每一阶段的资助政策环境和政策目的进行了分析，并运用制度选择理论进行了分析和解释。之前，曾有学者关注过中职学生助学金政策的演变，但是对于学费政策的演变梳理尚属首次。

（3）本书依据既有相关数据和政策文本对中职学生资助政策的实施进行了全面性、多角度的实证性分析。本书获取了大量的政策相关方的调查资料，并进行了多种分析，以考察政策实施效果。

7.3 研究不足及后续研究方向

7.3.1 本研究的不足之处

中等职业教育学生资助政策涉及政治、经济、教育、社会等诸多领域，对其实施效果进行利益相关者视角的实证研究需要具备扎实的理论功底、较高的研究素养和丰富的实践工作经验，笔者在这些方面还有待提高。同时，鉴于客观条件制约，本研究尚存有诸多不足。

（1）在获取资料方面有待进一步深入。鉴于资源受限，且时间有限，因此本研究收集的资料并不全面，无法搜集全国范围内各个省市的资料；获取的资料缺乏省级层面和县级层面的数据；对个体的研究取样样本量偏小，且缺乏对于家长的深入访谈资料。以上这些不足可能会对本研究造成一定的影响，但不会影响本研究的基本结论。

（2）在内容研究方面有待进一步细化。由于缺乏省级和县级层面的调研数据，本研究尚缺乏对此方面数据的深入分析和解读，因此无法深入理解省级和县级政府对于中职学生资助政策的价值认识，也无法深入了解其政策执行过程。

7.3.2 后续研究工作

鉴于以上研究的不足，本研究可能开展的后续研究工作主要有以下几点：

（1）由于中职学生资助政策的推行是不断进行的，因此需要对该政策进行不断地跟进，以及时了解政策执行的效果，查找问题，寻找对策。

（2）对于中职学生资助政策的评价还可从省级、县级两个层面进行，在拓宽数据获取渠道、增加样本的基础上，可做进一步探讨。

（3）关于中职学生资助政策实施效果影响因素的研究。中职学生资助政策在实施过程中，受到多方因素的干扰和影响，在本研究中，由于重点在于对实施效果的评价，而未对其影响因素进行分析，因此，下一步可以重点对该政策在实施过程中的影响因素进行分析和探讨。

附　　录

附录 1　图表目录

附录 2　潜在吸引力调研问卷（初三学生）

学校名称：

您好！为了了解您对中等职业教育的认可度，特进行此次问卷调查。此次调研采用不记名方式，调研结果将用于学术研究，希望您能积极参与。问卷的所有内容请您个人独立填写，您的答案对于我们非常重要。调研将会占用您 15 分钟时间，请您谅解，非常感谢您给予我们的配合和支持！

一、基本信息

1. 年龄：______；　性别：______；　家庭总人口数：_____人。

2. 家庭户口背景：

① 非农业户口；② 农业户口。

3. 您的父亲目前从事何种职业_______？您的母亲目前从事何种职业__________？

① 工人；　② 农民；　③ 个体经商；　④ 普通职员；　⑤ 企业中层管理者；

⑥ 教师；　⑦ 公务员；⑧ 无业　　⑨ 其他________________（请填写）

4　您父亲的文化程度是______？您母亲的文化程度是_________？

① 小学及以下；　② 初中；　③ 高中；　④ 大专；　⑤ 大学本科及以上。

5. 您的家庭月收入共_____。

① 1 000 元以下；　② 1 000（含 1 000）～3 000 元；　③ 3 000（含 3 000）～5 000 元；

④ 5 000（含 5 000）～7 000 元；⑤ 7 000（含 7 000）～10 000 元；⑥ 10 000（含 10 000）元以上。

6. 您每月的生活花费平均______：

① 150 元以下；　② 150～500 元；

③ 500～800 元；　④ 800～1 000 元；　⑤ 1 000 元以上。

7. 您最近一次的考试成绩总分为______分；

8. 您最近一次的考试成绩在班里排名为_______。

① 10 名以内；　② 11～20 名；　③ 21～30 名；

④ 31～40 名；　⑤ 41～50 名；　⑥ 51 名以上。

二、拓展信息

以下是关于助学金政策和免学费政策的一些陈述，填答时，请您看清楚每句话的意思，然后圈选其中一个数字，以代表这句话与您的看法相符合的程度（1 代表完全不同意；2 代表比较不同意；3 代表不确定；4 代表比较同意；5 代表完全同意），每个人的看法都有其独特性，因此答案没有对错之分，您只要如实回答即可。

内　　容	完全不同意	比较不同意	不确定	比较同意	完全同意
1. 我从来没有考虑过上职业学校	1	2	3	4	5
2. 如果职业学校不收学费，我会选择就读职业学校。	1	2	3	4	5
3. 我认为只有学习不好的学生才上职业学校。	1	2	3	4	5
4. 上职业学校能够获得更好的就业前景。	1	2	3	4	5
5. 我父母不会同意我去职业学校的，认为这是没有出息的表现。	1	2	3	4	5
6. 如果我考不上高中，我才会选择职业学校。	1	2	3	4	5
7. 上职业学校，意味着以后的读书生涯结束了。	1	2	3	4	5
8. 职业学校和普通高中相比较，当然是上普通高中更好了。	1	2	3	4	5
9. 即便职业学校不收学费，我也不会选择职业学校。	1	2	3	4	5
10. 上了职业学校，这辈子就只能混迹于低层次人群中了。	1	2	3	4	5

续表

内　　容	完全不同意	比较不同意	不确定	比较同意	完全同意
11. 如果家庭经济困难，我会选择上职业学校，因为职业学校可以免费。	1	2	3	4	5
12. 我认为，即便职业教育全部免费，也对我没有吸引力。	1	2	3	4	5
13. 我本来就想去职业学校读书。	1	2	3	4	5
14. 我认为，现在大学毕业生就业也很难，不如上职业学校，学习一技之长更实用。	1	2	3	4	5

问卷到此结束，再次感谢您的大力支持！祝您学业有成！

附录 3　中职学生资助政策态度调研问卷（中职在校生）

您好！为了了解您对中等职业教育正在逐步推行的中职学生资助政策的有关情况，特进行此次问卷调查。此次调研采用不记名方式，调研结果将用于学术研究，希望您能积极参与。问卷答案没有对错之分，您只需根据自己的实际情况填写即可。问卷的所有内容请您个人独立填写，您的答案对于我们非常重要。

调研将会占用您 15 分钟时间，请您谅解，非常感谢您给予我们的配合和支持！

一、基本信息

1. 年龄：______；性别：______；年级：______；专业：______________；家庭总人口数：_______人；学费：__________元 /年；住宿费：___________元/年。

2. 家庭户口：_______。

① 城镇户口；② 农村户口。

3. 父亲职业：_______；　母亲职业：_______；

4. 父亲文化程度：_______。

① 小学及以下；② 初中；③ 高中；④ 大专；⑤ 大学本科及以上。

母亲文化程度：_______。

① 小学及以下；② 初中；③ 高中；④ 大专；⑤ 大学本科及以上。

5. 您的家庭月收入共_____。

① 1 000 元以下；　② 1 000（含 1 000）～3 000 元；

③ 3 000（含 3 000）～5 000 元；

④ 5 000（含 5 000）～7 000 元；⑤ 7 000（含 7 000）～10 000 元；

⑥ 10 000（含 10 000）元以上。

6. 您每月的生活花费平均_______元。

① 150 元以下；② 150（含 150）～500 元；③ 500（含 500）～800 元；④ 800（含 800）～1 000 元；⑤ 1 000（含 1 000）元以上。

7. 是否享受助学金：_______。

① 是；② 否。

8. 是否享受免学费政策：_______。

① 是；② 否。

如果享受免学费政策，请问您的免费金额为__________元/年。

二、拓展信息

以下是关于中职学生资助政策的一些陈述，填答时，请您看清楚每句话的意思，然后圈选其中一个数字，以代表这句话与您的看法相符合的程度（1 代表完全不同意；2 代表比较不同意；3 代表不确定；4 代表比较同意；5 代表完全同意），每个人的看法都有其独特性，因此答案没有对错之分，您只要如实回答即可。

内容	完全不同意	比较不同意	不确定	比较同意	完全同意
15. 我认为，中职学校应该面向全体学生推行免学费政策。	1	2	3	4	5
16. 我认为，涉农专业免费政策能够吸引更多的学生就读该专业。	1	2	3	4	5
17. 我认为，若中职所有学生均免学费，会吸引更多的学生前来上学。	1	2	3	4	5
18. 我认为，免除学费会缓解我家的经济困难。	1	2	3	4	5
19. 我认为，免除学费会促使我将更多的时间用在学习上。	1	2	3	4	5
20. 我认为，当下中职院校学费水平不高。	1	2	3	4	5
21. 目前的学费水平并没有为我的家庭带来经济负担。	1	2	3	4	5
22. 我认为，目前助学金的名额太少了。	1	2	3	4	5

问卷到此结束，再次感谢您的大力支持！祝您学业有成！

附录4　中职学生资助政策态度调研问卷（教师）

您好！为了了解您对中等职业教育正在逐步推行的中职免学费政策的态度及意见，特进行此次问卷调查。此次调研采用不记名方式，调研结果将用于学术研究，希望您能积极参与。

问卷答案没有对错之分，您只需根据自己的实际情况填写即可。问卷的所有内容请您个人独立填写，您的答案对于我们非常重要。调研将会占用您 15 分钟左右时间，请您谅解，非常感谢您给予我们的配合和支持！

一、基本信息

年龄：_______；　性别：_______；您的教龄：_______年；

是否班主任：① 是；　② 否。

您的职位：① 教师；　② 教学管理人员；　③ 学生管理人员；④ 行政管理人员。

您学校的所在地区：① 东部；　② 中部；　③ 西部。

学校归属：① 省属单位；② 市属单位；③ 区/县属单位；④ 乡镇单位；⑤ 其他。

二、拓展信息

以下是关于中职学生资助政策的一些陈述，填答时，请您看清楚每句话的意思，然后圈选其中一个数字，以代表该句话与您的看法相符合的程度（1 代表完全不符合；2 代表比较不符合；3 代表不确定；4 代表比较符合；5 代表完全符合），每个人的看法都有其独特性，因此答案没有对错之分，您只要如实回答即可。

内容	完全不同意	比较不同意	不确定	比较同意	完全同意
23. 中职免费教育应该面向所有中职学生推行。	1	2	3	4	5
24. 我认为，实施中职学生资助政策可以缓解中职学生家庭的经济困难。	1	2	3	4	5
25. 我认为，中职学生资助政策可以吸引更多的学生到中职学校就读。	1	2	3	4	5
26. 若全面推行免费政策，应实施入门免费，即上学就不交费用。	1	2	3	4	5
27. 若全面推行免费政策，应实施出门免费，即报到时交学费，毕业时再按照一定的条件返还全部或部分。	1	2	3	4	5
28. 我认为，实施中职免费教育主要吸引贫困生就读职业教育。	1	2	3	4	5
29. 我认为，助学金政策和免学费政策可以增加职业教育在社会上的吸引力。	1	2	3	4	5
30. 涉农专业免费政策并不能吸引更多的学生就读该专业。	1	2	3	4	5
31. 如果全面推行免费政策，那么涉农专业的招生也就没有任何优势可言了。	1	2	3	4	5
32. 当下实行的贫困生助学金和免学费政策资助了真正贫困的学生。	1	2	3	4	5
33. 当下实行的贫困生助学金政策存在贫困生认定困难的问题。	1	2	3	4	5
34. 免学费名额和助学金名额竞争激烈，为学生管理工作带来了困难。	1	2	3	4	5
35. 当下中职学生资助政策的实施方式应该进一步改进。	1	2	3	4	5

问卷到此结束，再次感谢您的配合！祝您工作顺利！

附录 5　中职学校校长关于中职学生资助政策的访谈提纲

1. 地方资助政策有哪些？

2. 目前实施的助学金政策和免学费政策在运作过程中是否存在什么不足？

3. 免学费政策给学校带来了哪些影响？是经费方面、学生方面还教师方面？

4. 学校目前的财政拨款形式如何？

5. 免费资金的拨付是否影响其他经费？

6. 您对于中职学生资助政策的态度如何？是支持、有条件地支持还是反对？

7. 国家免费标准是 2 000 元，××市是 2 400 元，这个比例是怎么分的？多出来的部分怎么分摊？

8. 免费资金的发放是否影响了学校其他资金的运行？

9. 您认为，中职免费教育能否促进中职教育发展？

10. 您认为，哪些途径可以提高职业教师的吸引力？

11. 如果中职实行免费教育，您有什么建议？从学校角度谈谈。

附录 6　中职学校学生关于中职学生资助政策的访谈提纲

1. 请谈谈您的个人情况，包括家庭、学业等。

2. 请问您当初选择该校的原因是什么？

3. 您对于将来的期望是什么？

4. 请问您认为目前的学费水平怎样？

5. 你们班级是如何进行助学金名额分配的？

6. 你们学校是如何推行免学费政策和助学金政策的？实施过程是怎样的？

7. 您个人对助学金政策和免学费政策的看法如何？同学们和您的看法一样吗？

8. 您认为免学费政策和助学金政策是否有必要？

9. 您认为免学费对您带来了什么影响？

10. 您认为上中职学校免学费会吸引您的同学就读吗？

参 考 文 献

[1] [美] 托马斯·R·戴伊. 理解公共政策 [M]. 第12版. 谢明，译. 北京：中国人民大学出版社，2010.

[2] [美] 罗伯特·海涅曼. 政策分析师的世界：理性、价值观念和政治 [M]. 李玲玲，译. 北京：北京大学出版社，2011.

[3] [德] 柯武刚，史漫飞. 制度经济学：社会秩序与公共政策 [M]. 韩朝华，译. 北京：商务印书馆，2000.

[4] [德] 马克斯·韦伯. 社会科学方法论 [M]. 韩水法，等，译. 北京：中央编译出版社，1998.

[5] [美] 劳伦斯·纽曼. 社会研究方法：定性和定量的取向 [M]. 第5版. 郝大海，译. 北京：中国人民大学出版社，2007.

[6] [美] 内尔·诺丁斯. 始于家庭：关怀与社会政策 [M]. 侯晶晶，译. 北京：教育科学出版社，2006.

[7] 江渝. 政策分析方法：视角·路径·工具 [M]. 成都：四川大学出版社，2011.

[8] [美] 迈克尔·豪利特，M·拉米什. 公共政策研究：政策循环与政策子系统 [M]. 庞诗，等，译. 北京：生活·读书·新知三联书店，2006.

[9] [美] 威廉·N·邓恩. 公共政策分析导论 [M]. 谢明，等，译. 北京：中国人民大学出版社，2010.

[10] [美] 布鲁斯·约翰斯顿. 高等教育财政：问题与出路 [M]. 北京：人民教育出版社，2004.

[11] [加] 梁鹤年. 政策规划与评估方法 [M]. 丁进锋，译. 北京：中国人民大学出版社，2009.

［12］［英］F·A·冯·哈耶克. 个人主义与经济秩序［M］. 邓正来，译. 北京：生活·读书·新知三联书店，2003.
［13］［美］杰伊·沙夫里茨，等. 公共政策经典［M］. 彭云望，译. 北京：北京大学出版社，2008.
［14］［英］波尔. 美国平等的历程［M］. 张聚国，译. 北京：华夏出版社，2007.
［15］［美］阿瑟·奥肯. 平等与效率——重大抉择［M］. 王奔洲，等，译. 北京：华夏出版社，2010.
［16］［美］乔万尼·萨托利. 民主新论［M］. 冯克利，阎克文，译. 上海：上海人民出版社，2008.
［17］［美］R·M·克朗. 系统分析和政策科学［M］. 陈东威，译. 北京：商务印书馆，1985.
［18］［德］尼克拉斯·卢曼. 权力［M］. 瞿铁鹏，译. 上海：上海人民出版社，2005.
［19］［美］迈克尔·曼. 社会权力的来源（第1卷）［M］. 上海：上海人民出版社，2007.
［20］［美］史蒂文·卢克斯. 权力——一种激进的观点［M］. 彭斌，译. 南京：江苏人民出版社，2008.
［21］［美］约翰·罗尔斯. 正义论［M］. 何怀宏，等，译. 北京：中国社会科学出版社，1988.
［22］［美］保罗·萨缪尔森，威廉·诺德豪斯. 经济学［M］. 萧琛，译. 北京：人民邮电出版社，2008.
［23］［美］萨巴蒂尔. 政策过程理论［M］. 彭宗超，等，译. 北京：生活·读书·新知三联书店，2004.
［24］［英］斯蒂芬·鲍尔. 政治与教育政策制定：政策社会学探索［M］. 王玉秋，孙益，译. 上海：华东师范大学出版社，2011.
［25］弗兰克·费希尔. 公共政策评估［M］. 吴爱明，等，译. 北京：中国人民大学出版社，2003.
［26］皮亚杰. 结构主义［M］. 倪连生，王琳，译. 北京：商务印书馆，

1984.
[27] 查尔斯·赫梅尔. 今日的教育为了明日的世界 [M]. 北京：中国对外翻译出版公司，1983.
[28] 莫琳·T·哈里楠. 教育社会学手册 [M]. 傅松涛，等，译. 上海：华东师范大学出版社，2004.
[29] 闵维方，文东茅. 学术的力量：教育研究与政策制定 [M]. 北京：北京大学出版社，2010.
[30] 陈振明. 政策科学——公共政策分析导论 [M]. 北京：中国人民大学出版社，2003.
[31] 陈向明. 旅居者和“外国人”——留美中国学生跨文化人际交往研究 [M]. 北京：教育科学出版社，2004.
[32] 黄有光. 效率、公平与公共政策：扩大公共支出势在必行 [M]. 北京：社会科学文献出版社，2003.
[33] 康永久. 教育制度的生成与变革——新制度教育学论纲 [M]. 北京：教育科学出版社，2003.
[34] 仇立平. 社会研究方法 [M]. 重庆：重庆大学出版社，2008.
[35] 欧阳英. 在社会学与政治哲学之间：当代政治哲学研究的新路径 [M]. 北京：中国社会科学出版社，2011.
[36] 谢明. 政策透视：政策分析的理论与实践 [M]. 北京：中国人民大学出版社，2004.
[37] 王康平. 高校学费政策的理论与实践 [M]. 厦门：厦门大学出版社，2001.
[38] 范元伟. 高等教育市场化改革与机会均等 [M]. 上海：上海教育出版社，2003.
[39] 邓旭. 教育政策执行研究：一种制度分析的范式 [M]. 北京：教育科学出版社，2010.
[40] 林聚任，刘玉安. 社会科学研究方法 [M]. 第 2 版. 济南：山东人民出版社，2008.
[41] 陈振明. 公共政策学：政策分析的理论、方法和技术 [M]. 北京：

中国人民大学出版社，2004.
[42] 陆学艺. 当代中国社会流动 [M]. 北京：社会科学文献出版社，2004.
[43] 唐祥来. 高等教育成本分担：制度创新与发展趋势 [M]. 北京：经济科学出版社，2007.
[44] 刘志伟. 论政治人理性：从经济人理性比较分析的角度 [M]. 北京：中国社会科学出版社，2005.
[45] 杨金土. 90 年代中国教育改革大潮丛书：职业教育卷 [M]. 北京：北京师范大学出版社，2002.
[46] 杭永宝. 职业教育的经济发展贡献和成本收益问题研究 [M]. 南京：东南大学出版社，2006.
[47] 杨会良. 当代中国教育财政发展史论纲 [M]. 北京：人民出版社，2006.
[48] 杨东平. 中国教育公平的理想与现实 [M]. 北京：北京大学出版社，2006.
[49] 刘仲成. 教育政策与管理 [M]. 高雄：高雄复文图书出版社，2005.
[50] 陈晓宇. 中国教育财政政策研究 [M]. 北京：北京大学出版社，2012.
[51] 陈鸣，朱自锋. 中国教育经费论纲 [M]. 北京：中央编译出版社，2008.
[52] 栗玉香. 教育财政学 [M]. 北京：经济科学出版社，2009.
[53] 张天雪. 校长权力论：政府、公民社会和学校层面的研究 [M]. 北京：教育科学出版社，2008.
[54] 陈常燊. 理解的准则：戴维森合理性理论研究 [M]. 北京：中国社会科学出版社，2012.
[55] 陈学飞. 教育政策研究基础 [M]. 北京：人民教育出版社，2011.
[56] 涂端午，陈学飞. 我国教育政策的研究现状 [J]. 教育科学，2007（1）：19－22.
[57] 陈学飞，茶世俊. 理论导向的教育政策经验研究探析 [J]. 北京大

学教育评论，2007（10）：31－41.
[58] 谢少华. 政策与政策问题的关系：教育学的视角 [J]. 华南师范大学学报（社会科学版），2006（5）：112－116.
[59] 和震. 我国职业教育政策三十年回顾 [J]. 新华文摘，2009（14）：116－118.
[60] 张烨. 教育政策的制度分析：必要、框架及限度 [J]. 复旦教育论坛，2006 4（6）：24－28.
[61] 王蓉. 应放缓全面实施中等职业教育 [J]. 教育与经济，2012（2）：1－6.
[62] 杨东平. 教育公平是一个独立的发展目标：辨析教育的公平与效率 [J]. 教育研究，2004（7）：26－31.
[63] 邓晓丹. 教育公平的本质：教育平等与教育效率的动态均衡[J]. 理论前沿，2007（9）：38－39.
[64] 沈红，赵永辉. “入门免”或“出门免”：中等职业教育免费方式的选择 [J]. 教育研究，2010（5）：40－48.
[65] 潘建华. 制度变迁语境下中等职业教育发展——兼谈中职助学政策和中职免费政策 [J]. 继续教育研究，2010（5）：78－80.
[66] 邱小健. 我国中等职业教育财政公平问题研究[J]. 职教论坛，2011（6）：29－32.
[67] 季俊杰. 试析教育产品属性与学费定价的关系——以中职教育免费政策为例 [J]. 教育发展研究，2010（3）：23－27.
[68] 胡秀锦，沈百福. 我国中等职业教育学费分析与展望 [J]. 职业技术教育，2007（19）：5－10.
[69] 杨丽萍. 我国实施免费中等职业教育制度的可行性研究 [J]. 教育理论与实践，2010（1）：18－20.
[70] 刘育锋，周其凤. 中高职课程衔接：来自实践的诉求 [J]. 中国职业技术教育，2011（24）：30－34.
[71] 李晓. 中职免学费政策实施中的问题及对农村职业教育的影响 [J]. 职教论坛，2011（22）：33－35.

[72] 曹建. 关于高校学费政策若干经济问题的分析[J]. 江苏高教，1998（1）：41－44.

[73] 王智超. 师范生免费教育政策实施现状调查及思考 [J]. 现代教育管理，2011（1）：58－61.

[74] 姚云，董晓薇. 全国师范生免费教育政策实施认同度调查 [J]. 教育研究与实验，2009（1）：45－50.

[75] 张建奇. “免学费加人民助学金”政策的形成、实施及其作用和影响 [J]. 清华大学教育研究，2002（4）：33－38.

[76] 喻本伐. 师范教育体制的变化与师范生免费政策的存废 [J]. 华中师范大学学报（人文社会科学版），2008（2）：114－123.

[77] 黄小莲. “师范生免费教育”政策的利益与风险 [J]. 全球教育展望，2009（10）：66－71.

[78] 李红卫. 职业教育吸引力的辩证思考 [J]. 现代教育管理，2011（10）：97－99.

[79] 南海，白汉刚. 对“增强职业教育吸引力”的分析 [J]. 教育发展研究，2010（7）：50－53.

[80] 张继华. 我国高等教育学费政策问题的分析与建议 [J]. 黑龙江高教研究，2009（2）：24－26.

[81] 刘海波. 高校学费——贷款资助政策体系的问题与改进研究 [J]. 中国高教研究，2005（10）：81－83.

[82] 金子祺. 师范生免费教育政策演进的社会学分析 [J]. 继续教育研究，2008（6）：75－76.

[83] 周伟. 对部属院校师范生免费教育政策的分析与思考 [J]. 现代教育科学，2008（3）：29－32.

[84] 潘一林，郑鹏，许甜. 2007 年师范生免费教育政策有效性预测评估——从农村教师补给的角度分析[J]. 清华大学教育研究，2009，30（6）：79－83.

[85] 余英. 高等教育成本分担的国际比较——兼评中国高等教育学费标准的政策依据 [J]. 清华大学教育研究，2007，28（3）：111－118.

[86] 杨金成. 韩国私立大学的学费政策评析[J]. 外国教育研究，2000，27（6）：49－54.
[87] 曾道荣，张谛. 高等教育成本分担与学费政策问题[J]. 财经科学，2007（236）：70－76.
[88] 刘精明. 教育与社会分层结构的变迁：关于中高级白领职业阶层的分析［J］. 中国人民大学学报，2001（2）：21－25.
[89] 胡茂波，沈红. 论公立高校学费的属性与功能——兼论公立高校学费标准的政策目标［J］. 江苏高教，2009（3）：23－26.
[90] 徐国兴. 我国高等教育学费研究十五年［J］. 教育与经济，2003（1）：23－26.
[91] 李作章，单春艳. 从“社会福利”到“面向市场”：英国高等教育学费政策的变迁［J］. 现代教育科学，2011（5）：124－127.
[92] 李庆豪，沈红. 西方国家高等教育学费政策的变化及其影响[J]. 比较教育研究，2005（9）：29－35.
[93] 王君. 日韩民办高校的学费政策及启示［J］. 现代教育科学：高教研究，2001（6）：55－56.
[94] 雷世平. 我国现行职业教育政策目标和手段的背离及矫正［J］. 河南职技师院学报，2002（1）：5－7.
[95] 张欣. 我国职业教育政策失效原因分析及建议——有感于职业教育的萧条和相关政策文本的繁荣［J］. 职业技术教育（教科版），2005（6）：43.
[96] 宁顺兰，史秋衡. 公立高校成本分担的政策取向［J］. 理工高教研究，2003（12）：13－16.
[97] 菲利普·G·阿尔特巴赫. 私立高等教育：从比较的角度看主题和差异［J］. 教育展望，2000（3）：9－18.
[98] 韩信钊. 我国教育经费投入与高等教育成本分担问题的探讨［J］. 黑龙江高教研究，2000（4）：5－8.
[99] 朱志勇. 教育研究方法论范式与方法的反思[J]. 教育研究与实验，2005（1）：7－12.

［100］陆璟. 高中学费政策的比较研究［J］. 上海教育科研，2006（9）：4－8.
［101］李培林. 中国劳动力市场人力资本对社会经济地位的影响［J］. 社会，2010（1）：69－87.
［102］郭丛斌，丁小浩. 职业代际效应的劳动力市场分割与教育的作用［J］. 经济科学，2004（3）：74－82.
［103］冯务中，李义天. 几种人性假设的哲学反思［J］. 社会科学家，2005（03）：7－11.
［104］王星霞. 中等职业教育免费政策评估研究［J］. 教育发展研究，2012（17）：25－29.
［105］于洪姣. 免费中等职业教育与财政保障措施［J］. 江苏技术师范学院学报，2009（6）：24－28.
［106］臧志军. 免费中职教育制度的国际比较研究［J］. 职业技术教育，2007（4）：78－83.
［107］关松林. 21 世纪世界职业技术教育发展的特点及其走向［J］. 职教论坛，2004（10）：53－55.
［108］刘泽云. 我国高中阶段教育政府投入的实证分析［J］. 教育发展研究，2008（19）：57－61.
［109］王淑英，蒋莉. 中等职业教育实施免费政策现状研究［J］. 职业教育研究，2012（7）：4－5.
［110］张霜. 大连市中职生源状况调查分析及相关对策［J］. 中国职业技术教育，2010（25）：63－66.
［111］邱兴萍. 从社会学角度对职业教育公平问题的分析［J］. 职教论坛，2012（23）：13－15.
［112］李芙蓉. 我国中等职业教育经费投入和地区差异分析［J］. 职业教育研究，2007（1）：4－6.
［113］赵永辉，高金岭. 我国中等职业教育经费投入分析［J］. 教育与经济，2009（2）：44－48.
［114］方兴. 从戴维森语言交流的“三角测量”模式看翻译的主体间性

[J]. 外语学刊，2011（3）：117－120.
[115] 崔胤东. 三角测量法与三角测量思维 [J]. 经济师，2008（8）：28－29.
[116] 王聚，薛雅云. 如何掌握社会科学中的意义：基于三角测量的诠释方法研究 [J]. 理论界，2012（9）：85－87.
[117] 谢佛荣. 戴维森与达米特对于意义理论可行性的分析 [J]. 燕山大学学报（哲学社会科学版），2009（3）：23－27.
[118] 王静，张志林. 三角测量模式对知识客观真理性的辩护 [J]. 自然辩证法通讯，2008（1）：35－41.
[119] 孙进. 作为质的研究与量的研究相结合的“三角测量法”[J]. 南京社会科学，2006（10）：122－128.
[120] 张江南. 哲学的多元视角如何可能 [J]. 人文杂志，2002（6）：22－27.
[121] 孔铮. 教育对人力资本积累及就业的影响[J]. 教育与经济，2008（1）：12－16.
[122] 周彬. 论教育经济价值的存在与培育[J]. 教育科学，2002（10）：9－14.
[123] 张苏，曾庆宝. 教育的人力资本代际传递效应述评 [J]. 经济学动态，2011（8）：127－132.
[124] 沈素素. “职普”教育分流对人力资本投资的影响：基于能力类型差异假设的分析[J]. 湖南科技大学学报（社会科学版），2012（7）：82－86.
[125] 周宏，杨萌萌，王婷婷. 中国中等职业教育对经济增长的影响：基于 2003—2008 年省际面板数据 [J]. 财政研究，2012（2）：54－55.
[126] 胡荣，张义祯. 现阶段我国高等教育机会阶层辈出率研究[J]. 厦门大学学报（哲学社会科学版）2012，（2）：98－106.
[127] 欧阳芬，欧阳河. 从社会分层的视角探讨职业教育吸引力问题 [J]. 职教论坛，2010（12）：24－27.

[128] 刘义国. 以学生发展为中心构建职业教育吸引力 [J]. 中国职业技术教育，2010（4）：68－69.

[129] 石伟平，唐智彬. 增强职业教育吸引力：问题与对策 [J]. 教育发展研究，2009（13）：20－24.

[130] 李名梁. 职业教育吸引力的驱动机制研究：一个利益相关者视角 [J]. 河北师范大学学报（教育科学版），2012（3）：73－77.

[131] 王宇波. 构筑中职教育公平的北京经验 [J]. 教育与职业，2008（12）72－74.

[132] 郎群秀，冯跃霞. 我国实行免费中等职业教育的经费预测[J]. 教育与职业，2012（11）：5－7.

[133] 方光罗. 试论职业教育公平[J]. 高等教育研究，2008(2)：45－48.

[134] 刘泽云. 我国高中阶段教育政府投入的实证分析 [J]. 2008，(19)：57－61.

[135] 沈百福. 我国高中阶段教育经费投入分析[J]. 2011(11)：16－20.

[136] 冉云芳，王一涛. 中职“免补政策”对农村家庭教育需求的影响分析：基于一项跨省区的田野调查 [J]. 职教论坛，2011（6）：33－36.

[137] 邱小健. 构建促进教育公平的中等职业教育财政体制 [J]. 教育科学，2010（4）：74－77.

[138] 李松龄. 市场有效，还是政府有效 [J]. 南方经济，2003（1）：22－25.

[139] 彭中礼. “民生”的法哲学追问：以“公平—效率”范畴为视野的分析 [J]. 湖湘论坛，2011（4）：119－124.

[140] 陈建辉，吕艳红. 不同学科视野下公平与效率问题研究 [J]. 中共济南市委党校学报，2007（4）：110－112.

[141] 李松龄. 制度安排与公平效率的辩证关系及其产权分析 [J]. 财经理论与实践，2004（9）：2－10.

[142] 戚桂锋. 公平与效率关系的历史考察与展望 [J]. 兰州大学学报（社会科学版），2009（5）：141－146.

[143] 李志峰. 大学独立学院的权力关系及调整［J］. 复旦教育论坛，2005（6）：65－68.

[144] 王蓉. 组织与权力的经济分析：通过对组织本质和类型演化的分析透视权力及变迁［J］. 现代法学，2003（4）：175－180.

[145] 余乃忠，陈志良. “权力”矩阵论［J］. 河南社会科学，2011（9）：37－40.

[146] 廖湘阳. 高等教育系统权力的类型分析［J］. 清华大学教育研究，2007（12）：14－20.

[147] 张海英. 转型期中国社会分层与中等职业教育互动的变迁［J］. 职教通讯，2005（12）：15－17.

[148] 曹洪健，周楠. 职业教育在社会分层过程中的矛盾作用：外部诱因及内部机制［J］. 清华大学教育研究，2012（2）：43－47.

[149] 卢洁莹，马庆发. 论社会分层对职业教育发展的双重影响［J］. 教育与职业，2007（3）：5－7.

[150] 卢洁莹，马庆发. 可能与不可能：社会分层对职业教育发展影响的一个悖论［J］. 教育发展研究，2007（01A）：48－51.

[151] 周正. 干预个体选择职业教育的家庭因素探析：社会分层的视角［J］. 中国职业技术教育，2008（33）：38－41.

[152] 米靖. 当代西方职业教育与社会分层理论研究［J］. 教育科学，2007，23（4）：88－92.

[153] 齐明山，李彦娅. 公共行政价值、公共利益与公共责任——政府公共权力科学运作的三维构架［J］. 学术界，2006（6）：28－35.

[154] 张康之，张乾友. 三维视角中的公共行政概念［J］. 中国行政管理，2012（6）：100－106.

[155] 崔建华. 大学组织与企业、政府组织特性比较分析［J］. 黑龙江高教研究，2009（4）：1－4.

[156] 王焕祥，郎玫. 权力视角下的公共行政模式演化路径研究［J］. 中国行政管理，2008（2）：112－117.

[157] 张富. 论公共行政权力的属性、异化及其超越［J］. 四川大学学

报，2007（1）：22－26.
［158］丁煌，李晓飞．正本清源：公共行政学“身份危机”之新考量：基于“政治一行政二分”视角的思考［J］．湘潭大学学报（哲学社会科学版），2010，34（4）：68－73.
［159］帅学明．我国公共组织的性质与功能论析［J］．学术探索，2003（4）：40－43.
［160］石国亮．新公共行政伦理与政府软实力建设［J］．社会科学研究，2009（2）：70－75.
［161］崔宏，刘尔奎．创建学习型政府组织的困境与挑战［J］．学术论坛，2003（5）：44－47.
［162］赖德胜．教育、劳动力市场与收入分配［J］．经济研究，1998（5）：42－49.
［163］赖德胜．劳动力市场分割与大学毕业生失业［J］．北京师范大学学报（人文社会科学版），2001（4）：69－76.
［164］吴愈晓．劳动力市场分割、职业流动与城市劳动者经济地位获得的二元路径模式［J］．中国社会科学，2011（1）：119－137.
［165］王书峰．美国退役军人教育资助政策形成与变迁研究［D］．北京：北京大学，2007.
［166］蒋义．我国职业教育对经济增长和产业发展贡献研究［D］．北京：财政部财政科学研究所，2007.
［167］高庆蓬．教育政策评估研究［D］．沈阳：东北师范大学，2008.
［168］张蓉．中国普通高校学费政策评估研究［D］．西安：西北大学，2009.
［169］陈水生．当代中国公共政策过程中利益集团的行动逻辑［D］．上海：复旦大学，2010.
［170］陈小伟．学费对不同社会阶层子女高等教育机会影响的研究［D］．厦门：厦门大学，2008.
［171］彭红玉．我国高职教育学费形成机制研究［D］．武汉：华中科技大学，2006.

[172] 钱胡风. 高等职业教育学费问题研究[D]. 合肥：安徽大学，2007.
[173] 朱琼英. 伦理学视野中高校学费政策——中美学费政策的比较研究 [D]. 武汉：华中科技大学. 2007.
[174] 孔杰. 救助政策下的中职教育成本—收益分析 [D]. 武汉：华中科技大学. 2008.
[175] 李敏娟. 农村中职教育免费政策的公平效应研究 [D]. 南昌：江西师范大学，2011.
[176] 陈远远. 我国免费中等职业教育政策探究[D]. 重庆：西南大学，2011.
[177] 胡俊. 促进我国中等职业教育公平的财政支出政策研究 [D]. 长沙：湖南大学，2009.
[178] 高轩. 当代中国政府组织协同问题研究 [D]. 北京：中共中央党校，2011.
[179] 李伟涛. 从制度占有走向制度共建：对中小学内部管理制度建设模式的研究 [D]. 上海：华东师范大学，2003.
[180] Adrian E. Raftery, Michael Hout. Maximally Maintained Inequality: Expansion, Reform and Opportunity in Irish Education, 1921-1975 [J]. Sociology of Education, 1993, 66: 41 – 62.
[181] Adrian Ziderman, Douglas Albrecht. Financing Universities In Developing Countries [M]. Washington DC: Falmer, 1995.
[182] Brian Salter, Ted Tapper. Education, Politics and the State [M]. London: Grant McIntyre. 1981.
[183] Carla E Aguilar. The Development and Application of A Conceptual Model for the Analysis of Policy Recommendations for Music Education in the United States [D]. Indiana University, 2011.
[184] David L. Kirp. Professionalization as a Policy Choice: British Special Education in Comparative Perspective [J]. World Politics, 1982, (2): 137 – 174.
[185] David P. Baker, Alexander W. Wiseman. Global Trends in

Educational policy [M]. Amsterdam: Elsevier JAI, 2005.

[186] E. Frank Harrison. The Managerial Decision-Making Process [M]. Boston: Houghton, 1975.

[187] Frances C Fowler. Policy Studies for Educational Leaders: an Introduction [M]. New Jersey: Upper Saddle River, 2000.

[188] George Psacharopoulos, Maureen Woodhall. Education for Development:An Analysis of Investment Choices [M]. New York: Oxford University Press, 1985.

[189] H. Svi Shapiro. Education and the State in Capitalist Society: Aspects of the Sociology of Nicos Poulantzas [J]. Harvard Education Review, 1980, 50(3): 321-331.

[190] John J. Prunty. Signposts for a Critical Educational Policy Analysis [J]. Australian Journal of Education, 1985,29 (2): 133-140.

[191] Joseph J. Seneca, Michael K. Taussig. Educational Quality, Access, and Tuition Policy at State Universities [J]. The Journal of Higher Education, 1987, 58(1): 25-37.

[192] Jung cheol Shin, Sande Milton. Student Response to Tuition Increase by Academic Majors: Empirical Grounds for a Cost-related Tuition Policy [J]. High Education, 2008, 55: 719-734.

[193] Joel H. Spring. Education and rise of the corporate state [M]. Boston: Beacon Press,1972.

[194] Keith A. Nitta. The Politics of Structural Education Reform [M]. New York: Routledge, 2008.

[195] Leif Danziger. A Model of University Admission and Tuition Policy [J]. The Scandinavian Journal of Economics, 1990, 92(3): 415-436.

[196] Margret S. Edgell. Higher education policy: A Comparative Analysis of Two Dynamics of Social Contract in Three Bologna Process Countries [D]. Michigan State University,2009.

[197] Mark Blaug. An Introduction to the Economics of Education

[M]. Penguin: Harmonds Worth, 1970.

[198] Max Weber. The Theory of Social and Economic Organization [M]. New York: Oxford University, 1947.

[199] Neil J. King. Rebuiling the "Fallen House": State Tuition Grants for Elementary and Secondary Education [J]. Harvard Law Review, 1971, 84(5): 1057 – 1089.

[200] P.E. Jacob, J.J. Flink, H.L. Shuchman. Values and Their Functions in Decision Making [M]. American Behavioral Scientist Suppl, 1962.

[201] Randall Collins. Function and conflict theories of educational stratification [J]. American Sociological Review, 1971, 36 (6): 1002 – 1019.

[202] Robert W. Hartman. Equity Implications of State Tuition Policy and Student Loans [J]. Journal of Political Economy, 1932, 80(3): 142 – 171.

[203] Robin M. Williams. Individual and Group Values [J]. Annals of the American Academy of Political and Social Science 1967,371 (1): 20 – 37.

[204] R. Burke Johnson, Anthony J. Onwuegbuzie, Lisa A. Turner. Toward a Definition of Mixed Method Research [J]. Journal of Mixed Methods Research. 2007, 1(2): 112 – 133.

[205] Stephen A. Hoenack, William C. Weiler. Cost-related Tuition Policies and University Enrollments [J]. The Journal of Human Resources, 1975, 10(3): 332 – 260.

[206] Val D. Rust. Method and Methodology in Comparative Education [J] , Comparative Education Review, 2003, 47(1):3 – 7.

[207] Walter I. Garms. Financing Community Colleges [M] . New York: Teachers College Press, 1977.